U0090696

中國學術思想研究輯刊

十　編

林　慶　彰 主編

第28冊

明末清初儒者經世致用之道（上）

簡毅銘 著

花木蘭文化出版社

國家圖書館出版品預行編目資料

明末清初儒者經世致用之道（上）／簡毅銘 著 — 初版 — 台北縣永和市：花木蘭文化出版社，2010〔民 99〕

目 4+216 面；19×26 公分

（中國學術思想研究輯刊 十編；第 28 冊）

ISBN：978-986-254-357-3（精裝）

1. 學術思想 2. 明清史

112.6 99016465

ISBN - 978-986-2543-57-3

中國學術思想研究輯刊

十 編 第二八冊 ISBN：978-986-254-357-3

明末清初儒者經世致用之道（上）

作 者 簡毅銘

主 編 林慶彰

總 編 輯 杜潔祥

出 版 花木蘭文化出版社

發 行 所 花木蘭文化出版社

發 行 人 高小娟

聯絡地址 台北縣永和市中正路五九五號七樓之三

電話：02-2923-1455／傳真：02-2923-1452

網 址 http://www.huamulan.tw 信箱 sut81518@ms59.hinet.net

印 刷 普羅文化出版廣告事業

封面設計 劉開工作室

初 版 2010 年 9 月

定 價 十編 40 冊（精裝）新台幣 62,000 元

明末清初儒者經世致用之道（上）

簡毅銘　著

作者簡介

簡毅銘，民國六十年生於臺灣基隆。東吳大學中國文學系學士、中國文學研究所碩士（八十九年度）、博士（九十七年度），專長領域為宋明理學及明末清初之儒學。碩士論文之題目為《何心隱思想之研究》，內容探討陽明後學之泰州學派，內容粗疏、論證薄弱，不值一看；博士論文則將觸角延伸至明末清初，題目為《明末清初儒者經世致用之道》，稍稍可看。曾發表學術論文兩篇，如今正著手第三篇之撰作，此時暫時任教於南澳高中。

提　　要

明朝自神宗以後，國勢日趨衰微，內憂外患接踵而至，學者對陽明後學束書不觀、空談心性的虛浮風氣極度不滿，恰巧此時西學傳入，予知識分子一個新的刺激，於是呼籲重視「實學」的聲浪越來越高。這個呼聲反應在當時的學術研究上，就是由重視抽象「理」、「道」之研討，轉向重視形質之「氣」與「器」的講求。明清之際的這種「學術典範的轉移」，在當今學界已不知被多少學者所論述及探究過了。但是汗牛充棟的學術著作，卻罕有針對明清之際儒者的「經世致用」主張，進行系統深入的研究。即便偶一涉及，又往往死守哲學觀點，令人一望便困倦欲眠。本論文以科際整合之法，融合政治學、社會學、經濟學、人類學、心理學等學科，嘗試以新方法來理解東林黨及顧炎武、黃宗羲、王夫之及顏元的「經世致用之道」，並據之論斷是否可行，務使讀者不但知其然且知其所以然。

目次

第一章　緒　論

第一節　研究動機、研究目的、研究方法

一、研究動機

筆者的碩士論文以泰州學派爲研究範圍，論文題目是《何心隱思想之研究》。當時撰作碩士論文時，就有一個疑問不斷地困惑著筆者。那就是，「泰州學派」普遍受到極其嚴苛的訾議，但是弔詭的是：泰州學派重視個人情欲及生活需求的滿足，以及認爲天理與人欲並不對立等觀念，卻能在批評泰州學派之思想家的著作中找到類似的言論。這代表什麼意義呢？會不會是有更強大的因素決定了這個時代的思潮，所以不論是贊成或反對泰州學派，卻都不期然而然地展現了某些極其相近的思想特質。於是筆者決定追究泰州學派興盛之後，思潮起了怎樣的變化，這是筆者將研究觸角伸向明末清初最主要的原因。起初，筆者頗擔心明末清初的大儒如：顧炎武、黃宗羲、王夫之等人，早已是研究的重心人物，是否仍有研究的必要，會不會讓研究變成 re. search。爲了消除這番顧慮，筆者將電腦連上國家圖書館網站，搜尋研究論題與明末清初思想相關之博碩士論文。先就各作者所自撰的論文摘要以窺其研究方法及關注焦點。結果發現大多數的人雖注意到了明末清初是學術典範轉型的關鍵時期，也提出這一時期是重視「經世致用」、「集私爲公」、「天理在人欲之中」等概念。但是卻沒有以「科際整合」做爲研究方法，並試圖分析這一時期思想家所提出之「經世」主張是否可行的著作。當然，經過這些年的學術訓練，筆者也不是毫無警覺。什麼警覺呢？確實分析明清之際儒者經

世之道將耗費大量時間精力以及科際整合難度頗高的警覺。但是生性就是「打破砂鍋璺到底」，這些論文所提供的答案無法滿足筆者，再加上個人也深以只泛讀過幾篇顧炎武、黃宗羲、王夫之的經典著作爲恥，於是決定親自探究，自尋答案。爲了讓研究更加紮實，筆者圈點古籍的部分選擇的是篇幅巨大的《清儒學案》，雖然不得不承認常有點了後面忘了前面的情形，但是卻發現同一時期儒者的關注焦點，常常是近似的，學者間的往來是密切的。這也使筆者更加深信透過研究明末清初儒者經世之道，應可以發掘、了解他們面臨了什麼樣的共同困境，及他們的共同關懷又是什麼？

二、研究目的與方法

就此論文的撰作而言，研究目的與研究方法幾乎是無法分割的。那就是——以科際整合的方法，老老實實地探究明末清初儒者經世之道。本論文不再講虛無飄渺的「氣本論」、「集私爲公」、「天理寓於人欲之中」等概念，因爲明末清初這一類的典型轉變，早已是人人皆知的常識了。換言之，明末清初這一時期，並不缺乏闡明思想典範轉移的學術著作，缺乏的是鑽研這一時期思想家所提出的各種主張是否可行的著作。當然也有討論個別思想家理論的學術著作，但是卻又死守哲學觀點，不能打破學術成見，論點千篇一律令人生厭。於是筆者鼓起愚勇，紮紮實實地將注意力放在各思想家所提出的經世主張，並力求以今日各學科（政治學、社會學、經濟學、心理學、人類學）的知識來解釋他們所提出的理論，使人理解各思想家理論的優劣及可行性。（銘按：分析雖不一定正確。但是筆者已盡可能地融入各思想家所面臨的環境及設想各種條件的限制了）

「科際整合」是近幾年來常常聽到的一個名詞。對筆者而言，「科際整合」首先代表的是「問題意識」，在閱讀各思想家的著作時，筆者不斷地自問：他們提出了這樣的主張，是基於什麼樣的背景？目的是什麼？可否有效施行？可用現今的何種學科理論來闡釋？其次，「科際整合」對筆者而言代表著——「難」。數年前在網路上看到王汎森在花蓮教育大學國民教育研究所的講稿〈如果讓我重做一次研究生〉，其中有一段談到「突破學科間的界限」。他說：

> 應該要把跨學科的學習當作是一件很重要的事，但是跨學科涉及到的東西必須要對你這棵知識樹有助益，要學會到別的領域稍微偷打

> 幾槍，到別的領域去擷取一些概念，對於本身關心的問題產生另一種不同的啓發，可是不要氾濫無所歸。爲什麼要去偷打幾槍？近幾十年來，人們發現不管是科學或人文，最有創新的部分是發生在學科交會的地方。爲什麼會如此？……在平台本身、在學科原本最核心的地方已經 search 太多次了，因此不一定能有很大的創新，所以爲什麼跨領域學習是一件很重要的事情。〔註 1〕

在筆者看完了王汎森的這一篇講稿後，心有戚戚焉。興起了有爲者亦若是的壯志豪情。但是今日卻不能不有小小的哀怨，王汎森忘了告訴筆者這個工程是何等的浩大。筆者如何涉獵各學科？又是如何起步？首先，筆者先上各大學政治系、社會系、經濟系等科系，看各大學政治學、社會學、經濟學等大一基礎課程採用何書，不斷重覆者即可斷定必爲重要之書。接下來，購置、研讀「重要之書」，若讀不懂再退而求其次——先讀入門書。以社會學爲例，筆者先讀的入門書是《見樹又見林》、《社會學動動腦》，等到稍有概念以後才回過頭來讀安東尼・吉登斯的《社會學（第四版）》及王思斌的《社會學教程（第二版）》，其他各學科大抵都經歷了同樣的過程。接下來再談談筆者到別的領域偷打了那幾槍。在社會學、政治學、心理學、經濟學中，筆者投入最多時間的是社會學。首先，筆者由安東尼・吉登斯《社會學（第四版）》中，注意到「文化衝擊」的現象。於是筆者想，明末以利瑪竇爲代表的耶穌會會士，他們在傳教的過程當中，必然歷經過「文化衝擊」，他們的著作也必然保存了一些當時國人習以爲常，但他們卻以爲奇異現象的記載。果不其然，《利瑪竇中國札記》，就記載當時（明末）儒者對最新西方數學、天文及地理知識幾近無知的狀況。同時此書也詳細記錄了萬曆皇帝徵礦稅及查妖書時北京詭異的氣氛。甚至馬堂搜括教堂的惡形惡狀，也鉅細靡遺地被記載下來，這些記載都是頗有價值的史料。除了《利瑪竇中國札記》之外，利瑪竇另一著作《天主實義》亦頗爲重要。這本書在明末流傳極廣，書中倡言：依自立、依賴之說，朱熹的理先於器的理論是錯誤的，主張先有物而後有物之理；在天主之前，國君、父親都失去其尊貴，人人的行爲都應以教義爲依歸；利無傷於德，利義可並存。《天主實義》的這些說法，恰好與明清之際倡言的「理在氣中」、「天理寓於人欲之中」等主張相近。就此而言，明末耶穌會會士與儒

〔註 1〕此文爲王汎森於 2005 年 10 月 29 日在花蓮教育大學國民教育研究所之演講。本文乃取自網路上之講稿全文。

者之交往及對這一時期思潮所起的影響，實有重新衡量的必要。但是這一種衡定的工作，需要爬梳大量的文獻並從中找出確切的關聯，實非小小博士生所能勝任。再者，這一時期的思想家幾乎不承認某個思想是受到傳教士或西方所傳入的書籍所啓發，所以也只能將耶穌會會士所傳入的觀念及書籍置於時代背景來討論了。筆者從社會學中得到的第二個啓發是由《社會資本》一書來的。這本書不斷的強調，在人類社會中，財富、權力、聲望三者是最被看重的社會資本，而這三者的互相轉換，在任何社會都被視爲是極其自然且合理的。筆者曾以這個理論來說明明朝中葉以後商人地位提高的原因，也曾據此說明官俸與貪污之間的關聯。在政治學方面，《政治學十五講》講到了一個極爲重要的原則，即任何掌權者都會盡其所能地擴張自己的權力，直到受到限制爲止。筆者以這個理論來說明以道德來規範要求君王是不切實際的。當然在政治學這個領域上，筆者做得更多的是將西方約略同時期的經典著作如：《政府論》、《利維坦》，與這一時期思想家們所提出的類似主張，互相證明、補充。

在經濟學方面，給筆者較多啓發的是高希均、林祖嘉合著的《經濟學的世界》，亞當・斯密的《國民財富的性質和原因的研究》（即：《國富論》），洛克的《政府論》（按：《政府論》雖屬政治學領域，但全書亦有不少關於經濟學領域的理論）。筆者由《經濟學的世界》一書，了解到貨幣出現的原因及被當成貨幣所需要的條件、課稅的原則、供給需求原則，這個可以用來說明顧炎武、黃宗羲、王夫之主張用銅幣、紙幣的可行性；稅賦制度以及糶米與糴米。筆者由《國民財富的性質和原因的研究》一書印證了兵制的優缺點及國際貿易及分工的必要性。筆者也由《政府論》中汲取「土地私有」的理論，印證王夫之的主張。以上僅就記憶所及，略述一二。通覽全書後，自可知筆者用心所在。

第二節　論文之章節安排及取材範圍

本論文共計十章。首章爲緒論，分成二節。首節說明：作者的研究動機、研究方法、研究目的。次節說明：本論文之章節安排及取材範圍。第三節則論述相關之文獻。第二、三章說明明末的時代背景（按：因爲東林黨及顧炎武、黃宗羲、王夫之，所提出的各種經世之道都是以明朝之弊端爲假想對象。

顏元《四存編》則看不出時代烙印，所以說明明末之時代背景已經足夠了）。第四章則將眼光放在明末耶穌會會士進入中國所傳入的科學人文領域的觀念，筆者認為異質文化的刺激，極可能助成了明末清初思想之轉變。第五章至第九章則分別探討各思想家之經世主張，每章的又大抵依政治領域、經濟領域、軍事領域及社會控制來分節。筆者之所以這樣分節是發現這種分類方式可以將各思想家經世理論包羅在內，又可適當歸類。接下來再說明何謂「經世」及本論文在時間上的上下限。「經」有治理義，所以「經世」純就表面的字義可以解釋成：治理社會。陳祖武也說：「晚明的經世思潮，是一個旨在挽救社會危機的學術潮流，它具有益趨鮮明的救世色彩。因而一時學術界中人，無論所治為何種學問，救世都成了一個共同論題。」〔註2〕小野和子詮釋張溥《經世文編序》「余間語同志，讀書大事，當分經、史、古、今為四部。讀經者輯儒家，讀史者辨世代。讀古者通典實，讀今者專本朝。」之語時也說：張溥把學問體系分成經、史、古、今四個部分，「經」是探求政治原理，「古」是追究基于此而實行的制度，「史」是探求歷史變遷之迹，「今」是議論現代的政治制度。就他來說，「古」不是作為「今」隔絕無關的過去的世界，而有著作為探討現代政治制度應有樣式原點的意思〔註3〕。換句話說，張溥眼中「經世」，實際上就相當於是政治原理、政治制度，以及政治原理、制度施用於古今的效用。梁啓超也指出以顧炎武、黃宗羲、王夫之為代表的明遺民「他們對於明朝之亡，認為是學者社會的大恥辱、大罪責，於是拋棄明心見性的空談，專談經世致用的實務。他們不是為學問而做學問，是為政治而做學問。他們許多人都是把半生生涯送在悲慘困苦的政治活動中，所做學問，原想用來做新政治建設的準備。」〔註4〕結合陳祖武、小野和子、梁啓超三人的說法，筆者們似乎可以這麼說：明末清初儒者所提出的各種經世主張，首先是為了挽救明末社會層出不窮的各種危機。等到明亡了，又是為了反清復明所需的政治建設做準備。由於經世目的有這樣強的針對性，所以為何這些思想家的經世主張常常可以看到明末的政治、經濟、軍事及社會弊端的影子，也就絲毫不令人意外了。再談談本論文的時間斷限：上起明萬曆下迄清康熙的原因。

〔註2〕陳祖武、朱彤窗：《曠世大儒——顧炎武》（石家莊：河北人民出版社，2000年7月），頁33。

〔註3〕〔日〕小野和子：《明季黨社考》（上海：上海古籍出版社，2006年1月），頁268。

〔註4〕梁啓超：《中國近三百年學術史》（台北：里仁書局，1995年2月），頁19。

陳祖武曾說：

> 清初的學術是明清更迭的歷史產物。〔註5〕

又說：

> 什麼是明清更迭？它實際是一個歷史過程，這一過程長達一個世紀的時間。其上限可一直追溯到明萬曆十一年（1583），清太祖努爾哈赤以七大恨告天興兵；其下限則迄於清康熙二十二年（1683），清廷最終清除亡明殘餘，統一台灣。〔註6〕

陳祖武「清初的學術是明清更迭的歷史產物」的說法，不能說「錯」，但是考量訓詁、聲韻等小學興起於明末的情況，若言「清初的學術是明清更迭以及學術內在轉化的共同產物」可能更為完備些。此外，「明清更迭」也可以再稍加補充。若將「明清更迭」界定為兩個朝代的一興一衰的一段歷程，這當然沒有問題。但是若「更迭」指的是新朝代取代舊朝代的統治地位，則這個定義恐怕就有點爭議了。雖然如此，陳祖武所定義的「明清更迭」仍有極大的意義。因為這一段時間從明朝的角度看：正好是明朝由衰微至徹底滅亡的過程；從清朝的角度看：則是由初興到徹底控制整個社會的過程。康熙二十二年之後，整個中國又進入了大一統及嚴格社會控制的時期，學術及社會的氛圍再也不一樣了。所以自明朝萬曆以迄清朝康熙二十二年這一段時期，對於認同明朝的儒者而言，實無啻為「一個帝國與文化崩解的歷程」，所以黃宗羲曾以「天崩地坼」形容這一段時期。前乎此，是王學盛行的時代，後乎此是朱學復盛的時代，明萬曆至清康熙的思潮自成一格，即所謂的「實學」或「經世致用」之學。基於上述的認知，本論文所錄之思想家上起萬曆時期的東林黨顧憲成、高攀龍、李三才，下迄康熙時期的顏元。顏元之卒年已進入十八世紀初（1704），這時清朝的統治地位已經穩固，所以社會要求大一統（政治上強調一元價值），所以思潮也開始轉變了。但是由於顏元對清末的實學思想有一定的影響力，所以本論文仍將其納入討論之列。

〔註 5〕 陳祖武：〈論清初學術〉，《清代學術論叢》（台北：文津出版社，2001 年 11 月），頁 133。

〔註 6〕 陳祖武：〈論清初學術〉，《清代學術論叢》（台北：文津出版社，2001 年 11 月），頁 133～134。

第二章　明末的社會文化與經濟情勢

人類的文化總是與當時的生活環境相繫聯。例如古希臘地瘠人多，爲了生存不得不向外發展，便形成一種不畏挑戰、變化的文化特質；中國則地大物博，在隋唐以前，並不缺乏可耕種的土地，加上中國各省之物產不盡相同，省際貿易即相當於國際貿易，中國不需要與國外有貿易之往來，在與外國貿易往來時都以天朝自居，將外國視爲化外之地。這種將國際貿易視爲施恩，不主動開擴國際貿易，其實是一種自閉、保守的心態。但是這種心態，又與重安定、規律、秩序的農業文化脫不了干係。

宋朝以後，人地比急遽惡化，人口已逐漸超過了土地所能供養的數量。於是輸入占城的早熟稻，初步解決了人口過多的問題。宋代的人口約莫四千萬，但是到了明末人口卻有一億五千萬左右，不論再如何精耕細作也無法消化所增加的人口。換言之，農業耕作所需之人口已趨於飽和，非得有人自農業中游離出來不可。明代自正、嘉以後，中國被捲入世界貿易的一環，西、葡二國自東南亞輸入了香料、自美洲輸入了白銀，以換取中國的絲、瓷、棉布等商品。由於明朝與西、葡二國之間的貿易，使得白銀大量流入中國，江南迅速積累財富，江南更成爲富人集中的地區。對外貿易的利潤極爲可觀，商人急於誇示自己的財富，亭園華屋、錦衣玉食已成爲稀鬆平常的事。復以此時政治力薄弱，使得商人得以毫無忌憚的展現其財富。貴賤等級的法律規定，至此成爲一紙空文。商人的地位改變了，由四民之末轉變成與士人平起平坐的領導階層。

商人變成社會上的領導階層之後，也帶來社會風尚的轉變，財富與能力漸漸被劃上等號，於是有權但無錢的官員就以「權」換「錢」，官箴自此沉淪。小民也追隨商人所引領的時尚以彰顯自己的品味與能力。有許多成功的商人，從商並非他們職場生涯的最優先選擇。他們從商的原因，可能是因爲家庭因素，也可能是因爲業儒不成才轉而從商。所以當他們經商有成，累貲鉅萬之後。他們往往會追求心靈上的滿足，戲曲、小說等當然可以滿足他們，但是有些商人追求的是哲理的滿足。於是哲學理論必然要更簡易直捷，雅俗共賞，才能適應新的對象。王陽明「致良知」等良知教及王門後學泰州學派等，在成德的方法力求簡易明白，顯然是爲了日益擴大的受教群眾。

第一節　明末之社會與文化

林南《社會資本——關於社會結構與行動的理論》指出：在人類社會中常將權力、財富、聲望三者間的彼此交換視爲理所當然之事。但是據《明史・輿服三・庶人冠服》之規定，商人止能衣絹、布，農人則除了絹、布之外，還可以衣紬、紗等質料更好的衣服〔註1〕。換言之，一個人所能享受的物質生活，並不取決於經濟條件，而是決定於社會階層：士、農、工、商。這與民間以爲貨幣可購買財貨、勞務的普遍認知顯然不同。於是當政府的政治力減弱之後，財富的影響力才得以如實顯現。財富可以使後代子孫享有更好的教育資源，從而有更多的機會獲取官職。這造就了一個現象，士人出身於商人之家的比率越來越高，士商之界線日益泯除。

士商界線泯除，文人更加認同商人，願意爲商人的利益發聲。當然，商人也透過賑濟、造橋、舖路等社會救濟及公共工程來提升自己的聲望，以獲得社會大眾的認同。「商人」的社會地會改變了，他們的需求受到重視，他們的習尚引領社會，並形成一種時尚。他們的地位更得到哲學家由哲理的探討「義利」來給予重新界定。本節主要探討的就是明中葉後商業發達後，所呈現出的種種文化樣貌。

戴維・米勒提出一種正義多元論〔註2〕。他從人類關係模式出發，分析出三種基本的關係模式。分別是：

〔註1〕「(洪武)十四年令農衣紬、紗、絹、布，商賈止衣絹、布。農家有一人爲商賈者，亦不得衣紬、紗。」〔清〕張廷玉：《明史》(北京：中華書局，1997年11月，二十四史縮印本)，卷六十七，頁1649。

〔註2〕〔英〕戴維・米勒著、應奇譯：《社會正義原則》(南京：江蘇人民出版社，2005年5月)，頁34～40。

一、團結的社群：實質性的正義原則是按需要分配。

二、工具性聯合體：相應的正義原則是依據應得分配。每一個人作爲具有用來實現其目標的技術和才能的自由行爲者加入到聯合體當中來。當其所得與其貢獻相等時，正義就得到實現了。

三、公民身份：首要的原則是平等。公民地位是一種平等的地位：每個人都享有同等的自由和權利，人身保護的權利、政治參與的權利以及政治社群爲其成員所提供的各種服務。

戴維・米勒的團結的社群相當於初級團體，人與人之間的關係是面對面的關係，相當於中國的家族或宗族，所以正義的原則是各取所需、各盡所能；工具性的聯合體，則相當於中國的「四民」階層，其所得依其貢獻來決定。公民身份則在古代的中國並不存在。中國古代向來重農抑商，四民地位之高下，依序爲士、農、工、商，但是這一順序到明中葉時卻翻轉了過來，成爲士、商、工、農。這是因爲四民的位階並非自然形成，而是政治力強力干預的結果。正如晁錯所云：「今法律賤商人，商人已富貴矣；尊農夫，農夫已貧賤矣。故俗之所貴，主之所賤也；吏之所卑，法之所尊也。上下相反，好惡乖迕。」〔註3〕晁錯所言，自然是漢代的情形，但是亦適用於明代中葉。朝廷以其政治強力，將民間對士、商、工、農社會階層認知扭轉爲士、農、工、商。所以一旦朝廷對社會的控制力減弱，「四民」的社會位階就會與民間的認知趨於一致〔註4〕。就「社會資本」的理論來看，社會的地位如名聲、經濟的階級如財富、政治的權威如權力之間的交換，在大多數社會中是很易見、並被期待的。例如，一個權力資源的占有者，可以與一個財富資源的占有者進行談判和交易，前者通過讓渡權力給後者以獲得其財富〔註5〕。事實上，不同資源之間的

〔註3〕〔漢〕班固：《漢書》（北京：中華書局，1997年11月，二十四史縮印本），卷二十四上〈食貨志第四上〉，頁1133。

〔註4〕林麗月云：商人在互通有無的過程中，以其靈活的經商手法，積累了不少商業資本。本來，在明代「禁奢令」之下的社會，僅有財富並不能保證即擁有享受，統治階級獨享較高級的生活方式是法律規定的。又云，然則隨著經濟的繁榮、政法的鬆懈，與思想的轉變，導致經濟力與社會力日漸增長，越到明末，朝廷以嚴刑申禁代表的政治力（禁奢令）顯然越不敵社會經濟力量的衝擊。分見林麗月：〈明代禁奢令初探〉，《國立臺灣師範大學歷史學報》第二十二期（1994年6月），頁57、70～71。

〔註5〕〔美〕林南著、張磊譯：《社會資本——關於社會結構與行動的理論》（上海：上海人民出版社，2005年2月），頁36。

交換，在明中葉後並不罕見，商人透過「捐納」，以獲得官職，是將其財富占有轉化爲權力占有〔註 6〕。至於商人以其財富結交文人，文人以其詩文稱頌商人，也可視爲名聲與財富的交換。〔註 7〕

商人地位之所以提高，除了政法鬆懈外的因素外，朝廷的力量僅及於縣而不及鄉村〔註 8〕，也是一個原因。在明朝，地方事務並非政府所能獨任，而是有賴於士大夫、商人的合作，才能將各種災害的影響降至最低〔註 9〕。商人既然可將其經濟資本轉化爲政治資本、文化資本，代表其擁有的資本並不比士人

〔註 6〕捐納事例，自憲宗始。生員納米百石以上，入國子監。軍民納二百五十石，爲正九品散官，加五十石，增二級，至正七品止。武宗時，富民納粟振濟，千石以上者，表其門；九百石至二三百石者，授散官，得至從六品。世宗令義民出穀二十石者，給冠帶，多者授官正七品，至五百石者，有司爲立坊。〔清〕張廷玉：《明史》（北京：中華書局，1997 年 11 月，二十四史縮印本），卷七十八，頁 1909。

〔註 7〕經濟因素也許比人們想像的要更爲重要。商人們之所以能夠接近文人和附庸風雅，無疑和他們願意提供經濟上的好處有關；……幾乎可以肯定，明代那大量爲商人或其家屬所作的詩文（主要是碑傳和壽序等），給文人帶來了可觀的經濟收入。邵毅平：《中國文學中的商人世界》（上海：復旦大學出版社，2005 年 6 月），頁 329～330。

〔註 8〕士大夫家族發揮地方領袖與理事的功用，足以說明官僚爲什麼未能向下深入中國社會。換個方式來講，就起源看，士大夫階級之興起，填補了初期官僚政府與中國農民社會中間的眞空，農民社會亦於宋時漸漸擴大至政府無從控制。施堅雅（1977）發起的都市研究曾指出，從漢初到清朝中葉的兩千年間，連續數朝都未增擴土地行政結構，同期間中國人口卻增加了六倍。各朝最盛時期的最基層行政單位縣的數目是：漢朝 1,180 縣，隋朝 1,255 縣，唐朝 1,235 縣，宋朝 1,230 縣，元朝 1,115 縣，明朝 1,385 縣，清朝 1,360 縣。至於人口，西元 80 年總數可能是六千萬，875 年爲八千萬，1190 年爲一億一千萬，1585 年爲兩億，1850 年爲四億兩千五百萬。……施堅雅認爲若機械地維持每縣五萬人的規模，北京的政府根本無從運作。費正清、戈德曼著、薛絢譯：《費正清論中國：中國新史》（新店：正中書局，2004 年 3 月），頁 109。

〔註 9〕張履祥云：洞庭富室席氏，雅好爲德於鄉里，近山之貧者，夏則給以蚊帳，冬則給以絮衣，不能舉火，則周以米，死不能殮，則與之棺，……更爲典質之肆一區，以通緩急，而不收其息，以是人德之。〔清〕張履祥：《見聞錄》卷四。轉引自謝國楨選編、牛建強校勘：《明代社會經濟史料選編（下）》（福州：福建人民出版社，2004 年 5 月），頁 120～121。梁其姿亦云：在明清時期，地方上有一定財富的人，爲了保持或提高其社會地位，除了用傳統的策略外（即一方面投資於下一代之教育，期望他們有當官的一天；另一方面以經營土地或商業來維持家計），以散財行善方式得到地方社會的肯定，也成爲日益流行的新策略。梁其姿：《施善與教化——明清的慈善組織》（石家莊：河北教育出版社，2001 年 11 月），頁 84。

少。同時又因參與地方事務，而擁有良好的聲望，商人與士人自然會被視爲社會中的領導階層。位居領導階層的商人，其愛好、風尚，往往成爲潮流，而其價值觀也引領著眾民，這種情況應是不難想像的。商人崛起，士人階級何以不抵制？這是因爲，明末許多士人出身於商人家庭〔註10〕，所以士人較能理解商人的想法〔註11〕。士商生活方式相近，彼此更能認同對方〔註12〕。更何況，因爲經濟利益太過誘人，此時的士人往往也經營商業，士商的界限，至此愈加難以劃清。江、浙由於商業發達，聚集了大量的商人來此貿易，也吸引了商人定居於此，所以江南的許多望族巨姓，就是商人家族〔註13〕。這些家族（宗族），往往代表地方的基層權力，負責維護社會秩序〔註14〕，展示其影響力。在商人

〔註10〕如汪道昆、王士貞都是商人子弟。范守己：《曲洧新聞》卷二云：「王元美（世貞）祖曰質庵公，官至侍郎。父曰思質公，……元美席有先業，其家亦巨萬，新蔡張助甫者，元美友也。一日客元美家，時歲將終矣。諸質舍算子錢者類造賬目呈覽。主子錢者弃簿白元美曰：『已算明』元美問曰：『幾何？』曰：『今歲不往年若也，三十萬耳。』元美頷而收之。」轉引自謝國楨選編、牛建強校勘《明代社會經濟史料選編（下）》（福州：福建人民出版社，2004年5月），頁112。

〔註11〕洪蘭於〈神經迴路的奧妙〉一文云：我們的經驗會改變我們的神經連接，而神經連接所造成的迴路其實就是我們的記憶和思想，也就是我們的觀念。神經迴路一旦連接牢固，要改變它很困難，所以觀念的改變也很困難。……因爲生活的經驗早於課堂的經驗，所以先形成的觀念就很難改變，除非舊的被新的取代，不然就像兩個大抽屜，一邊放著父母社會教我們的迷信觀念，一邊放著老師教我們的科學觀念，河水不犯井水。所以在這個社會才會看到一個知識分子也可以是相信風水、整天算命的人，二者是平形的線，永遠不相交，不牴觸。洪蘭：〈神經迴路的奧妙〉，《聯合報》2005年1月17日，E7版。筆者按，可以推想士紳生長於商人家庭，其成長經驗，足以形成其重商、講利的觀念，也將使其認同商人。

〔註12〕在韋伯看來，社會地位開始通過人們的生活風格（styles of life）表現出來。住宅、衣著、說話方式和職業，所有這一切都有助於形成一個人在其他人眼中的社會位置。社會地位相同的人，構成一個具有共享的認同感的團體。〔英〕安東尼·吉登斯（Anthony Giddens）著，趙旭東、齊心、王兵等譯：《社會學（第四版）》（北京：北京大學出版社，2003年12月），頁360。

〔註13〕徽人四出行賈，多留不返。故東南郡國巨族，往往推本於歙。謝國楨選編、牛建強校勘：《明代社會經濟史料選編（下）》（福州：福建人民出版社，2004年5月），頁32；歸有光云：嘉定南南翔，大聚也，多歙賈，（李）君遂居焉。亦時時賈臨清，往來江淮間，間歲還歙，然卒以嘉定爲其家。謝國楨選編、牛建強校勘：《明代社會經濟史料選編（下）》（福州：福建人民出版社，2004年5月），頁31。

〔註14〕絕大多數鄉村的社會秩序維護，是由基層權力的代表者——宗族來承擔的。特別明清時期的東南地區，這種現象更加明顯，宗族組織甚至演變爲基層的

錢、權的攻勢下，社會風尚變了，大眾的價值觀也變了。先看看當時商業發達的情形，歸有光《震川先生集．白庵程翁八十壽序》云：

> 今新安多大族，而其地在山谷之間，無平原曠野可爲耕田。故雖士大夫之家，皆以畜賈游於四方。倚頓之鹽，烏倮之畜，竹木之饒，珠璣、犀象、玳瑁、果布之珍，下至賣漿販脂之業。天下都會所在，連屋列肆，乘堅策肥，被綺穀，擁趙女，鳴琴跕屣，多新安之人也。〔註15〕

由歸有光之文不難看出，商人的物質享受，是遠遠超出生活所必需的程度。成書於稍後的《客座贅語》亦載有一段文字，這段文字的對象是商人與貧民，其文云：

> （南京）邇來則又衣絲躡縞者多，布服菲屨者少。以是薪粲而下，百物皆仰給於貿居，而諸凡出利之孔，拱手以授外來之客居者。如典當鋪，在正德前皆本京人開，今與紬緞鋪、鹽店皆爲外郡外省富民所據矣。……而又俗尚日奢，婦女尤甚。家纔儋石，已貿綺羅；積未錙銖，先營珠翠。〔註16〕

這一段話有幾點可以注意：一是南京民眾日益講求衣服之質料，而且此時之南京爲一商業性都會，日用飲食幾賴商人輸入才能滿足本地之需求；二是高利潤的商業經營，幾爲外來富商所壟斷；三是縱使無力從事於奢侈消費亦得勉力置辦。顧起元對於貧而過度消費者，採用一種批評的態度。筆者則以爲，貧者購買綺羅、珠翠，除了審美價値外，更可能是爲了社會評價。亦即，當貧富成爲賢愚之指標，勉力購買貴重物品，可能是爲了獲得較佳的社會評價或是以此維持自尊。再看看當時的商業活動，王士性云：

> 杭州省會，百貨所聚。其餘各郡邑所出則湖之絲、嘉之絹、紹之茶之酒、寧之海錯、之瓷、嚴之漆、衢之橘、溫之漆器、金之酒，皆以地得名。惟吾台少所出，然近海，海物尚多錯聚，乃不能以一最佳者擅名。〔註17〕

政治組織。鄭振滿：《明清福建家族組織與社會變遷》（長沙：湖南教育出版社，1992年），頁242。

〔註15〕〔明〕歸有光：《震川先生集》（台北：臺灣商務印書館，1967年，四部叢刊初編本），卷十三〈白庵程翁八十壽序〉，頁11。

〔註16〕〔明〕顧起元：《客座贅語》（北京：中華書局，1987年4月），卷二〈民利〉，頁67。

〔註17〕〔明〕王士性：《廣志繹》（北京：中華書局，2006年7月），卷四〈江南諸省〉，頁263。

顧公燮亦云：

> 自古習俗移人，賢者不免。……即以吾蘇而論，洋貨、皮貨、綢緞、衣飾、金玉、珠寶、參藥、諸鋪，戲園、游船、酒肆、茶店，如山如林，不知幾千萬人。〔註18〕

四方匯聚之各種商品，加上大量白銀流入，使許多人手上握有大量的現銀。擁有現銀而不將手中之現銀用於購買商品及物質享受，是令人難以想像的事情。張岱《陶庵夢憶》云：

> 越俗掃墓，男女袨服靚妝，畫船簫鼓，如杭州人遊湖，……，二十年前，中人之家尚用平水屋幘船，男女分兩截坐，不坐船，不鼓吹。……後漸華靡，雖監門小户，男女必用兩坐船，必巾，必鼓吹，必歡呼暢飲。〔註19〕

同書亦描寫揚州清明時路旁所販之物，文云：

> 隨有貨郎，路旁擺設骨董古玩，並小兒器具。博徒持小杌坐空地，左右鋪衵衫半臂，紗裙汗帨，銅爐錫注，瓷甌漆奩，及肩彘鮮魚，秋梨福橘之屬。〔註20〕

張岱所記錄的不過是清明掃墓之習俗，清明掃墓之目的在表達慎終追遠之孝思。故此時宜戒慎虔誠，若此時尚不能免俗地購買諸種日常用具，則平日之用度應更甚於此。由上述引文也可了解，擁有好的物質享受，成爲民眾的共同追求，進而可以推知，物質享受不但已除罪化，而且被視爲光榮的與高社經地位的表徵。社會的價值觀變得「以財多爲光榮」後，薪俸微薄的官員自然會竭力生財，或經商、或貪污、或強奪民產，方法不一而足，以上現象當然並不足取〔註21〕。但是因爲習俗或社會價值觀，亦是一種規範，會產生一種無

〔註18〕〔清〕顧公燮：《消夏閑記摘抄》，卷上〈蘇俗奢靡〉，轉引自謝國楨選編、牛建強校勘：《明代社會經濟史料選編（下）》（福州：福建人民出版社，2004年5月），頁20～21。

〔註19〕〔明〕張岱：《陶庵夢憶》（上海：上海古籍出版社，2001年5月），卷一〈越俗掃墓〉，頁15。

〔註20〕〔明〕張岱：《陶庵夢憶》（上海：上海古籍出版社，2001年5月），卷五〈揚州清明〉頁87。

〔註21〕張漢儒云：三吳縉紳，豈無名節自矜？獨此錢謙益、瞿式耜二人，縱令豪奴陸德、陸凡之、……等，結黨尋趁，或投獻釘封、或假命圖詐、或逼奪人房屋，或炙寫人子女，或百計千方詐人錢財。及説事講銀，則曰家爺或千兩，或幾百兩，……任其富户大家，曲直未分，家貲洗蕩。〔明〕張漢儒：《張漢儒疏稿》轉引自謝國楨選編、牛建強校勘：《明代社會經濟資料選編下》（福

形的壓力。如果一個社會，並不存在公平的競爭環境，但是卻以財富界定成就之高下。恐怕一個道德高尚的窮人，他的社會評價將遠不及一個爲富不仁之人。處於這樣的一個社會，堅持道德原則的代價極高，也不易得到社會大眾的認可，於是棄守道德原則而以各種管道攫取財富的現象也就不足爲奇了。

第二節　陽明後學之發展

明朝中葉以後，朱子學不再獨盛，王陽明及其後學頗有後來居上的氣勢。由於王陽明學術思想的形成是經歷相當長的時間，所以他早期的思想與晚期的思想存在著相當的差異，再加上他採用因材施教、隨病給方的教法，所以當他歿後，門弟子對師說的闡述也就隨根性及體悟而有所不同。此外，陽明學派以「良知」做爲價值最終的判斷標準，也有助於重新界定商人的地位。本節將分別敘述陽明學派的建構、分化及社會文化的因應。

一、陽明學派的建構

明代的科舉制度具有高度的政治考量，不但考試內容範限於《四書大全》、《五經大全》、《性理大全》，且科舉成唯一的出仕途徑。學校與考試合一，使官方意識型態得以宰制士子的思想〔註 22〕。由於科舉考試內容僵化、又充滿功利色彩，使得程朱理學的精神剝落無存。這種現象，引發了有識之士的不滿〔註 23〕。但是有識之士（陽明學派）的不滿僅限於士習，卻罕及科

州：福建人民出版社，2004 年 5 月），頁 419。

〔註 22〕布迪厄將文化定義爲一個符號和意義系統。他認爲，社會的統治階級通過控制教化活動（比如：教育）——使主流的符號和意義內化於下一代中，將自身的文化價值強加在其他階級身上，從而實現了統治階級文化特徵的再生產。亦即，社會再生產是統治是統治階級對被統治階級施加的「符號暴力」（symbolic violence）。符號暴力就發生在教化活動中，統治階級通過教化活動，將自身的文化和價值合法化爲社會的「客觀」文化和價值。因此儘管主流文化和價值在支持和維護統治階級的利益，人們卻覺察不到。〔美〕林南著、張磊譯：《社會資本——關於社會結構與行動的理論》（上海：上海人民出版社，2005 年 2 月），頁 13～14。

〔註 23〕活動於嘉、隆、萬的何良俊云：「自程朱之說出，將聖人之言死死說定，學者但據此略加敷演，湊成八股，便取科第，而不知孔孟爲何物矣！」見氏著《四友齋叢說》（北京：中華書局，1959 年 4 月），卷三，頁 22。今人葛兆光亦云：本來是批評性相當深刻的程朱學說，一方面深入社會生活，成了一般思想世界普遍接受的知識和原則，另一方面漸漸地失去了站在政治體制外的超越和自由立場，成了政治權力與意識形態的詮釋文本。……到正德、嘉靖年間，

舉制度本身。不但如此，他們的學術主張與批評，尙且得倚賴科舉所提供的政治位勢來發揮影響力。另一個衍生於科舉且與陽明學傳播密切相關的社會現象，便是日益增多的生員人數。嘉靖年間生員人數急遽增加，但科舉進士名額卻如故，登第日益困難，使大量生員滯留地方。當時的地方社會，出現了一群有閒無職、足以吸收新知的智識群體。陽明學之所以可能在各地以定期講會的方式蓬勃發展，也與當時結集在地方社會中的眾多生員群體息息相關。

除了科舉因素外，王陽明個人的思想學說得以蛻變成門徒遍佈各地的新學派，主要關鍵還是在他的軍功。平定宸濠之亂，使王陽明躍升爲一位馳名全國、體現內聖外王的大將軍。其造就的聲望以及將王陽明的事功學說推進朝廷中央的廷議，都有利於學派之建構。加上王陽明在江西執政時期，揭示了致良知的學術主旨，並將其政治資源轉化爲學術資源，同時也培育了不少年輕優秀的人才，這也是學派壯盛的重要因素。但隨著陽明學派的日益傳播，也引起嘉靖的不悅。嘉靖不喜王陽明的學術，其理由固然不易釐清，但是任何民間的團體，若擁護一套與官方意識型態相左的學說，並且招聚門徒、定期集會，這在高度極權的政治權威眼中，自然是一項危險的威脅。況且，陽明學派間的同門師友關係，所形成的相互舉薦提攜的助力，也成爲反對者抵制其擴張的緣由。陽明學之傳布與政治的關係極爲密切。徐階以首輔身分提倡講學，講學成爲一時之風尚。沈德符《萬曆野獲編》云：「徐華亭以首揆爲主盟，一時趨鶩者人人自托吾道。凡撫臺蒞鎮，必立書院，以鳩集生徒，冀當路見知。」〔註24〕何良俊《四友齋叢說》亦云：「今之仕宦，有教士長民之責者，此皆士風民俗之所表率。茍一倡於上，則天下群趨影附。」〔註25〕從

這種症候已經越來越明顯，王陽明在《答顧東橋書》中就已經說到，由於思想邊界的限定，很多士人只能將聰明智慧轉向訓詁之學、記誦之學、詞章之學，……社會生活在王陽明生活的正德嘉靖時代起已經發生了巨大的變化，可是社會生活的同一性在逐漸喪失的時候，思想的同一性卻依然存在，那麼，思想將如何有效地回應和療救這種危機與變化？這就是當時士人的普遍的緊張與焦慮。葛兆光：《中國思想史（第二卷）》（上海：復旦大學出版社，2002年8月），頁291～292。

〔註24〕〔明〕沈德符：《萬曆野獲編（中）》（北京：中華書局，1959年4月），卷二十四，頁608。

〔註25〕〔明〕何良俊：《四友齋叢說》（北京：中華書局，1959年4月），卷四，頁31。

其他講會成立和擴建的資料也顯示，陽明師友藉著地方政治資源提倡自己學派的情形相當普遍。第二代陽明弟子，雖不能穩佔政治高位，但是他們在地方鄉黨、私人情誼中仍有許多運作的空間。

王陽明晚年時（嘉靖初年），陽明學雖受朝廷學禁的壓抑，卻仍繼續發展，其發展重鎮也由江西蔓延至浙中、南直隸，這三個地區不僅是當時經濟活動發達的區域，也是人文薈萃的文化菁華區。從明代科舉資料顯示，此三地區正是明代進士人數最多的三個省份。這對陽明學能夠在陽明身後，繼續快速發展，進而成爲明代影響最鉅的學術運動，也是極爲重要的因素。陽明生前，浙江已成爲陽明學的重鎮，因此陽明死後，最先的紀念活動也在此地展開。嘉靖九年（1530），陽明弟子選擇在老師生前預定講學所在地——天眞山——修建天眞精舍。這所精舍雖位於浙江省，但是學派的重要象徵。自陽明弟子選擇以建書院、辦講會來紀念王陽明，陽明學因門人在各地成立講會活動而進入學派鼎盛時期。但是隨著王陽明獲准陪祀孔廟，陽明學爲官學所收編，只是被朝廷收編後的陽明學，並不能再創的建構和發展〔註 26〕。陽明之學興盛流傳，呂妙芬著重在陽明弟子藉講學宣揚師說及充分利用政治資源這二個因素，余英時則由學術內涵，說明陽明學盛行的原因。他指出，朱子之學專對「士」說教，而陽明之學則提供了通俗化的一面，使新儒家倫理可以直接通向社會大眾〔註 27〕。但是什麼是通俗化？通俗化或許可以解釋爲，學說能爲更廣大的社會階層所接受、理解，能爲其解決自身的問題。陽明學的分化，除了自身學術的多元性外，「通俗化」也是不可忽視的因素。「通俗化之所以必要」，仍因當時的社會生活已經有了相當大的變化，種種跡象表明，在嘉靖以後，民間社會漸漸擁有較大的空間，市民生活風氣也趨向多樣化，倫理同一性的約束越來越小，而官方的控制力也越來越鬆弛。隨著城市、商業、交通以及印刷術和造紙技術的發達，知識傳播更加容易，也越來越超出官方意識形態所允許的邊界，士紳與市民所擁有的財富資源，也使得另外開闢思想表達和知識傳播的渠道成爲可能。〔註 28〕

〔註 26〕本文論述陽明學派的建構，主要參考呂妙芬：《陽明學士人社群——歷史、思想與實踐》（台北：中研院近史所，2003 年 4 月），頁 31～71。

〔註 27〕余英時：《中國近世宗教倫理與商人精神》（合肥：安徽教育出版社，2001 年 9 月），頁 176。

〔註 28〕葛兆光：《中國思想史（第二卷）》（上海：復旦大學出版社，2002 年 8 月），頁 300。

二、陽明學派的分化

（一）陽明成學經過與教法

一個思想要廣爲流傳，必定要有適當的議題、各階層的聽眾及符合聽眾水準的教法。余英時指出，程朱理學，雖然把士階層從禪宗那邊扳了過來，但並未能完全扭轉儒家和社會下層脫節的情勢。明代王學則承擔了這一未完成的任務，使民間信仰不再爲佛道兩家所完全操縱〔註 29〕。這是說，陽明將儒家學說的傳播對象擴及農、工、商等階層。要讓農、工、商階層爲艱深的儒家理論所吸引，在講述方法上必須要配合其知識水準，講述的內容也必須與其生活切身相關。良知教能風靡天下，在於它同時滿足了士階層談「工夫」、「本體」及社會大眾的精神需要。浙中和江右兩派發展了前一方面（工夫、本體），而泰州學派則發展了後一方面（社會大眾精神需要）〔註 30〕。受教對象不同，教法及著重點也隨著不同，這使得理論易於分歧。復以陽明之學是在接引弟子、講學論辯的過程中展開的。陽明在展開學說的過程中，並未以嚴格統一的邏輯界說來闡述自己的學說，而且對自己所使用的理論範疇、命題概念亦未作嚴格之界定〔註 31〕。所以當陽明卒後，產生門弟子對陽明學闡述各異的現象，是可以理解的。陽明設教，乃因人根器，隨方開示，並無一定的解答與教法。及其身歿，典型日遠，弟子各以所悟而闡師說，這是陽明學派分化的要素之一。更何況，陽明自身學術也在變化之中，《傳習錄》上卷與下卷的思想就略有不同。錢明云：

> 拿《傳習錄》來說，由徐曰仁所記之初卷，皆是南中所聞，而陽明在「南中之時，大率以收斂爲主，發散是不得已，故以默坐澄心爲學的。」……而由錢緒山刪定的《傳習錄》下卷，因爲沒有像前兩卷那樣經過陽明的親自審閱，且緒山之目的，是「因其所舉而指示立言之端。……實以破傳者之疑。」因而下卷之內容與上、中卷相比，多有出入，尤顯混雜。……而受後世學者推崇的則是《傳習錄》中卷，因中卷是陽明晚年親筆，純粹無可疑者。……無論是《傳習

〔註 29〕余英時：《中國近世宗教倫理與商人精神》（合肥：安徽教育出版社，2001 年 9 月），頁 176。

〔註 30〕余英時：《中國近世宗教倫理與商人精神》（合肥：安徽教育出版社，2001 年 9 月），頁 174。

〔註 31〕錢明：《陽明學的形成與發展》（南京：江蘇古籍出版社，2002 年 9 月），頁 118。

> 錄》上卷還是下卷，由於其自身特點，而引發陽明門人後學的分化變異是不可避免的。〔註 32〕

又云：

> 在《傳習錄》上卷裏，陽明比較強調「心上工夫」。……此時的陽明，確乎有點「專求本心，遂遺物理」之嫌了。但在《傳習錄》下卷裏，陽明卻轉而注重「事上工夫」。他說：「良知只在聲色貨利上用功，能致得良知，精精明明，毫髮無蔽，則聲色貨利之交，無非天則流行矣。」〔註 33〕

陽明對弟子是因其材而施教，所以可能同一「良知」而甲乙異聞。再者，陽明弟子之入門有先有後，早期之弟子所聞亦異於晚期之弟子。僅此兩點，就足以使學說理論分歧了。

（二）陽明後學理論的分歧

王陽明所謂的「致良知」主要的不是在外部世界的知識中尋找道德提升和心靈澄明的途徑，而是發掘內在心靈自有的靈明〔註 34〕。但是由於在理論上肯定了心靈「有善無惡」的合理性，這能使實踐上的所有心靈活動擁有了合理性，可是，因爲「無情無欲」只是一種理論上的境界，而生活世界中的人總是「有情有欲」的，於是，這種有情有欲的人就在這種理論合理性背後，尋找到了「釋放」甚至於放縱自己的理由〔註 35〕。因而純就理論而言，「現成派」，並無可議之處。但落實到現實世界，歸寂派、修證派也確能救偏補弊。〔註 36〕

陽明後學，往往圍繞著「現成良知」這一個議題。何謂「現成良知」？「現成良知」具有兩層意思：一是指良知的先天性，一是指良知的顯在性。所謂「先天」，……意指超越了經驗現象層次的本質存在。……但是先天又不

〔註 32〕錢明：《陽明學的形成與發展》（南京：江蘇古籍出版社，2002 年 9 月），頁 116～118。

〔註 33〕錢明：《陽明學的形成與發展》（南京：江蘇古籍出版社，2002 年 9 月），頁 125～126。

〔註 34〕葛兆光：《中國思想史（第二卷）》（上海：復旦大學出版社，2002 年 8 月），頁 307。

〔註 35〕葛兆光：《中國思想史（第二卷）》（上海：復旦大學出版社，2002 年 8 月），頁 314。

〔註 36〕關於陽明後學的分派，錢明有極爲詳盡的說明。本文採用岡田武彥的分法。見錢明：《陽明學的形成與發展》，頁 106～115。

能脫離「後天」，也就是說，作爲「先天性」的良知同時又具有「顯在性」〔註 37〕。「現成良知」成爲一個固定的詞組，始於王龍溪。王龍溪云：「先師提出良知二字，正指見在而言，見在良知與聖人未嘗不同。」〔註 38〕羅念庵則云：「世間那有現成的良知？良知非萬死工夫，斷不能生也，不是現成可得。」〔註 39〕或許可以這樣說，現成派和歸寂派的主要爭議在於——可否信任當下的一念靈明。而修證派的主要理論又在於矯正歸寂派過度向內尋求虛靈，而遺卻外物之弊。

1. 現成派

陽明「心即理」，肯定了普遍之理應當內化於個體之良知。即理與心合一（按：外在社會規範內化）之後，理不再僅是超驗之存在，更是呈現於主體之價值判斷。陽明云：

> 爾那一點良知，是爾自家底準則。爾意念著處，他是便知是，非便知非，更瞞他一些不得。〔註 40〕

「良知」，在社會學理論中屬於內在控制的範疇〔註 41〕，當社會價值規範較爲穩定時，內化的道德規範（良知）易與大眾的規範一致，所以「良知」自然能指導外在行爲。但是當社會快速變遷，群體對價值規範的認知有種種歧異時，主體所內化的價值規範是否合宜，就仁智互見了。鄒元標云：

> 近世學者，以知是知非爲良知。夫是非熾然，且從流於情識而不自覺，惡在其爲良知？〔註 42〕

歐陽南野亦云：

〔註 37〕吳震：《陽明後學研究》（上海：上海人民出版社，2003 年 4 月），頁 8。

〔註 38〕吳震編校整理：《王畿集》（南京：鳳凰出版社，2007 年 3 月），卷四〈與獅泉劉子問答〉，頁 81。

〔註 39〕徐儒宗編校整理：《羅洪先集（下）》（南京：鳳凰出版社，2007 年 3 月），卷十六〈松原志晤〉，頁 696。

〔註 40〕陳榮捷：《王陽明傳習錄詳注集評》（台北：台灣學生書局，1998 年 2 月），頁 291。

〔註 41〕內在控制的直接控制力量來自行動者本身。如果一個社會成員接受和內化了他生活於其中的社會或群體的價值規範，自覺地實踐角色規範，這就是實現了內在控制……內在控制是基本上實現了自我控制，自覺、慎獨、克己都是內在控制的形式。王思斌主編：《社會學教程（第二版）》（北京：北京大學出版社，2005 年 6 月），頁 233。

〔註 42〕〔清〕黃宗羲：《明儒學案》；沈善洪主編：《黃宗羲全集》（杭州：浙江古籍出版社，1992 年 8 月），卷二十三〈誨女知之〉，頁 631。

> 自謂寬裕溫柔，焉知非優游怠忽；自謂發強剛毅，焉知非躁妄激作。忿戾近齋莊，瑣細近密察，矯似正，流似和，毫釐不辨，離眞逾遠。然非實致其精一之功，消其功利之萌，亦豈容以知見情識而能明辨之。〔註43〕

鄒元標所謂的「流於情識而不自覺」及歐陽南野所云的「自謂寬裕溫柔，焉知非優游怠忽；自謂發強剛毅，焉知非躁妄激作」，都在指出外在道德規範內化爲良知時，易受情緒及認知之影響而將錯誤的規範內化。錯誤的規範內化爲良知，並成爲價值之判準，將導致黃宗羲於《明儒學案・蕺山學案》所云：「今天下爭言良知矣，及其弊也，猖狂者參之以情識，而一是皆良。」的現象。但是若細察王畿的言論，其實他並不忽略工夫論。他曾說：

> 先生（龍溪）曰：自先師提出本體工夫，人人皆能談本體說工夫。其實本體工夫須有辨。自聖人分上說，只此知便是本體，便是工夫，便是致；自學者分上說，須用致知的工夫，以復其本體。博學、審問、愼思、明辨、篤行五者，廢其一，非致也。〔註44〕

他將本體／工夫之間的關係，分爲聖人／學者二組。聖人是本體＝工夫，學者是（先致）工夫→（後復）本體。就此段文字看來，應無過度相信良知而致失道之弊才對。但是若看下面一段文字，或許可以找出部分理由。王畿又說：

> 若能於日用貨色上，料理經綸，時時以天則應之，超脫得淨，如明珠混泥沙而不污，乃見定力。〔註45〕

於日用貨色上用功，省思自己的動機、行爲是否能擺脫私欲，當然不錯。但是縱使人們進行自我省察，有時何以會有此感受或行爲，卻是意識所察覺不到的。所以「天則」或「良知」，有時並不能說明行爲發生的原因。所以人們在處於不確定態度和感受時，往往要藉由觀察行爲及行爲發生的情境，來推論自己的態度和感受〔註46〕。因此，若純以「天則應之」（良知對應外在環境）

〔註43〕〔清〕黃宗義：《明儒學案》；沈善洪主編：《黃宗義全集》（杭州：浙江古籍出版社，1992年8月），卷十七〈寄敖純之〉，頁419～420。

〔註44〕王畿：《龍谿王先生全集》（台北：廣文書局據日本江戶年間和刻本影印），卷一，頁3下。

〔註45〕王畿：《龍谿王先生全集》（台北：廣文書局據日本江戶年間和刻本影印），卷一，頁4。

〔註46〕Bem（1972）的自我知覺理論（self-perception theory）主張，當我們的態度和感受處於不確定或模棱兩可的狀態時，我們會藉由觀察自己的行爲和該行爲

而不考量發生行爲的情境（包括他人反應），「良知」易流於主觀自是。再看看現成派另一健將王艮的教法。王艮爲泰州學派的創始者，他的理論最爲人所知者爲「明哲保身論」及「百姓日用即道」。其云：

> 明哲者良知也，明哲保身者，良知良能也。……知保身者，則必愛身如寶，能愛身則不敢不愛人，能愛人則人必愛我，愛我則吾身保矣。能愛人則不敢惡人，不惡人則人不惡我，則吾身保矣。〔註47〕

又云：

> 仕以爲祿也，或至於害身；仕而害身，於祿也何有？仕以行道也，或至於害身；仕而害身，於道也何有？君子不以養人者害人，不以養身者害身。〔註48〕

王艮「明哲保身」論，有相當強的功利色彩，愛人是爲了保身而非出於道德之情感，這類的主張可以做爲大眾的「道德法典」〔註49〕，也能起一定之效用。但是在此規定下的「良知良能」絕對不同於孟子或陽明的「良知良能」。孟子、陽明的良知良能，是一種不計利害的道德情感。率循良知之行爲或許可以獲得外在的利益，但是「利害」卻不在考量範圍內。再如第二則引文，將形軀之身視爲第一義，是否可能會導致仕宦階層失去堅持眞理的勇氣？或者以之辯護自己的苟且行爲？這都是要思量的。再看「百姓日用即道」的主張，茲錄三則：

> 百姓日用條理處，即是聖人之條理處。〔註50〕

> 學是愚夫愚婦能知能行者，聖人之道不過卻人皆知皆行。〔註51〕

發生的情境，來推論自己的態度和感受。〔美〕Elliot Aronson、Timothy D. Wilson、Robin M. Akert 著、余伯泉、李茂興譯：《社會心理學》（台北：弘智文化，2003 年 6 月），頁 190。

〔註47〕〔明〕王艮：《王心齋全集》（台北：廣文書局，1979 年 5 月），卷四，頁 4 上。

〔註48〕〔明〕王艮：《王心齋全集》（台北：廣文書局，1979 年 5 月），卷二，頁 8 上。

〔註49〕布蘭特《善與正當理論》曾提出「道德法典」（the moral code）之說，就個人的法典而言，就是「良心」；而適用於整個社會的「道德法典」，一定要適合該社會的理智和教育水平，它必須給該社會經常發生的問題提供詳細的解決辦法。見布蘭特《善與正當的理論》，頁 180～181。轉引自万俊人：《現代西方倫理學史下卷》（北京：北京大學出版社，1992 年 12 月），頁 663。

〔註50〕〔明〕王艮：《王心齋全集》（台北：廣文書局，1979 年 5 月），卷二，頁 4 下。

聖人之道無異於百姓日用，凡有異者皆謂之異端。〔註 52〕

若將「聖人」定義爲：能將社會規範完美地內化於思想並付諸實踐者，愚夫愚婦爲雖知規範但行爲思想常有違背者，則聖人之道與百姓之道的確無異。只不過一能踐道、一則不免於違道罷了。但是若云：「童僕往來動作之不假安排處即是道」〔註 53〕則不可。因爲行爲之警覺，可以是沒有道德意涵的。「百姓日用即道」這一命題，可以說是一個雙面刃，一則它可以使人有行道的勇氣——聖人之道不再是高不可攀，而是勉力可及的；但是它也消解了嚴格刻苦的修養過程，易使人看輕了刻苦自勵在道德養成過程中的重要性。王艮又強調「樂學」，將樂與學（良知）繫連在一起，即「樂是學」〔註 54〕。遵循良知原則，可帶來極大的快樂，這是毫無疑問的。問題是，引發快樂的原因甚多，快樂情緒之產生不必然與遵循良知有關，將樂與學綁在一起，會不會讓人將引起快樂的事件誤以爲必然合於良知原則呢？其實王艮本身似乎就犯了這樣的錯誤，其云：

愛之欲其生，惡之欲其死，性情之正，非惑也。既欲其生，又欲其死，中無定主，抱不決之疑，方是惑。〔註 55〕

厭惡一人而欲其死，當然是不道德的，但是王艮卻許之以性情之正，而將心無主見視爲一種疑惑。依此推論，若心意堅定，將厭惡之人置之死地，並不違背道德原則，這與孔子之教是背道而馳的〔註 56〕。筆者以爲，王艮講「樂學」、講「百姓日用即道」、講「明哲保身」，是因爲其個人並無正規之學術養成

〔註 51〕〔明〕王艮：《王心齋全集》（台北：廣文書局，1979 年 5 月），卷二，頁 2 上。

〔註 52〕〔明〕王艮：《王心齋全集》（台北：廣文書局，1979 年 5 月），卷二，頁 15 上。

〔註 53〕陽明而下，以辯才推龍溪，然有信有不信，惟先生於眉睫之間，省覺人最多。謂「百姓日用即道」，雖僮僕往來動作處，指其不假安排者以示之，聞者爽然。御史吳疏山悌上疏薦舉，不報。嘉靖十九年十二月八日卒，年五十八。《明儒學案》，卷三十二〈處士王心齋先生艮〉，頁 830。

〔註 54〕王艮有〈樂學歌〉，其文云：人心本自樂，自將私欲縛。私欲一萌時，良知還自覺，一覺便消除，人心依舊樂，樂是樂此學，學是學此樂。不樂不是學，不學不是樂。樂便然後學，學便然後樂。樂是學，學是樂。於戲！天下之樂何如此學，天下之學何如此樂。〔明〕王艮：《王心齋全集》（台北：廣文書局，1979 年 5 月），卷四，頁 5 下。

〔註 55〕〔明〕王艮：《王心齋全集》（台北：廣文書局，1979 年 5 月），卷二，頁 5。

〔註 56〕子張問崇德辨惑。子曰：主忠信，徙義，崇德也。愛之欲其生，惡之欲其死，既欲其生，又欲其死，是惑也。《論語·顏淵下》。

訓練，因而思想不受傳、注所拘縛；再者，其講授之對象遍及社會各階層，不得不將知識普及化，使知識水準較低的人，亦能領受其思想精義。〔註 57〕

2. 歸寂派

歸寂派的代表人物爲羅洪先（1504～1564）及聶豹（1487～1563）二人。尹臺於《雙江聶先生文集・序》云：

> 夫先生（聶豹）之學，以歸寂爲宗，以致虛守靜爲入德不易之極。〔註 58〕

聶豹亦云：

> 今夫以愛敬爲良知，則將以知覺爲本體，以知覺爲本體，則將以不學不慮爲工夫。其流之弊：淺陋者，恣情玩意；拘迫者，病己而稿苗；入高虛者，遺棄簡曠，以耘爲無益而舍之。是三人者，猖狂荒謬，其受病不同，而失之於外，一也。〔註 59〕

羅洪先亦云：

> 吾心之善，吾知之；吾心之惡，吾知之，不可謂非知也。善惡交雜，豈有爲主於中者乎？中無所主，而謂知本常明，恐未可也。知有未明，依此行之，而謂無乖戾既發之後，能順應於事物之來，恐未可也。故知善知惡之知，隨出隨泯，特一時之發見焉耳。一時之發見，未可盡指爲本體，則自然之明覺，固當反求其根源。〔註 60〕

聶豹之「以愛敬爲良知」、「以不學不慮爲工夫」及「知善知惡之知，隨出隨泯」之說，顯然是針對「良知現成」而發。聶豹認爲，應於未發之時觀喜怒

〔註 57〕大陸中央電視台之百家講壇，其性質即與泰州學派類似。張作錦云：易中天講三國、于丹講論語，學界屢有訾議。李澤厚認爲，于丹、易中天這些人是菁英和平民間的橋梁，他們不是思想者，是布道者。葛兆光則說，知識需要傳遞，而大眾也需要有知識。他（葛）認爲，易中天、于丹這些人的講座，引起公眾對學術研究的興趣，將知識普及化，應該公正對待他們的努力。摘自張作錦：〈傳佩榮「登壇」吉凶何如〉，《聯合報》2007 年 5 月 1 日，E7 版。

〔註 58〕〔明〕聶豹：《雙江聶先生文集》（台南：莊嚴文化事業有限公司，據嘉靖四十三年吳鳳瑞刻隆慶六年印本，1997 年 6 月（四庫全書存目叢書）），〈序〉，頁 224。

〔註 59〕〔明〕聶豹：《雙江聶先生文集》（台南：莊嚴文化事業有限公司，據嘉靖四十三年吳鳳瑞刻隆慶六年印本，1997 年 6 月（四庫全書存目叢書）），卷四〈送王惟中歸泉州序〉，頁 5 上。

〔註 60〕沈善洪主編：《黃宗羲全集第七冊——明儒學案（一）》（杭州：浙江古籍出版社，1992 年 8 月），卷十八〈甲寅夏遊記〉，羅洪先，頁 478。

哀樂，省思之而存其本體。其云：

> 夫喜怒哀樂豈無未發之時，但於其未發也，可以驗吾寂然之體。常存此體，不離須臾，則大本立而達道行。〔註 61〕

細搜詳討往常各種情緒之發是否中節，進而思索心體之安頓處。其中有大段工夫必須講求。所以羅洪先云：

> 凡習心混得去，皆緣日間大（太）順適，未有操持。如舵工相似，終日看舵，便不致瞌睡，到得習熟，即身是舵，無有兩件。凡人學問眞處，決定有操持，收束漸至其中，未有受用見成者。〔註 62〕

羅洪先進一步闡釋陽明講「現成良知」時之語境，其云：

> 良知兩字，乃陽明先生一生經驗而後得之，使發於心者一與所知不應，即非其本旨矣。當時遷就初學，令易入。不免指見在作用以爲左券。至於自得，固未可以草草謬承。〔註 63〕

羅洪先以爲，「良知」是陽明在一生經歷及修爲後，所提出的宗旨。其提出「現成良知」是爲了方便初學掌握「良知」之精義，所以修德者不可以「現成良知」爲究竟義。「現成良知」既不可靠，「未發之時又大有工夫在」，如何察識未發之時主體的狀態？羅洪先似以靜坐爲其方法。《明儒學案》載：

> 闢石蓮洞居之，默坐半榻間，不出户者三年。〔註 64〕

依馬丁・塞利格曼（Martin E. P. Seligman）的研究，「打坐」有助於減低日常生活的焦慮。一天兩次，每次二十分鐘，找一個安靜的地方，把眼睛閉起來，一直重覆一個有音頻性質的音節（mantra）。打坐是把會引起你焦慮的思想推出去。打坐與放鬆是互補的，打坐是把焦慮的動力部分繳械了，但留下焦慮的思維部分卻沒動它。如果持之以恆的話，打坐會帶給你心情的平靜，使你不再感到焦慮，對不好的事不會過度反應〔註 65〕。打坐既然有利於心情的平

〔註 61〕〔明〕聶豹：《雙江聶先生文集》（台南：莊嚴文化事業有限公司，據嘉靖四十三年吳鳳瑞刻隆慶六年印本，1997 年 6 月〈四庫全書存目叢書〉），卷十一〈答黃洛村〉，頁 15 上。

〔註 62〕沈善洪主編：《黃宗羲全集第七冊——明儒學案（一）》（杭州：浙江古籍出版社，1992 年 8 月），卷十八〈答歐陽文朝〉，頁 473。

〔註 63〕沈善洪主編：《黃宗羲全集第七冊——明儒學案（一）》（杭州：浙江古籍出版社，1992 年 8 月），卷十八〈寄張須野〉，頁 465。

〔註 64〕沈善洪主編：《黃宗羲全集第七冊——明儒學案（一）》（杭州：浙江古籍出版社，1992 年 8 月），卷十八，頁 446。

〔註 65〕馬丁・塞格利曼著、洪蘭譯：《改變》（台北：遠流出版社，2000 年 8 月），頁 88。

靜，或許也有助於處理紛亂外務，羅洪先云：

> 先生（羅洪先）曰：往年尚多斷續，近來無有雜念。雜念漸少，即感應處便自順適。即如均賦一事，從六月至今半年，終日紛紛，未常（嘗）敢厭倦，未嘗敢執著……惟恐一人不得其所。〔註66〕

靜坐若務內而遺外，必然遭致物議，但由處理均賦一事看來，羅洪先並無這一方面的問題，所以不能以務內遺外來批評他。但是誠如錢賓四先生所云，江右之學，用以糾正浙中王門承領太易之病，自屬一道。若在此提掇過猛，則枯槁寂木之後，所謂天理炯然者，恐終不免帶有一些蕭然世外之概。〔註67〕

3. 修證派

歐陽南野（1496～1554）錢德洪（1496～1574）爲修證派之代表人物。歐陽南野云：

> 良知本虛，致知即是致虛。眞實而無一毫邪妄者，本虛之體也。物物愼其獨而格之，不以邪妄自欺者，愼獨之功也。故格物致知，則至虛至靈皆我固有。〔註68〕

又云：

> 若有見於虛而求之，恐或離卻事物，安排一個虛的本體，以爲良知本來如是，事事物物皆從此中流出，習久得效，反成蔽障。〔註69〕

歐陽南野以爲，致知就是致虛，而所謂的虛就是眞實而無邪妄、或不雜私欲的道德主體及判斷。但是此道德主體必須交接外物始得其用，若專執於主體境界之求索，反而是一種障蔽。錢德洪也有類似的看法，他云：

> 吾心良知，虛靈也，虛靈非物也，非物則斑垢駁雜停於吾心何所？則磨之之功又於何所乎！今所指吾心之班垢駁雜，非以氣拘物蔽而言乎？既曰氣拘，曰物蔽，則吾心之班垢駁雜，由人情事物之感而

〔註66〕沈善洪主編：《黃宗羲全集第七冊——明儒學案（一）》（杭州：浙江古籍出版社，1992年8月），卷十八，頁446～447。

〔註67〕錢穆：《中國學術思想史論叢（七）》（台北：東大圖書公司印行，1979年7月），〈略論王學流變〉，頁165。

〔註68〕〔明〕歐陽德：《歐陽南野先生文集》（台南：莊嚴文化事業有限公司據嘉靖本影印，1997年6月（四庫全書存目叢書·集部八十一冊）），卷三〈答賀龍岡〉，頁81。

〔註69〕〔明〕歐陽德：《歐陽南野先生文集》（台南：莊嚴文化事業有限公司據嘉靖本影印，1997年6月（四庫全書存目叢書·集部八十一冊）），卷三〈答賀龍岡〉，頁81。

後有也。既由人情事物之感而後有，而今之致知也，則將於未涉人情事物之感之前，而先加致知之功，則夫所謂致知之功者，又將何所施耶？（答聶雙江）〔註 70〕

又云：

吾心本與民物同體，此是位育之根，除卻應酬，更無本體，失卻本體，便非應酬。苟於應酬之中，隨事隨地不失此本體，眼前大地何處非黃金？若厭卻應酬，必欲去覓山中，養成一個枯寂，恐以黃金反混成頑鐵矣。（復龍溪）〔註 71〕

錢德洪以爲良知非物，人之所以有不合良知之言行，仍因受人情事物之感觸而後有，所以致知的工夫，必在應酬交接之時。在應酬之中，隨時隨地以良知爲判斷，即是修養之功。厭惡與人應酬交接，自絕於人群反而有點金爲鐵之虞。由歐陽南野及錢德洪之論述看來，修證派似乎更爲強調致知工夫不能自絕於人際、社會之往來。否則所費之工夫反而是有礙於主體境界的。但是錢德洪對於「現成派」也並非完全滿意，他說：

師既沒，音容日遠，吾黨各以己見立說。學者稍見本體，即好爲徑超頓悟之說，無復有省身克己之功，謂一見本體，超聖可以跂足，視師門「誠意格物」、「爲善去惡」之旨，皆相鄙爲第二義，簡略事爲，言行無顧，甚者蕩滅禮教，猶自以爲得聖門之最上乘。〔註 72〕

綜而言之，「現成派」在理論上並無違背良知之旨，但易造成縱情自恣的結果。爲矯枉不惜過正，而有「歸寂派」專向內在覓主體之境界，但是歸寂派也產生了枯寂之弊。所以又有折衷於二者的「修證派」，強調致知的工夫不可離群而得，頓悟亦非究竟之工夫。

三、陽明及後學對社會文化的因應

「三言二拍」是明末最著名的小說。小說在情節上不妨虛構，在事理上卻不能悖離當時的社會現實，否則將無法獲得讀者的共鳴。基於上述認知，

〔註 70〕沈善洪主編：《黃宗羲全集第七冊——明儒學案（一）》（杭州：浙江古籍出版社，1992 年 8 月），卷十一，頁 264。

〔註 71〕沈善洪主編：《黃宗羲全集第七冊——明儒學案（一）》（杭州：浙江古籍出版社，1992 年 8 月），卷十一，頁 263～264。

〔註 72〕李執鐸：《王陽明文集》（台北：大申書局，1983 年 7 月），卷六〈大學問〉，頁 93。

三言二拍實可作爲理解明末社會背景的佐證。根據邵毅平的統計，「三言二拍」中約有三分之一的篇目涉及商人生活，這個比例並不算低〔註 73〕。《醒世恆言・序》：「六經國史而外，凡著述皆小說也。而尚理或病於艱深，修詞或傷於藻繪，則不足以觸里耳而振恆心。此《醒世恆言》四十種所以繼《明言》、《通言》而刻也。明者，取其可以導愚也；通者，取其可以適俗也；恆則習之而不厭，傳之而可久。三刻殊名，其義一耳。」〔註 74〕由邵氏之統計，可知當時的讀者對於商人的生活經歷極爲好奇，否則觸及商人生活之篇章不會如是之多，參之以《恆言・序》，則知三言二拍等著作的讀者群絕不限於菁英分子，一般的社會大眾，應該也有相當大的比例。廣大的社會大眾，關注著商人的生活經歷，這象徵著商人成爲令人注目的階層及社會大眾對商人的認可，這個氛圍是任何人所不能違拗的。社會學之功能主義者認爲，當社會上大多數的人擁有共同的價值觀時，就存在一種「道德共識」，而這種「道德共識」對於社會的穩定和秩序具有相當的重要性〔註 75〕。陽明及其後學身處於這樣的時代氛圍，必須對商人及環繞在商人生活中的諸般問題重新加以定位。當時所要解決的，首務之急是法律和世俗對商人在認知上的的落差。就法律言，「商」爲四民之末；但在世俗的認知裏，「商」僅次於「士」，而遠高於農、工，這個認知落差必須弭平。其次，商賈經商以追求利潤的最大化爲終極目標，若利潤之取得雖大但合法（或雖不合法但爲世俗所認可，如走私貿易），是利？是義？也衝擊著傳統對義／利的界定。陽明曾云：

> 陽明子曰：古者四民異業而同道，其盡心焉一也；士以修治，農以具養，工以利器，商以通貨，各就其資之所近，力之所及者而業焉，以求盡其心，其歸要在於有益生人之道，則一而已。〔註 76〕

〔註 73〕僅就「三言二拍」中的明代作品而言，其主要表現商人生活的，或偶爾涉及商人生活的，便分別各有二十五六篇，合起來有五十一篇之多，倘加上其中的「宋元話本小說」中與商人有關的十五篇，則全部有六十六篇之多，占到整個「三言二拍」約二百篇小說的三分之一左右，其比例不能不說是高的。邵毅平：《中國文學中的商人世界》（上海：復旦大學出版社，2005 年 6 月），頁 295。

〔註 74〕〔明〕馮夢龍：《醒世恆言・下冊》（台北：里仁書局，1991 年 5 月），頁 863。

〔註 75〕〔美〕Judson R. landis 著、王淑女、侯崇文、林桂碧等譯：《社會學的概念與特色》（台北：洪葉文化事業有限公司，2002 年 10 月），頁 519。

〔註 76〕〔明〕王陽明：《王陽明文集》（台北：大申書局，1983 年 7 月），卷九〈節菴方公墓表〉，頁 163。

陽明觀察到，士、農、工、商，是一種「工具性聯合體」的關係，每個人以其技術和才能來貢獻這個社會，並取得相應之所得，工作之性質雖不同，但卻無高下之分。事實上，陽明不但將商人的地位與士、農、工等平列，而且更進一步肯定「治生」、「營利」的正當性。陽明云：

> 若以治生爲首務，使學者汲汲營利，斷不可也。且天下首務，孰有急於講學耶？雖治生亦是講學中事，但不可以之爲首務，徒啓營利之心。果能於此處調停心體無累，雖終日做買賣，不害其爲聖爲賢，何妨於學？〔註 77〕

上述引文讓筆者想起韋伯《新教倫理與資本主義精神》所云：

> 僅當財富誘使人無所事事，沉溺於罪惡的人生享樂之時，它在道德上方是邪惡的；僅當人爲了日後的窮奢極欲，高枕無憂的生活而追逐財富時，它才是不正當的。但是，倘若財富意味著人履行其職業責任，則它不僅在道德上是正當的，而且是應該的、必須的。〔註 78〕

良知照管下所做的買賣，與清教徒視追求財富爲履行神天職，是何等類似，二者皆爲追求最高利潤的商業經營，提供了一種道德的正當性，在講學活動中常見商人之贊助，或許可由此得到部分解釋。唐力行《商人與中國近世社會》指出，明清商人的商業道德主要有四個方面：一是「以誠待人」：童叟無欺、二是「以信接物」：講究商譽、三是「以義爲利」：義舉、四是「中庸之道」：對人謙和、寬容〔註 79〕。唐氏所歸納的四點中，筆者最感興趣的是「以義爲利」這一項。商人可能藉由焚毀債券、賑濟等活動，博得善人之美譽，進而獲得大眾之信任。當社會危機已過（如：水旱災），大眾之資本重新累積，商人販售物品因有其聲望作後盾，其銷售量自能較原來爲高，而之前的資本損失也將得到補償。「賑濟」是當下之義，但同時也是往後之利。義／利難以兩分，利己也不必然會損人，若利己與利人並存，是義？是利？這些問題都會令敏銳的思想家再度思索。

「現成派」、「歸寂派」、「修證派」的理論主張雖有差異，但講學的熱情

〔註 77〕陳榮捷：《王陽明傳習錄詳註集評》（台北：學生書局，1998 年 2 月），頁 398。

〔註 78〕馬克思．韋伯：《新教倫理與資本主義精神》（台北：左岸文化出版，2005 年 6 月），頁 162。

〔註 79〕唐力行：《商人與中國近世社會》（台北：台灣商務印書館，1997 年 7 月），頁 233～235。

倒無二致。屬現成派的王艮曾說：「學講而後明」〔註 80〕、「唐虞君臣，只是相與講學」〔註 81〕；歸寂派的鄒守益亦云：「自公卿至於農工商賈，異業而同學」、「世恆訾商爲利，將公卿盡義耶？」〔註 82〕至此，任何階層都是講學的對象，從事任何職業都能成聖成賢。能否遵循個人的「良知」，成爲成聖成賢的標準，這無疑可以將個人的行爲由僵化的、固有的社會規範解放出來，而能更好地適應急遽變遷的社會規範。同時也代表著，文化的詮釋權已由菁英分子讓渡給了社會大眾，而有一種更平等的精神在內。或許可以這樣認爲，「現成派」良知當下即是，最能解決當時社會大眾對於價值觀變遷所帶來的徨惑、不安，但流弊卻不少。歸寂派不信任當下之良知，要人反觀未發之主體，本是爲矯現成派之枉，但又易流於隔絕外物；修證派則可視爲二者之調和。

第三節　嘉靖至萬曆二十四年征礦稅前的經濟情勢

「余（顧起元）猶及聞教坊司中，在萬曆十年前房屋盛麗，連街接弄，幾無虓地。長橋烟水，清泚灣環，碧楊紅藥，參差映帶，最爲歌舞勝處。時南院尚有十餘家，西院亦有三四家，倚門待客。其後不十年，南、西二院，遂鞠爲茂草，舊院房屋，半行拆毀。近聞自葛祠部將回光寺改置後，益非其故矣。歌樓舞館，化爲廢井荒池，俯仰不過二十餘年間耳。淫房衰止，此是維風者所深幸，然亦可爲民間財力虛羸之一驗也。」〔註 83〕顧起元以妓院之盛衰作爲經濟榮枯之指標，頗富創意。在明末，與名妓交往非但不可恥，甚且可以視爲風雅之舉〔註 84〕，所以妓館之盛衰與價值觀無關。既然社會規範並不鄙視與名妓交往，那麼「妓館」的規模數量，自然是取決於消費力。顧氏以萬曆十年爲比較的基準點，在此時間點之前的妓館——「房屋壯麗，連

〔註 80〕〔明〕王艮：《王心齋全集》（台北：廣文書局，1987 年 3 月），卷二，頁 2 下。

〔註 81〕〔明〕王艮：《王心齋全集》（台北：廣文書局，1987 年 3 月），卷二，頁 7 上。

〔註 82〕《東廓鄒先生文集》卷七〈示諸生九條〉，頁 12 上。轉引自吳震《明代知識界講學活動繫年：1522～1602》（上海：學林出版社，2003 年 9 月），頁 16。

〔註 83〕〔明〕顧起元：《客座贅語》（北京：中華書局，1987 年 4 月），卷七，頁 232。

〔註 84〕高頤彥、孫康宜強調，晚明時期的名妓，大多能輕鬆自在地穿梭於精英婦女和男子的社交圈，尤其是在板橋一帶——也就是位居晚明名妓文化焦點的南京沿岸地區。〔美〕曼素恩著、楊雅婷譯：《蘭閨寶錄——晚明至盛清時期的中國婦女》（新店：左岸文化出版社，2005 年 11 月），頁 254。

街接弄。」這一段期間正好是張居正輔政的時期，張居正爲首輔，綜核名實，信賞必罰，整飭紀綱，推行一條鞭法，整個帝國氣象一新。在萬曆十年後的二十餘年間，即萬曆十一年至三十多年左右「歌樓舞館，化爲廢井荒池」。何以不過二十餘年而「景物全非」，這當然是消費者窮了，難以承受奢侈的消費。若進一步追問，這二十年發生了什麼事使人民變窮了？原因固然很多，但是萬曆三大征及征收礦稅，絕對是重要的原因之一。黃仁宇指出，萬曆三大征，使明朝在 1600 年（萬曆二十八年）財政狀況甚至比嘉靖、隆慶時期更糟〔註 85〕。利瑪竇也指出，萬曆中葉的礦稅源於朝鮮戰爭後國庫空虛，並且因爲宦官貪得無厭，導致人民普遍貧窮〔註 86〕。參酌顧起元、黃仁宇及利瑪竇的說法，筆者認爲萬曆中期可以說是人民由富轉貧的一個關鍵時間點。本節所述，將以「礦稅」之征收爲分界點，略述嘉靖至萬曆二十四年明朝的經濟狀況。

〔註 85〕所謂「萬曆三大征」即 1592～1598 年抵抗豐臣秀吉的援朝戰爭，1592 年平定哱拜之亂和 1594～1600 的鎮壓楊應龍與其他的苗族部落叛亂，是根本不能進行下去的。實際上，幾年前朝廷就已經開始取用太倉庫的存銀了。到 1587 年（萬曆十五年）爲止，太倉庫舊仍存銀六百萬兩，在理論上這部分庫銀不能動用。另外，還有四百萬兩埋藏於新庫。最初從新庫開始取用。1588 年和 1589 年動用了一百七十五萬兩，1590 年又動用了一百零六萬兩。三年之內，一千萬兩白銀的總量減至七百萬兩多一點。1590 年代，朝廷開始動用舊庫、太僕寺掌管的常盈庫以及南京的倉儲和地方府庫。……幸運的是，在庫藏殆盡和增賦無望的時候，一系列的軍事征討也結束了。但是，到 1600 年，政府的財政和稅收制度要明顯比 1572 年張居正開始執政的時期更糟，甚至也可十六世紀中期的情況更壞。黃仁宇：《十六世紀明代中國之財政與稅收》（台北：聯經出版公司，2001 年 1 月），頁 353～354。

〔註 86〕由於朝鮮戰爭（援朝戰爭），使中國的國庫變得十分空虛，所以皇帝決定充實國庫。……然而當今的皇帝（萬曆皇帝）迫于拮据，不顧祖先的命令，下令重新開採金銀礦山，後來又對各行省銷售的一切商品一律徵收百分之二的新稅，上交國庫。如果皇帝指派行政長官徵收的話，這種新稅本來是可以容忍的。但是，他卻委派宦官收稅，還向每個行省都派出兩三名宦官頭子強徵新稅。他們每一個又都帶去幾名級別較低但同樣貪婪的宦官隨同前往。……宦官們作爲一個等級，既無知又殘暴不堪，……所以不到幾個月的工夫整個帝國就陷入一片混亂，……盜賊和巧取豪奪在各地都成爲司空見慣。……如果他們聽說某某地方有一個富翁居住，他們就說他的住所裏有銀礦，並且馬上決定抄家挖礦。這種收稅方法，使得不幸的受害者爲了保住自己的財產，不等收稅官來臨，就先獻出巨額款項。……這種非凡的掠奪結果是各種物價飛漲，隨著是普遍貧困化的增長。何高濟、王遵仲、李申譯，何兆武校：《利瑪竇中國札記》（北京：中華書局，1983 年 3 月），頁 370。

許多探討明末經濟的論文，以「資本主義萌芽」來形容嘉靖以後的江南。明代的筆記資料，也多著墨在江南之富與奢。這很容易予人一種錯覺，認爲江南這個地區，自嘉靖以後迄於明亡，一直都是富庶的。果眞如此，何以解釋明末養濟院之設立及善書、「煮粥賑濟」刊物的熱潮。這個問題不斷地困擾筆者，偶然間腦中靈光一現，顧、黃、利三人的論述兜在一塊，解決了這個橫亙心中之惑。

前文曾經提到，萬曆中期尤其是開始「征礦稅」後，可以視爲人民由富轉貧的一個關鍵時間點。「征礦稅」前，雖然制度上的弊端及貪污不法之事所在多有，但是似乎尚未達人民忍受的臨界點。「征礦稅」後，皇帝及宦官肆無忌憚地奪人財富，破壞商業秩序，殃及富家巨室，於是富室緊縮消費，貧民也深受其害。嘉靖至萬曆二十四年這七十餘年，中國的經濟體系已經與世界經濟體系息息相關，此時西、葡二國掌握了海權，控制了中國與歐美的貿易命脈，將中國之絲、棉、瓷等運往歐洲、美洲、日本、菲律賓等地區，又從美洲、日本輸入了大量的白銀，這種國際貿易的盛行，使得江南地區的絲、棉、瓷有了國際市場，江南的財富得以迅速積累。人民富了，科舉難了，讀書→仕宦之途變得越來越曲折狹窄，但是從商→致富之路卻像沒有邊際的大道，於是許多青年才俊被吸引到商業界。讀書人（主要是大量的生員）的地位下降，商人的地位上升。士商之界線，漸漸泯滅難分，社會風氣深受當時的商業環境及商人的價值觀影響。商人的社會資本不斷增加：他們藉由社會救濟、公共建設來博取名聲，透過商業經營來增加財富，經由損貲來取得權力。總之，商人的影響力增加了，他們的價值觀滲透了社會的每一個階層，人們以財富來衡量一個人的成就，享樂不再可恥。這些轉變在擁護傳統價值的眼中，等同於道德墮落，於是他們在文集中記錄了他們的觀察。下文將由嘉靖至萬曆中葉這七十餘年的商業、市鎮發展及風俗來勾勒這一時期的圖像。

一、商　業

張瀚於《松窗夢語・商賈記》之文中，剖析東南、西北之產業優勢，經商路線及利潤，且對當時海禁利弊陳述他的觀察，其文云：

> 余嘗總覽市利，大都東南之利，莫大於羅綺絹紵，而三吳爲最。……西北之利莫大於羢褐氊裘，而關中爲最。……夫賈人趨厚利者，不西

入川，則南走粵。以珠璣金碧材木之利，或當五、或當十，或至倍蓰無算也。……吾浙富厚者多以鹽起家，……〈周書〉云：「農不出則乏食，工不出則乏用，商不出則三寶絕。」此衣食之源也。……若夫東南諸夷，利我中國之貨，猶中國利彼夷之貨，以所有易所無，即中國交易之意也。……若曰夷數入寇，勢不可通。豈知夷人不可無中國之利，猶中國不可無夷人之利，禁之使不通，安能免其不爲寇哉？余以爲海市一通，則鯨鯢自息，必不若虜情之難料也。……互市（西北互市）有損而無利，海市有利而無害，主計者何不思也？〔註87〕

張氏以爲，東南之強項在於絲綢，西北則在羊毛。若商人追求高的利潤，不往四川則往廣東，因爲四川之木材及廣東由南洋輸入之珠寶，常有五成、十成甚至是數倍的利潤。南洋諸國與中國的貿易，是互通有無，雙方獲利之事。禁止海外貿易，使南洋諸國失去正常的交易管道，正是其侵擾沿岸的原因。一旦解除海外貿易的禁令，有了正常的管道，侵擾沿岸的情形就會平息，海外貿易可以說是有利而無害的。張瀚的觀察力是敏銳的，若當時中國全面開放海外貿易，而不是採取鎖國心態，能有效開放、積極管理，將會使政府增加許的的財政收入，能挹注日漸空虛的國庫。可是主管單位卻將因果倒置了。即是將海禁→侵擾沿岸的因果關係，誤解爲侵擾沿岸→海禁。雖然政府的貿易政策，時寬時嚴，但人民視禁令如無物，謝肇淛言及嘉靖、萬曆年間福建地區富室的致富過程，其云：

海上操舟者，初不過取捷徑，往來貿易耳。久之漸習，遂之夷國，東則朝鮮，東南則琉球、旅宋，南則安南、占城，西南則滿剌加、暹羅，彼此互市，若比鄰然。又久之，遂至日本矣。夏去秋來，率以爲常，所得不貲，什九起家。〔註88〕

依上所述，當時福建地區的貿易活動含括了東北亞、東南亞，但是貿易的商品爲何，則不得而知。《天下郡國利病書．福建》收錄了傅元初〈請開洋禁疏〉，可以作爲補充，其文云：

蓋海外之夷，有大西洋、有東洋。大西洋則暹羅、柬埔諸國，其國產蘇木、胡椒、犀角、象牙諸貨物，是皆中國所需；而東洋則呂宋，

〔註87〕〔明〕張瀚：《松窗夢語》（北京：中華書局，1985年5月），卷四〈商賈紀〉，頁85～86。

〔註88〕謝肇淛：《五雜俎》，卷四〈地部二〉。轉引自謝國禎：《明代社會經濟史料選編（下）》（福州：福建人民出版社，2004年5月），頁65。

其夷佛郎機也。其國有銀山，夷人鑄作銀錢獨盛，中國人若往販大西洋，則以其產物相抵，若販呂宋，則單得其銀錢。是兩夷者，皆好中國綾緞雜繒，其土不蠶，惟藉中國之絲到彼，能織精好緞匹，服之以爲華好。是以中國湖絲百斤值銀百兩者，至彼得價二倍，而江西磁器、福建糖品、果品諸物，皆所嗜好。〔註 89〕

至於中日貿易之情況，姚士麟《見隻編》可以參考，其文云：

余（姚士麟）因問其（童華）商海情狀。大抵日本所須（需），皆產自中國，如室必布席，杭之長安織也；……他如饒之磁器，湖之絲綿，漳之紗絹，松之綿布，尤爲彼國所重。〔註 90〕

歸納《天下郡國利病書》、《見隻編》所論及之外銷貨物，絲、磁最受歡迎，棉布也有銷路。嘉、隆、萬時期，江南的紡織之興盛及專業化分工，與海外市場的需求密切相關。「絲」受到海內外的普遍歡迎，利潤也高。但因生產機具所需的資本額較高，所以無法成爲家庭手工業。於是有人投入資本，購買機具、雇請工人從事專業化的生產，並且因此而致富。張瀚之祖毅菴公的致富過程，就頗具傳奇色彩，張瀚云：

因罷酤酒業（水災酒敗，有人（神）授金），購機一張，織諸色紵幣，備極精工。每一下機，人爭鬻之，計獲利當五之一。積兩旬，復增一機，後增至二十餘。商賈所貨者，常滿户外，尚不能應。自是家業大饒。後四祖繼業，各富至數萬金。〔註 91〕

毅菴公因織致富的年代雖是在成化末年，早於嘉靖四十年左右。但是繼業的兒子各富至數萬金，卻可能已在嘉靖時期了（假設初創業至傳業於子花了二十年，諸子分家後又各累至數萬金又二十年）。數萬金，當然稱不上是巨富，但也可稱是極爲富有的了。以當時江南蠶絲業興盛的情形來推測，如張瀚家族這樣的富人，或許不在少數。織絲之機具非一般家庭所能承擔，但是養蠶、繅絲等工作，則是可以變成家庭手工的。陳學文指出，採桑、養蠶工作兒童婦女均可代勞，這樣可使男勞力從土地上釋放出來從事其他勞動，進而使勞

〔註 89〕謝國禎：《明代社會經濟史料選編（下）》（福州：福建人民出版社，2004 年 5 月），頁 59。

〔註 90〕姚士麟：《見隻編》。轉引自謝國禎：《明代社會經濟史料選編（下）》（福州：福建人民出版社，2004 年 5 月），頁 69。

〔註 91〕〔明〕張瀚：《松窗夢語》（北京：中華書局，1985 年 5 月），卷六〈異聞紀〉，頁 119。

力資源充分開發，也促進了區域經濟的發展。文云：

> 改田爲地、桑爭稻田的現象在明清二代已十分普遍，除了二者經濟收益懸殊（銘按，桑蠶收益約四、五倍於稻田）的因素刺激外，也與該地區人力資源豐富（原注：過剩）有關。……因爲蠶桑業不一定都需要投入男強勞力，採桑、養蠶工作兒童婦女均可代勞，這樣可使男勞力從土地上釋放出來從事其他勞動、或從事漁牧，或從事手工業、商賈。……或進入城鎮從事手工、商業活動，使勞力合理安排，勞力資源充分開發，這對促進區域經濟的發展無疑是有很大的好處。〔註 92〕

不論就經濟收益或生活考量，當時江南地區從事蠶織之相關工作，都是上選。就經濟收益而言，桑蠶之利約四至五倍於種稻，縱使稻貴絲賤之時，二者之收益仍可相等。所以張履祥《補農書》云：「桑蠶之利，厚於稼穡，公私是賴。蠶不稔，則公私俱困，爲苦百倍。」〔註 93〕就生活言，江南賦重，人民尚能小有積蓄，實在有賴於蠶。唐甄說：

> 吳絲衣天下，聚於雙林，吳、越、閩、番至海島，皆來市焉。五月載銀而至，委積如瓦礫，吳南諸鄉有百十萬之益，是以雖賦重困窮，民未至於空虛。〔註 94〕

其實種養蠶致富也得力於生態農法，明末種桑養蠶人家，往往也會種豆、養羊、養魚，形成多角化經營的農業型態。形成這種農業型態的原因在於，種桑之桑地兼種黃豆不但可增加肥力，而且豆子又可榨油，肥了地又增加收入，可說是一舉兩得。冬天桑葉枯落，平均一畝之落桑可養一頭綿羊，綿羊之肉可食、毛可製筆、糞又可作肥。所以養羊可讓落桑發揮最大的剩餘價值。在養蠶的過程中，蠶也可產生除了蠶絲以爲的經濟效益：蠶食桑葉而生糞，蠶糞飼魚，魚長大後可進入市場，以獲得額外的收入〔註 95〕。有些人因蠶而

〔註 92〕陳學文：《明清社會經濟史研究》（台北：稻禾出版社，1991 年 12 月），頁 29。

〔註 93〕張履祥云：地得葉盛者，一畝可養蠶十數筐，少亦四、五筐，最下二三筐。米賤絲貴時，蠶一筐即可當一畝之息矣！米甚貴絲甚賤，尚足與田相准。見氏著《楊園先生全集》（台南：莊嚴文化事業有限公司，1995 年 9 月（四庫全書存目叢書・子部第一六五冊）），頁 256。

〔註 94〕〔清〕唐甄：《潛書》（上海：上海古籍出版社，2002 年，《續修四庫全書》影印《康熙王聞遠刻本》）下篇下〈教蠶〉，頁 2 上。

〔註 95〕陳學文：〈明清時期杭嘉湖地區的蠶桑業〉《明清社會經濟史研究》（台北：稻

小有積蓄，於是將多餘資本投入於高利貸，由此更加速了資產的累積。王士性云：

> 浙十一郡惟湖最富，蓋嘉、湖澤國，商賈舟航易通各省，而湖多一蠶，是每年兩有秋也。閭閻既得過，則武斷奇贏，收子母息者易爲力，故勢家大者產百萬，次者半之，亦埒封君。……縉紳家非奕業科第，富貴難於長守，其俗蓋難言之。〔註96〕

上述引文除了勢家大族經營「高利貨」作爲累積家產的手段值得注意外，有無子弟仕宦，竟然聯繫著家族之盛衰也是值得注意的現象。筆者以爲，「仕宦」與否之所以影響家族盛衰，可能有幾個原因。首先，一個家族中有人爲官，這個家族的社會聲望會提高，而社會聲望有助於物質資本的累積。其次，當時人民的私有財產缺乏強而有力的保障，家族有人當官，就等於是一張無形的保護網，保護著這個家族的所擁有的資產。基於這兩個原因，仕宦爲官理所當然地成爲壯大家族的策略之一。〔註97〕

二、市鎮發展

（一）專業分工

明清江南大多數市鎮，都可視爲「城市」。城市與鄉村，有兩個主要的區別：一是城市的居民較多；二是城市農業人口比例較少。由於城市居民較多，人際交往更爲頻繁，不但新資訊、思想更容易傳布，人與人的競爭也益形激烈。競爭激烈化後，會迫使人們充分發揮所長，由小細節勝出，將自己與他人區隔開來。於是產業的每個環節都有最頂尖者，業者爲追求最佳效率，分工不得不精細化，明末江南的主要產業絲織產業就可以看到「專業分工」的現象。據《天工開物・乃服》的記載：種植桑樹、結繭、擇繭、造綿、治絲、調絲、緯絡、牽經、邊維、結花本、熟練等過程皆極其講究。茲舉結繭、造綿、結花本爲例：

禾出版社，1991年12月），頁38～39。

〔註96〕〔明〕王士性：《廣志繹》（北京：中華書局，2006年7月），卷四〈江南諸省〉，頁266。

〔註97〕社會學及遺傳學都強調「多樣化」的重要。在大環境改變時，多樣化可以增加某個後代適應新環境存活機率；在年頭不好的時候，它也能增加家族成員適應生態的能力。但不論年頭的好壞，多樣化擴大家族的技術和知識範圍，這對整個家族的生存是很重要的。茱蒂・哈里斯著、洪蘭譯：《教養的迷思》（台北：商周出版社，2000年6月），頁157。

結繭

凡結繭必如嘉、湖方盡其法。……他國不知用火烘，……故所爲屯、漳等絹，豫、蜀等綢，皆易朽爛。若嘉、湖產絲成衣，即入水浣濯百餘度，其質尚存。其法析竹編箔，其下橫架料木約六尺高，地下擺列炭火（原注：炭忌爆炸），方圓去四、五尺即列火一盆。（附圖一）初上山時，火分兩略輕少，引他成緒，蠶戀火意，即時造繭，不復緣走。繭緒即成，即每盆加火半斤，吐出絲來隨即乾燥，所以經久不壞也。〔註 98〕

嘉、湖地區所產的絲製成衣服，與其他地區相較，更爲耐洗不會朽爛。耐洗之因，在於吐絲結繭的過程中，每四、五尺就置放一盆炭火讓吐出來的絲乾燥，所以才能經久不壞。

造綿

湖綿獨白淨清化者，總緣手法之妙。上弓之時惟取快捷，帶水擴開。若稍緩水流去，則結塊不盡解，而色不純白矣。〔註 99〕

絲緒斷亂而無法纏絲的，可以作成絲綿，用來裝入棉衣或被中以禦寒。要讓絲綿潔白純淨，與造綿的手法有關。上弓要快，讓水將絲綿擴開，若動作稍慢，絲綿粘在一塊，顏色就不會白淨。

結花本

凡工匠結花本者，心計最精巧。畫師先畫何等花色於紙上，結本者以絲線隨畫量度，算計分寸秒忽而結成之。張懸花樓之上，即結者不知成何花色，穿綜帶經，隨其尺寸、度數提起衢腳，梭過之後居然花現。蓋綾絹以浮經而現花，紗羅以糾緯而現花。綾絹一梭一提，紗羅來梭提，往梭不提。天孫機杼，人巧備矣。〔註 100〕

織花紋的工匠，心計最爲精巧。畫師先將花紋圖案畫在紙上，將此圖懸掛在花樓上，織匠就能用絲線按照圖樣度量，穿綜帶經、提起衢腳，穿梭織造後，花樣就顯現出來了。

〔註 98〕〔明〕宋應星原著、潘吉星譯注：《天工開物》（台北：台灣古籍出版社，2004 年 4 月），頁 112～113。

〔註 99〕〔明〕宋應星原著、潘吉星譯注：《天工開物》（台北：台灣古籍出版社，2004 年 4 月），頁 116。

〔註 100〕〔明〕宋應星原著、潘吉星譯注：《天工開物》（台北：台灣古籍出版社，2004 年 4 月），頁 125。

由結繭、造綿來看，我們不難發現「湖絲」揚名天下，在於注重製作過程的小細節。而織花紋工匠之巧手，更是需要經驗及細心的配合才能達成。徐一夔《始豐稿·織工對》載：

> 頃見有業同吾者（織工），傭于他家，受直略相似，久之乃曰：「吾藝過於人而受直與衆工等，當求倍直者而爲之。」傭已，他家果倍其直，傭之主者閱其織果異於人。他工見其藝精，亦頗推之。主者退自喜曰：「得一工勝十工，倍其値不吝也。」〔註101〕

徐氏所載的技藝過人的織工，不知是否爲織花匠（銘按：織花匠所需的專業似乎最高，所以此織匠或許就是織花匠）姑且不論此織工的職司爲何，但是有一點卻是值得注意的，即——報酬之高下，隨其藝之淺深而不同。這一現象所呈現的深層意義是，人可透過自身的努力來改變待遇，待遇與能力有了連結。一旦這種連結深化普遍後，即會產生一個新的觀念：越有錢能力越高。

（二）專業分工與雇傭關係貨幣化

張履祥分析植桑與種田之收益，在一般的情形下，植桑之獲利可以達到種田的四、五倍以上，所以在適合種桑養蠶的地區，人們往往將原先的農田改爲桑地，以獲更大的收益。由於桑地的獲利較高，於是若面積較大時，往往雇工管理。莊云臣云：

> 凡桑地二十畝，每年雇長工三人，每人工銀弍兩弍錢，共銀六兩六錢。每人算飯米二升，每月該飯米乙石八斗，逐月支放，不得預支。每季發銀弍兩，以定下用，四季共發銀八兩。〔註102〕

這裏對於雇工的工資、米糧及家用都有明確詳細的規定，所呈現的僱傭關係純粹是建立在貨幣交易之上的。其實，不止在絲織產業的頭端（種桑）僱傭關係貨幣化，產業的主要部分（絲織；工場）也完全是建立在貨幣制度上的。《乾隆蘇州府志》云：

> 明萬曆蘇民無積聚，多以絲織爲生。東北半城皆居機户，郡城之東，

〔註101〕〔明〕徐一夔：《始豐稿》，卷一〈織工對〉。轉引自謝國楨選編、牛建強等校勘：《明代社會經濟史料選編下》（福州：福建人民出版社，2004年5月），頁121～122。

〔註102〕〔明〕莊元臣：《曼衍齋草》轉引自謝國楨選編、牛建強等校勘：《明代社會經濟史料選編下》（福州：福建人民出版社，2004年5月），頁202。

> 皆習織業。織文曰緞，方空曰紗。工匠各有專能，匠有常主，計日受值。有他故，則喚無主之匠代之，曰喚代。無主者，黎明立橋以待。緞工立花橋，紗工立廣化寺橋，以車紡織者日車匠，立濂溪坊。什百爲群，延頸而望，粥後散歸。〔註 103〕

這一段文字有幾點可以注意。首先，蘇州人民多以絲織爲生，而且機戶多聚居於東北半城。其次，工匠各有所司，分工細密，每日給工錢。再次，有專業的代工者，以備不時之需。最後，緞工、紗工、車匠所立的地點不同，可證工匠各有所能，不可取代（銘按，若緞工、紗工、車匠可互相取代，齊聚一地即可）。上文僅提及傭者計日受值，而不及其待遇之豐薄。徐一夔〈織工對〉及蔣以化《西臺漫記》恰可作爲補充。徐一夔云：

> 余僦居錢塘之相安里，有饒于財者率居工以織。每夜至二鼓，一唱眾和，其聲歡然，蓋織工也。余嘆曰：「樂哉！旦過其處，見老屋將壓，機杼四五具南北向列，工十數人手提足蹴，皆蒼然無神色。」進問工曰：「以余觀，若所爲其勞也亦甚矣，而樂何也？」工對曰：「此在人心，心苟無貪，雖貧樂也；……吾業雖賤，日傭爲錢二百緡，吾衣食于主人，而以日之所入養吾父母妻子。雖食無甘美，而亦不甚飢寒。」〔註 104〕

蔣以化云：

> 我吳民罔藉田業，大户張機爲生，小户趁機爲活。每晨起，小户百數十人，嗷嗷相聚玄廟口聽大户呼織，日取分金爲饔飧計。大户一日之機不織則束手，小户一日不就人織則腹枵，兩者相資爲生久矣。〔註 105〕

由徐、蔣二人之記載看來，織工的薪資僅能養家糊口，稱不上豐厚。筆者在這裏想附帶提一下「棉紡織」的性質。棉紡織，有的學者認爲棉織織是家庭手工業，不具專業生產的性質；有的則將其視同「絲紡織」，屬專業生產。茲

〔註 103〕清朝隆《蘇州府志》卷三。轉引自謝國楨選編、牛建強等校勘：《明代社會經濟史料選編下》（福州：福建人民出版社，2004 年 5 月），頁 124。

〔註 104〕〔明〕徐一夔：《始豐稿》，卷一〈雜述・織工對〉，轉引自謝國楨選編、牛建強等校勘：《明代社會經濟史料選編下》（福州：福建人民出版社，2004 年 5 月），頁 122。

〔註 105〕〔明〕蔣以化：《西臺漫紀》，卷四〈記葛賢事〉。轉引自謝國楨選編、牛建強等校勘：《明代社會經濟史料選編下》（福州：福建人民出版社，2004 年 5 月），頁 125。

各舉一例，來闡述其他們的論點。

主張棉紡織屬家庭手工業者，以趙岡、陳鍾毅爲例。他們說：

> 手工業工場受到的另一項重大阻力便是家庭生產，尤其是農村副業的影響與競爭。工場生產與家庭生產最主要的區別是前者以工資雇用勞工從事生產，而工資有其下限（按，維持基本生存）後者是利用家中成員的勞動力從事生產，大家共享所得勞動成本沒有下限。……在社會上沒有剩餘勞動力時，手工業工場與家庭生產，兩種方式可以共存。一旦社會有了剩餘勞動力，工場生產就要受到家庭工業的排斥……明清之際，最重要的實例（按，家庭工業排斥工場生產的實例）是棉紡織工業。……中國傳統手工業各大部門都曾有過工場雇用人工操作生產的記載，唯獨棉紡織業在十九世紀末機紡紗應世以前，沒有任何手工場的確切報導。這是因爲棉花傳入中原後，正巧趕上中國人口迅速膨脹，人地比率惡化。適於栽培棉花之地正好是人口最稠密，過剩人口首先出現的地區。其次，棉紡織工作完全副合上述農村副業的五個要件。（按，(1)不需太多資金購置生產設備；(2)沒有顯著的規模經濟；(3)不需很高的生產技術；(4)不需多人協作；(5)生產程序可中斷）〔註 106〕

趙、陳二人認爲棉花傳入中原時正逢人口過剩的時期，爲消化過剩人口，所以選擇棉紡織做爲家庭手工業。由於家庭手工業不在乎勞動成本，其最終目的在增加家族所得，利潤並非最終的考量；相較於家庭手工業，工場生產必須付出較高的勞動成本，當勞動成本高於利潤，將無利可圖。十九世紀末以前，沒有專業棉紡織工場的原因，主要就是因爲棉紡織是當時的農村副業，經營專業工場毫無利潤可圖。李伯重則認爲，棉紡織業是專業生產的手工業。他說：

> 這裏我們所討論的勞動分工，指的是一較爲複雜的生產過程各主要工序的相互分離。因此從棉紡織業生產中的勞動分工問題來說，最主要的是紡與織的分離。至于這個分離發生在什麼場所（原注：如在一個家庭或是一個作坊、工場乃至一個地區內），並不是決定性的。明清江南棉紡織生產確實主要在家庭內進行。但是即使是如此，

〔註 106〕趙岡、陳鍾毅：《中國經濟制度史論》（台北：聯經出版公司，1986 年 3 月），頁 511～514。

> 紡與織工作也有一定的分工。……紡與織的地區分工，最早出現于明代中期。……于是到了明代後期，出現了從嘉興府（原注：特別是海鹽縣）向松江輸出棉紗的情況，……尤其值得注意的是，海鹽用以紡紗的棉花，又是從松江輸入。因此形成了一個將松江棉花運到海鹽紡爲棉紗、然後再運回松江織爲布的現象。〔註 107〕

李伯重雖也承認江南的棉紡織工作多在家庭中完成，但是他認爲工作的場所在哪裏並不重要，重要的是紡／織的確有了分工。而且這一分工形成一種區域合作的形式，有些地區專門負責紡紗，有些地區則專門負責織布，他們紡紗與織布並不是爲了滿足家庭需要，而是爲了投入商品的生產。二派的爭論焦點在於：雖然趙、陳、李三人都同意，棉紡織的主要工作場所在家庭之中，但是趙、陳二人將這個現象解讀爲消化人口過剩所產生的家庭副業；李則認爲工作場所並不重要，重要的是生產程序的專業分工現象的確存在，即有專門紡紗的家庭、有專門織布的家庭，顯現出強烈的專業生產的性質。爲解決趙、陳、李三人的歧見，《天工開物．乃服》可能有參考的價值。文云：

> 凡棉衣禦寒，貴賤同之。……凡棉春種秋花，花先綻者逐日摘取，取不一時。其花黏子於腹，登趕車（銘按：軋花車）而分之。去子取花，懸弓彈化（原注：爲挾纊溫衾、襖者，就此止功）彈後以木板搓成長條以登紡車，引緒糾成紗縷。然後繞籰、牽經就織。〔註 108〕

上述引文是說明棉花的生產期、去籽、彈棉、搓棉及紡紗的過程，這幾個過程若配合附圖參詳理解，就可以知道這些工序並不困難，在一般的農家中就可以進行了。〈乃服〉又有一段文字說：

> 凡棉寸土皆有，而織造尚松江，漿染尚蕪湖。……凡織布有雲花、斜紋、象眼等，皆紡花機而生義。然既曰布衣，太素足矣。織機十室必有，不必具圖。〔註 109〕

〔註 107〕李伯重：《多視角看江南經濟史：1250～1850》（北京：生活．讀書．新知三聯書店，2003 年 5 月），頁 361～363。

〔註 108〕〔明〕宋應星原著、潘吉星譯注：《天工開物》（台北：台灣古籍出版社，2004 年 4 月），頁 134。

〔註 109〕〔明〕宋應星原著、潘吉星譯注：《天工開物》（台北：台灣古籍出版社，2004 年 4 月），頁 136。

「凡棉寸土皆有……皆紡花機而生義」表明當時棉布產業確有地域的分工及相當的專業門檻。但是宋應星接著又說：「然既曰布衣，太素足矣。織機十室必有，不必具圖。」這代表著，繁複精美的花樣固然不是民間所能置辦，但是織就素樸的棉布，卻是大多數人可以做到的。參酌趙、陳、李、宋四人的說法。筆者認為，棉紡首先在滿足家庭需求（冬衣、棉被），所以織機才會如是普及（織機十室必有）。當家庭需求獲得滿足後（一般大眾的基本織法），為因應精品時尚市場的需求（雲花、斜紋、象眼），技藝要求提高，於是有了專業分工，有的家庭技藝低下只得投入紡紗、有的家庭技藝超群得以投入織布，要參與紡紗或織布，端視技術條件（能否織就精美紋飾）而定，這時紡或織就完全是為了滿足市場的需求了。或許棉織產業的性質可以這樣描述，它是屬於有專業分工（紡／織）及市場需求的家庭手工業。

三、風　俗

江南因商品經濟的發展及政綱廢弛而使「淳樸儉厚」及「貴賤有等」的社會風氣及秩序難以維持。江南如此則江南之外的地區的社會風氣，自然也會隨著商人的增加而變得奢華〔註 110〕。依法，衣著居室之等級要與社會階級相應，而與財富無涉，這就是所謂的「貴賤有等」。但是由於政綱廢弛，政治力約束力微弱，所以「貴賤有等」的規定形同具文，同時經濟力的影響卻增加了〔註 111〕。這時官箴不佳，上至中央下至地方的大小官吏，多以賄賂、捐納取得。財富既然可以換得官位，以改變原來的社會階級，「財富」當然可以用來衡量社會地位。「金錢」、「財富」成為大家追求的目標，即便是讀聖賢書的士人，亦不能抗拒「金錢」的誘惑。何良俊云：

> 蓋吾松士大夫一中進士之後，則於平日同堂之友，謝去恐不速。……

〔註 110〕兩浙東西以江為界而風俗因之。浙西俗繁華，人性纖巧，雅文物，喜飾鞶帨。多巨室大豪，……。浙東俗敦樸，人性儉嗇椎魯，尚古淳風，重節概，鮮富商大賈。〔明〕王士性：《廣志繹》（北京：中華書局，2006 年 7 月），卷四〈江南諸省〉，頁 263。筆者認為，浙東、西之風俗，一樸一華，與此地富室巨商之多寡有關。江南如此，他地亦應如此。

〔註 111〕沈德符云：今上（萬曆）初元，固安伯陳景行、武清伯李偉，皆甫封即得（賜肩輿）。……李偉歿（萬曆十一年），而子文全襲爵，已屬殊恩，襲甫三年，……上遂許乘。言官爭之不得，自是戚里紛紛陳乞肩輿，不勝紀，亦不足貴矣。〔明〕沈德符：《萬曆野獲編》（北京：中華書局，1959 年 2 月），卷五〈戚里肩輿之濫〉，頁 152。筆者按，由沈德符這一段論述可知，破壞貴賤有等的，正是皇帝自己。

而日逐奔走於門下者，皆言利之徒也。或某處有莊田一所，歲可取利若干；或某人借銀幾百兩，歲可生息若干。〔註112〕

海瑞也說：

所稱名人賢士，口談道義者，皆不能去爲富不仁之心。小民持此爲觀法，借此爲口實。用是風俗日流，莫知紀極，法不能止。〔註113〕

若終日浸潤於四書五經的知識份子尚且嗜利如命、爲富不仁，小民怎能不學習效尤？上行下效，追求起「利」來，當然就更心安理得了。當「求利」、「求富」成爲普遍的價値，「多金」成爲成功的象徵時，年高而貧、守正而貧都可歸類於失敗者。何喬遠（1558～1632）《名山藏》載：

（陳）蕙記：當時頒白者負載於路，少壯遇之，則分肩而行。老人見攜兒在路，抱送彼家。而今子弟強有力，則傭其父兄，途得攜兒，竊而去之，而將鬻諸它鄉矣。〔註114〕

社會風氣淳厚儉樸時，後生晚輩對於前輩必恭必敬，爲前輩分擔勞務。但是當「財多而光榮」成爲普遍的價値時，年高德劭之貧者卻可能會被視爲能力不足而失去了他人的敬重。當社會風氣變得惟利是視，身爲領導階層的官員，爲了自尊，只得貪污了。眾所周知，明代的官俸極其微薄，若純靠官俸之收入，恐怕難以贍養父母、妻子。我們可以假設一個情境：有一個士人，其家族傾其全力來培養他，他經過了十年寒窗苦讀，忍受了千辛萬苦、承受了無數的孤獨及壓力，好不容易中了進士成爲朝廷大官。要求他告訴家人：對不起！我養不起你們，這眞是情何以堪？若投入的時間資本+人力資本與所獲致的政治資本（官位及其所帶來的報酬）落差太大。只有兩種可能：(1)人們不再願意從政，改投入於其他報酬率較高的職業。(2)想方設法使投入的資本與報酬相符。明代官吏的貪污現象，實可視爲官吏追求投資與報酬相符的行爲〔註115〕。身爲領導階層的士與商，既然都認同了「財多而光榮」的價値

〔註112〕〔明〕何良俊：《四友齋叢説》（北京：中華書局，1959年4月），卷三十四，頁312。

〔註113〕〔明〕海瑞：《海忠介公全集》（台北：海忠介公全集輯印委員會印行，1973年5月），頁489。

〔註114〕〔明〕何喬遠：《名山藏・貨殖記・馬一龍》，轉引自謝國楨選編、牛建強等校勘：《明代社會經濟史料選編下》（福州：福建人民出版社，2004年5月），頁136。

〔註115〕易中天論官俸云：大多數官員，是要靠這個（薪俸）吃飯的。尤其是來自農村的那些貧寒之士，他們頭懸梁錐刺股，囊螢映雪，刻苦功（攻）讀，不僅

觀，民間也變得以豪奢相誇。張瀚云：

> 至於民間風俗，大都江南侈於江北，而江南之侈尤莫過於三吳。自昔吳俗奢華、樂奇異，人情皆觀赴焉。吳制服而華，以爲非是弗文也；吳制器而美，以爲非是弗珍也。四方重吳服，而吳益工於服；四方貴吳器，而吳益工於器。是吳俗之侈者日侈，而四方之觀赴於吳者，又安能挽而之儉也。〔註 116〕

顧起元《客座贅語》亦云：

> 留都（南京）婦女衣飾在三十年前猶十年一變。邇年以來，不及二三歲而首髻之大小高低、衣袂之寬狹修短、花鈿之樣式、渲染之顏色、鬢髻之飾、履綦之工，無不變易。〔註 117〕

上文「吳制服而華，以爲非是弗文也；吳制器而美，以爲非是弗珍也」，在張氏眼中是風俗敗壞奢侈的象徵。但是以現今社會學的觀點視之，「華服美器」爲象徵符號的載體，展現擁有者的品味、經濟實力，藉以區別出較低階級、認同較高階級。至於留都婦女衣飾二、三年一變的現象，則是因上層階級所創造的「時尚」，引發了流行而失去其獨特性，只得再創新的「時尚」風潮，以別於凡眾。新的「時尚」風潮確立後，接著又引起另一波跟風，如此的過程不斷循環，風尚才會二、三年一變〔註 118〕。由於穿華服、用美器，不僅僅是爲了舒適，更深層的意義在於透過「華服」、「美器」所呈現的財力、美學

是爲了「一舉成名天下知」，也是爲了能夠改善生活。至少，在他們金榜題名、走馬上任之時，對那些曾經千難萬苦地支持過他們的父母妻子、親朋好友，總得有所回報吧？貧困潦倒時借下的種種債務總要一一償還吧？作爲一個官員應有的最起碼的體面，也總得維持吧？然而朝廷之所發放（按：薪水），竟是杯水車薪。……能指望的，便只有手中的權力；而權力，我們知道，那是可以換錢的。易中天：《帝國的惆悵——中國傳統社會的政治與人性》（台北：大地出版社，2006 年 7 月），頁 189。

〔註 116〕〔明〕張瀚：《松窗夢語》（北京：中華書局，1985 年 5 月），卷四〈百工紀〉，頁 79。

〔註 117〕〔明〕顧起元：《客座贅語》（北京：中華書局，1987 年 4 月），卷九〈服飾〉，頁 293。

〔註 118〕社會學認爲，生活風格是透過象徵的作用施展支配的力量。生活風格是表意化的消費行爲，其物件或活動都是象徵符號的載體。以社會語意學的觀點來說，生活風格是人們用消費書寫出來的文本（text），內容規範世界的秩序，界定生活的意義與價值。……不同的生活風格所受到的社會對待也跟著不同，我們因此可以看到，有些人的生活風格受到讚許，有些人則受到歧視。劉維公：《風格社會》（台北：天下雜誌出版社，2006 年），頁 164～165。

鑑賞力及人脈關係（藉以取得珍希商品），藉此獲得更多人的讚賞與認同，同時也能從中得到更多的資源。

第四節　萬曆二十四年征礦稅後明朝的經濟概況

筆者以「征礦稅」作爲經濟榮枯的分界點，純粹是爲了行文方便，因爲由富到窮通常是一個漸進的過程，整個社會普遍貧窮，往往是諸多因素的所造成的，而非肇因於單一因素或事件。導致明中葉以後人民困苦的原因極多，有源自制度設計不善者，有源自天災戰禍者，更有出於當權者之剝奪者。就制度面言：(1)稅收不足，時而加派，人民受害反較稅收充足更深。(2)縣官無處理政務之經驗及稅收人員不足：縣官缺乏處理政務應有的知識，要他們處理煩瑣的政務，往往不具備足夠的能力。正式稅收人員不足，所以不得不重用胥吏，胥吏多是當地人，熟悉當地的事務、權貴，於是極易舞弊以謀私利。就戰爭、天災及小農經濟言：小農經濟使人民一旦面臨天災及戰禍，將無以爲生。明朝末年又適值天災頻率最高的一段歷史時期，所以也導致人民更加貧窮。就當權者的剝奪言：制度不善、天災戰禍頻仍，已使人民生存不易，皇帝、宦官及各級官僚的貪污、剝削，更使人民一貧如洗。

一、稅收弊端

（一）正額不足與加派之害

明代施行中央集權制（包括政權與金權），這一種制度的好處是，藩王不易叛變。但是卻也造成財政管理上的困難〔註119〕，因爲在前近代時期的中國，交通不夠便利，要將地方物資集中於中央政府，即代表著必須附加大量的人力（運輸者）、物力（交通工具）資本〔註120〕。據黃仁宇的研究，十六世紀的

〔註119〕爲了維繫帝國的持久，皇帝嚴格而全面地控制著整個國家的財政命脈。然而，帝國地域廣大，各地差異很大，加之前近代時期的交通與交流十分不便，實行中央集權的政策會造成很多問題。黃仁宇：《十六世紀明代中國之財政與稅收》（台北：聯經出版公司，2001年1月），頁1。

〔註120〕筆者認爲解送白糧，就是一個極好的例子。臣按：國家歲派白糧正額二十萬石有奇。我聖祖（明太祖）定鼎金陵，東南數郡，近在輦轂之下，故用民運。今東南去京師不啻三四千里，每白糧一石，……是白糧一石費用米九斗六升，又銀六錢而後得到達京師。且有汎爛、有漂沒，而鈔關又有舡稅，……諸如此費，更不可計。……是朝廷所得不過正米一石，而小民所費幾及數石矣。《張

明代，整個的稅收水平僅爲農業產量的 10%，這看起來是很低的〔註 121〕。深受儒家思想影響的官員們普遍認爲低稅收必然對納稅人有好處，其實這種看法是錯誤的。明代的例子就顯示出情形並非總是如此。稅收收入不足意味著政府不能最充分地管理帝國的資源，這樣實際上會對納稅人不利。……由於正常的稅收不能彌補支出，必要的項目開支就要通過其他各種方式來解決。這些私下的派徵則缺乏有效的審核，容易造成資金的浪費〔註 122〕。其實，私下派徵並不只是「容易造成資金的浪費」而已，往往更成爲弊端叢生的犯罪淵藪。以差役爲例，錢糧、驛遞、供應皆責之人民。應其役者在制度的設計上是以富戶任之，但應役者往往並非富戶而是一般的人民，所以任其役者常常以破產的結果作收〔註 123〕。再以崇禎年間的「三餉」爲例：「三餉」即「遼餉」、「練餉」、「剿餉」之合稱。增加「餉」稅，本來是可容忍的，但是由於官吏利用徵稅的機會「上下其手」（陰爲加派），使得百姓所增加的負擔遠大於政府所增加的收入，這中間的差額，則被層層的收稅人員所侵吞了（胥吏、縣官）。所以就中央政府的角度來看，所增之稅百姓應能承受。就百姓的角度來看，每增加一項稅賦，就再冒一次被剝皮（私下加派）的風險。換言之，增稅對中央而言所獲甚少，對人民而言所失甚鉅，獲利最多的是收稅人員。若要國家、人民兩獲其利，中央應該將稅收人員納入正式的編制之中，嚴格控制稅收過程，使國家能得到最大的增稅效益。這一種作法，短期間或許要投入相當經費，但是就長期利益而言，使收稅人員在法律的規範下運作，既可避免稅收遭受侵吞，人民的負擔也會減輕。以現代經濟學的術語來說，編

給諫集》，卷一〈解白糧〉，頁 18 下～19 上。收錄於陳子龍等選輯：《明經世文編》（北京：中華書局，1997 年 6 月（平露堂本）），卷四三八，頁 18 下～19 上。

〔註 121〕黃仁宇：《十六世紀明代中國之財政與稅收》（台北：聯經出版公司，2001 年 1 月），頁 213。

〔註 122〕黃仁宇：《十六世紀明代中國之財政與稅收》（台北：聯經出版公司，2001 年 1 月），頁 51。

〔註 123〕崇禎三年，河南巡撫范景文言：「民所患苦，莫如差役。錢糧有收户、解户，驛遞有馬户，供應有行户，皆僉有力之家充之，名曰大户。究之，所僉非富民，中人之產輒爲之傾。自變爲條鞭法，以境内之役均於境内之糧，宜少甦矣。乃民間仍歲奔走，罄資津貼，是條鞭行而大户未嘗革也。」時給事中劉懋復奏裁驛夫，征調往來，仍責編户。驛夫無所得食，至相率從流賊爲亂云。〔清〕張廷玉：《明史》（北京：中華書局，1997 年 11 月，二十四史縮印本），卷七十八〈食貨二〉，頁 1906。

制正式的收稅人員，將使課稅過程更符合「效率原則」〔註 124〕。但是當時的中央政府只將注意力集中於稅收能否增加，以崇禎十一年三月，崇禎皇帝於左順門招考選諸臣爲例。崇禎皇帝問考選諸臣「兵食計」（如何籌措兵餉），曾就義答以「百姓之困皆由吏之不廉，使守令俱廉，即稍加派以濟軍需，未爲不可。上拔第一。」曾就義雖然有「稍加派以濟軍需，未爲不可」之語，但是這句話是建立在「使守令俱廉」的前提之上的，亦即若守令不廉，不可加派。這次召對的結果是「未幾，即有勦餉、練餉之加。」〔註 125〕崇禎皇帝的決定，顯然不符曾氏的原意。

（二）稅收制度不善與里胥之害

黃仁宇指出，知縣的事務性工作很多，包括確定一般稅率，配合上級部門安排稅糧解運，……知縣總是過多地忙於這些事務，很少去關注稅收過程中一些技術細節性問題。銀糧文冊通常是留給書算手一類文書人員去準備，對其又缺乏監督。這些下層吏書長年操持部門的日常事務，蠹橐其中，作弊錢糧，這是明代行政管理上的一個突出特點，也成爲弊孔多端的重要原因〔註 126〕。黃氏點出縣官漠視稅收細節及缺乏監督是里胥作弊的主因，但是他並沒有舉出例子讓我們能夠有更深刻的體會，所幸這一缺憾可由明人范濂、尙湖漁夫來補足。范濂曰：

> 糧數自丈清後雖有定額，而每歲徵收，則憑會計。有一年米多而銀減者，有一年米少而增銀者，有一年銀米相埒者，遂使奸貪吏胥得以挪移出入其間，而輸納者亦不得據爲長例。亂法莫甚于此。〔註 127〕

范濂認爲，糧數雖有定額，但是每年納米納銀的比例不定，使人民無所據依，這使得負責收稅的吏胥得以乘機作弊。尙湖漁夫則指出，吏胥將定賦額之由

〔註 124〕高希均、林祖嘉著：《經濟學的世界（下）》（北京：生活・讀書・新知三聯書店，1999 年 12 月），頁 404。

〔註 125〕（十一年）三月，上（崇禎）御左順門，召考選諸臣，五人爲班遞進。問兵食計，知縣曾就義曰：百姓之困皆由吏之不廉，使守令俱廉，即稍加派以濟軍需，未爲不可。上拔第一。未幾，即有勦餉、練餉之加。〔清〕谷應泰：《明史紀事本末（下）》（台北：三民書局，1969 年 4 月），卷七十二，頁 832。

〔註 126〕黃仁宇：《十六世紀明代中國之財政與稅收》（台北：聯經出版公司，2001 年 1 月），頁 166～167。

〔註 127〕〔明〕范濂：《雲間據目抄》，卷四〈記賦役〉，轉引自謝國楨選編、牛建強校勘：《明代社會經濟史料選編（下）》（福州：福建人民出版社，2004 年 5 月），頁 250。

單及稽完欠之比簿，扣留而不發給民眾，讓自己可以多收稅款及互換比簿。文云：

> 錢糧之有由單，定賦額也；徵糧之有比簿，稽完欠也。吳中財賦甲天下，加派名目不一，而常熟胥吏，因緣爲奸，尤劇於他縣。每歲由單不發，浮徵加派無從究詰，亦不可勝數。而比簿張李互換，完欠虛開糧書。藏匿泛供，奸户私相知會，互爲隱占，莫究其根。而良民已完復納，已納復徵，有囚執赴比號泣于道者。或問之，曰：噫！完者再矣。曰：完者三矣。〔註128〕

不將由單及比簿交給民眾，而多收稅款、互換比簿，最後使無辜良民二納、三納賦額仍不能免於牢獄之災，這種情形簡直令人感到匪夷所思。所以雖然表面上正額只占 10% 的農業收入，實際所納卻可能數倍於此。

二、戰爭、天災與脆弱的小農經濟

中國的農業經營，係以自耕和佃耕爲主體，這兩種耕作方式，都是小規模的，也就是所謂的小農經濟。小農經濟由小型勞力與小塊土地緊密結合而成，其特徵之一就是經濟基礎薄弱。……大部分的農民便只能在薄弱的經濟基礎上循環打轉，天災戰禍固可輕易使崩潰，豪強兼併亦可逐漸令其瓦解〔註 129〕。在農業人口占絕大多數，而帝國的糧食來源又完全依賴自給的明代，經濟體質極爲脆弱。江南雖然富甲全國，絲、棉行銷遍及海內外，但是食物多仰賴外地輸入，一旦食物供給區域有水旱之災，江南地區的食物就會跟著短缺，生存立刻陷入困境〔註130〕。所以放眼當時的中國（明代），沒有一個地區是有能力抵抗天災的。茲以《明史・五行志》所載之萬曆、天啓、崇禎所發生之水災、旱災、蝗災、瘟疫，來審視當時人民所受的苦難。

〔註128〕〔明〕尚湖漁夫：《虞諧志・糧胥傳第三》，轉引自謝國楨選編、牛建強校勘：《明代社會經濟史料選編（下）》（福州：福建人民出版社，2004 年 5 月），頁 248。

〔註129〕戴晉新：〈有土有財——土地分配與經營〉，《中國文化新論（經濟篇）——民生的開拓》（台北：聯經出版公司，1982 年 10 月），頁 177。

〔註130〕蓋松民貿利，半仰給於織紡。其如山左荒亂，中州糜爛，尤甚於吾鄉，易子而食，析骸而炊，布商裹足不至，松民惟有立而待斃耳。加以軍興餉急，欠漕米一石，時須價五兩有奇。本邑無米，乞糴他境，莫不破家。……延至初夏，麥秋大稔，民慶更生，而疾疫大作，幾於比户死亡相繼。《閱世編》，卷一〈災祥〉，頁 14。

這裏所指的水災包括了海嘯、大水、大雨、久雨等因水所造成的損失。由於水災的資料太多，所以本文僅錄崇禎年間所發生的水災。

> 崇禎元年七月壬午，杭、嘉、紹三府海嘯，壞民居數萬間，溺數萬人，海寧、蕭山尤甚。三年，山東大水。四年六月，又大水。五年六月壬申，河決孟津口，橫浸數百里。七年五月，邛、眉諸州縣大水，壞城垣、田舍、人畜無算。十年八月，敘州大水，民登州堂及高阜者得免，餘盡沒。十三年五月，浙江大水。十四年七月，福州風潮泛溢，漂溺甚眾。十五年六月，汴水決。〔註 131〕

杭、嘉、紹三府，是江南的財稅重鎮；山東是南北交通的孔道；孟津位居河南；邛、眉、敘州則在四川，福州則在福建。潦水所涵括的區域幾乎遍及中國境內最重要的幾個地區，其中山東連續兩年大水，其他地區雖不至於連年大水，但也數度被災，情況好不了多少。各地災後的狀況往往極爲嚴重，有溺數萬人的、有橫浸數百里的、有餘盡沒的、有漂溺甚眾的，「潦水」應是水災中傷害最大的一個等級。傷害等級較低的，爲大雨及霪雨。

> 崇禎五年六月，大雨。八月，又雨，……。九月，順天二十七縣霪雨害稼。十一年夏，雨浹旬，杞南山邊垣。十二年十二月浙江霪雨，阡陌成巨浸。十三年四月至七月，寧、池諸郡霪雨，田半爲壑。十五年十月，黃、蘄、德安諸郡縣霪雨。〔註 132〕

大雨及霪雨雖然不致於傷及人畜之性命，但是卻足以使農產品的產量大減。農產品產量減少，將導致物價上漲，人民必然也將過著辛苦的日子。水太多了不好，水太少也會有問題，旱災就是水太少了。

> 十七年（萬曆），蘇、松連歲大旱，震澤爲平陸。浙江、湖廣、江西大旱。……二十四年（萬曆），杭、嘉、湖三府旱。……二十九年（萬曆），畿輔、山東、山西、河南及貴州黔東諸府衛旱。……七年（天啓），四川大旱。崇禎元年夏，畿輔旱，赤地千里。三年三月，旱，擇日親禱。五年，杭、嘉、湖三府，自八月至十月，七旬不雨。六年，京師及江西旱。十年夏，京師及河東不雨，江西大旱。十一年，兩京及山東、山西、陝西旱。十二年，畿南、山東、河南、山西、

〔註 131〕〔清〕張廷玉：《明史》（北京：中華書局，1997 年 11 月，二十四史縮印本），卷二十八〈五行一・水潦〉，頁 454。

〔註 132〕〔清〕張廷玉：《明史》（北京：中華書局，1997 年 11 月，二十四史縮印本），卷二十九〈五行二・恒雨〉，頁 475～476。

浙江旱。十三年，兩京及登、青、萊三府旱。〔註133〕

上述引文多只見「某某地，旱」的字眼，似乎「旱災」無關緊要。但是稍加留意「赤地千里」等字眼，不難了解大旱時期是無法期待農作物的收成的。更何況，乾旱之後，繼之而至的通常就是「蝗災」，所以「旱」「蝗」二字常連用，《明史・五行志》載：

萬曆十五年七月，江北蝗。十九年夏，順德、廣平、大名蝗。三十七年九月，北畿，北畿、徐州、山東蝗。四十三年七月，山東旱蝗。四十四年四月，復蝗。……天啓元年七月，順天蝗。五年六月，濟南飛蝗蔽天，田禾俱盡。六年十月，開封旱蝗。崇禎八年七月，河南蝗。十年六月，山東、河南蝗。十一年六月，兩京、山東、河南蝗。十三年五月，兩京、山東、河南、山西、陝西大旱蝗。〔註134〕

蝗災、旱災造成饑荒，人民食樹皮、草根，甚至父子、夫妻相食。營養不良，身體的免疫力下降，一旦有病毒傳染，自然容易交互傳染而擴大疫情。

萬曆十年四月，京師疫。十五年五月，又疫。十六年五月，山東、陝西、山西、浙江俱大旱疫。崇禎十六年，京師大疫，自二月至九月止。明年春（崇禎十七年），北畿、山東疫。〔註135〕

水災、旱災、瘟疫若能處理得宜。如適時提供能夠維持生存的食物、重視衛生及隔離患者，可能有助於人民撐過天然災害的戕賊，使整個社會規範及秩序不致崩解。馮賢亮《明清江南地區的環境變動與社會控制》即指出，社會動蕩和天災有極爲密切的關係，他說：

江南在崇禎十三年遭到大水的厄運後，十四年又遇到旱蝗並災，十五年持續發生旱災和流行大疫。連年災荒，地方生民一死於水，再死於火，三死於疫，勉強活下來的堪稱九死一生。地方社會處在十分脆弱的狀態，盜匪與流民並發，構成了社會動蕩的主要因素。〔註136〕

〔註133〕〔清〕張廷玉：《明史》（北京：中華書局，1997年11月，二十四史縮印本），卷三十〈五行三〉，頁485～486。

〔註134〕〔清〕張廷玉：《明史》（北京：中華書局，1997年11月，二十四史縮印本），卷二十八〈五行一〉，頁438。

〔註135〕〔清〕張廷玉：《明史》（北京：中華書局，1997年11月，二十四史縮印本），卷二十八〈五行一〉，頁443。

〔註136〕馮賢亮：《明清江南地區的環境變動與社會控制》（上海：上海人民出版社，2002年8月），頁187。

其實天災造成社會動蕩，並不限於江南，而是各地皆然的。雖說天然災害本易造成社會動蕩，但是政府處理不當的人禍，絕對會讓問題更加嚴重。流寇就是這樣興起的。

> 先是，天啓丁卯陝西大旱，澄城知縣張耀采催科甚酷。民不堪其毒，有王二者，陰糾數百人聚集山上，皆以墨塗面。王二高喝曰：誰敢殺張知縣？眾齊聲應曰：我敢殺。如是者三，遂闖入城。守城者不敢禦，直入縣殺耀采，眾遂團聚山中。巡撫胡廷宴老而耄，置之不問。又延慶連歲荒旱。去冬，有王嘉允者，倡亂于府谷，蔓延於西漢以南……掠淳化入神道嶺。（原注：此流賊之始也）〔註 137〕

張耀采催科甚酷，可能是爲了自己的考績，也可能是迫於皇帝的壓力。但是不論是出於何種原因，荒歲時人民已無法再容忍任何的稅賦則是不爭的事實。朝廷不思賑濟，仍不斷催租，人民爲了生存下去，不得不聚眾謀反。最後，爲了平亂所付出的社會成本（包括人民因流寇所造成的生命財產的損失；徵集軍隊所耗費的兵餉）絕對遠高於賑濟人民所必須付出的代價。但是何以政府不思賑濟反倒連連催科？這有幾種可能。第一、張氏對於災情評估過輕，認爲百姓可由宗親之接濟度過難關，因而納稅之義務不可免。第二、張氏非本地人，因而缺乏鄉土的認同，對百姓之困苦完全不在意。第三、張氏雖同情百姓之處境，無奈皇帝催租之令頻下〔註 138〕。既然禍已鑄成，應趁寇匪人數尚少之時，一舉剿之。然後再設法儲藏備荒之糧，而不應是「置之不問」。尤有甚者，朝廷不但未賑濟飽受水、旱、蝗之苦的人民，反而火上添油，於此時加稅，鄭廉云：

> （崇禎七年）夏五月，蝗。始派練餉。……夫民富而加派之，以濟緩急，君子猶以爲聚斂之端，漸不可長，而況水旱災荒之際乎？源既啓矣，流不可塞，剜肉補瘡，十餘年而國墟矣。〔註 139〕

朝廷災荒加稅之舉，令人大惑不解。曹樹基認爲，可能的原因是——崇禎三年

〔註 137〕〔明〕文秉：《烈皇小識》（台北：新興書局，1974 年 5 月，收錄於《明季稗史》第一冊），卷二，頁 12～13 上。

〔註 138〕筆者按：湯開遠之疏在崇禎時期，但是這也是可能性之一。河南府推官湯開遠上疏：……今諸臣怵于參罰之嚴，一切加派、帶徵、餘徵，行無民矣！民窮則易與爲亂。皇上寬一分在民（明史紀事本末：臣）子，即寬一分在民生。〔明〕文秉：《烈皇小識》（台北：新興書局，1974 年 5 月，收錄於《明季稗史》第一冊），卷二，頁 40 下～41 上。

〔註 139〕〔清〕鄭廉撰，欒星輯校：《豫變紀略》收錄於《甲申史籍三種校本》（鄭州：中州古籍出版社，2002 年 10 月），頁 65。

左右的中國人口可能達到近兩億。人口的增加意味著政府財政支出的增加，同一程度的災害所產生的受災人口是不同的。受災人口的增加使政府的賑濟支出增加。明朝政府陷入了這樣一個窘迫的境地，現有的制度不僅不能使政府因增加人口而增加財政收入，相反，卻要爲增加的人口而增加財政支出。明代末年遼東形勢的緊張，使政府將加派增加的財政收入用於戰爭，不得不放棄對北方災民的賑濟。北方的社會動亂因時而起，此即原因之一。〔註 140〕

三、皇帝權要的掠奪

明代中葉，世界已進入了大航海時代，繁盛的對外貿易促成了江南富裕的生活及奢侈的風氣。奢靡的生活方式，在江南不但成爲身分地位的表徵，更成爲普羅大眾爭相仿效的標的。這種風氣由商業最盛的江南地區，向全國蔓延開來，於是追求風雅、誇耀財富變成全民追求的目標及價值。身處於這種時代氛圍之中的政府官員，他們雖擁有最多的政治資本，但是制度的設計卻使他們不可能享受奢華的生活，於是他們就利用自身的政治資源，鑽法律、制度的漏洞巧取豪奪。在這種情形下，官場上形成了層層剝削的生態，上級剝奪下級，下級再剝奪更下級，最終的受害者則是毫無政治資源的平民百姓。尤有甚者，皇帝竟是最大的剝奪者，上行下效，藉由改革制度（如清之養廉銀）、提倡道德來改變惡質的政風，至此成爲夢幻泡影（皇帝本身就是剝奪者，官箴自然不佳）。

（一）皇帝的礦稅

萬曆中葉，由於連年征戰及宮殿火災，於是有礦稅之興。《明史・陳增傳》云：

> 至二十年，寧夏用兵，費帑金二百餘萬。其冬，朝鮮用兵，首尾八年，費帑金七百餘萬。二十七年，播州用兵，又費帑金二三百萬。三大征踵接，國用大匱。而二十四年，乾清、坤寧兩宮災。二十五年，皇極、建極、中極三殿災。營建乏資，計臣束手，礦稅由此大興矣。〔註 141〕

萬曆三大征及宮殿火災，使得國用匱乏，於是才徵收礦稅。由於徵收礦稅之

〔註 140〕曹樹基著、葛劍雄主編：《中國人口史——第四卷（明時期）》（上海：復旦大學出版社，2000 年 9 月），頁 470。

〔註 141〕〔清〕張廷玉：《明史》（北京：中華書局，1997 年 11 月，二十四史縮印本），卷三五〇〈宦官二〉，頁 7805。

所得，繳入內庫，即這筆收入乃神宗個人財產，所以收稅的宦官並不受到中央及地方官的節制，這才產生各種的弊端，趙翼《二十二史箚記・萬曆中礦稅之害》云：

> 帝（萬曆）即命中官與其人偕往，蓋自二十四年始，其後又於通都大邑，增設稅監，故礦、稅兩監遍天下。兩淮又有鹽監，廣東又有珠監，或專或兼，大璫小璫，縱橫繹騷，吸髓飲血，天下咸被其害矣。其最橫者，有陳增、馬堂、陳奉、高淮、梁永、楊榮等。增開採山東，兼徵東昌稅，縱其黨程守訓等，大作奸弊，稱奉密旨搜金寶，募人告密，誣大商巨室藏違禁物，所破滅什百家，殺人莫敢問。又誣知縣韋國賢、吳宗堯等皆下詔獄，凡肆惡山東者十年。……陳奉徵荊州店稅，兼採興國州礦砂，鞭笞官吏，剽劫行旅，商人恨刺骨。伺其出，數千人競擲瓦石擊之。至武昌，其黨直入民家，奸淫婦女，或掠入稅監署中。……是時廷臣章疏悉不省，而諸稅監有所奏，朝上夕報可，所劾無不曲護之，以故諸稅監益驕。……論者謂明之亡，不亡於崇禎而亡於萬曆云。〔註142〕

由於萬曆皇帝徵收礦監、稅監、鹽監、珠監等商業稅，主要是爲了充實自己的內庫，因此得不到朝中大臣的支持，萬曆皇帝不得已，只得派太監充當稅監。太監收稅，違反國家體制，換句話說即違反了具「憲法性質」的祖訓〔註143〕。於是無任何法律可以約束他們，再加上皇帝與他們同一陣線，所以各種駭人聽聞的弊端層出不窮。據樊樹志的研究，當時稅監所收之稅，僅 10%～35%進入皇帝的內庫，其餘則落入宦官私囊，所以征收礦稅的最大獲益者不是皇帝而是宦官。當時大臣反對礦稅之疏甚多，茲舉李三才之疏爲例，疏云：

> 萬曆二十八年。巡撫鳳陽等處兼海防右僉都御史李三才請停礦稅曰：自礦稅繁興，萬民失業，朝野囂然，莫知爲計。皇上爲斯民主，不惟不衣之，且併其衣而奪之；不惟不食之，且併其食而奪之。征榷之使，急於星火，搜括之令，密如牛毛。今日某礦得銀若干，明日又加銀若

〔註142〕〔清〕趙翼：《二十二史箚記（下冊》（台北：世界書局，1962 年 3 月），卷三十五〈萬曆中礦稅之害〉，頁 500～502。

〔註143〕《明史・職官三》載：洪武十七年鑄鐵牌，文曰，「內臣不得干預政事，犯者斬」，置宮門中。朱元璋鑄鐵牌之舉，除了訓誡子孫外，同時也宣示了鐵牌的內文具有法律效用。見〔清〕張廷玉：《明史》（北京：中華書局，1997 年 11 月，二十四史縮印本），卷七十四〈職官三〉，頁 1826。

干；今日某處稅銀若干，明日又加稅若干。今日某官阻撓礦稅拏解，明日某官怠玩礦稅罷職。上下相爭，惟利是聞。如臣境內，抽稅徐州則陳增，儀眞則暨祿；……千里之區，中使四布。加以無賴亡命，附翼虎狼，如中書程守訓，尤爲無忌，假旨詐財，動以萬數。……且一人之心，千萬人之心也，皇上愛珠玉，人亦愛溫飽；皇上憂萬世，世人亦戀妻孥。奈何皇上欲黃金高于北斗，而不使民有糠粃之儲？皇上欲爲子孫千萬年，而不使百姓有一朝一夕之安？試觀往籍，朝廷有如此政令，天下有如此景象，而有不亂者哉？〔註 144〕

李三才之疏有幾點是值得注意的。首先，礦稅繁興使萬民失業；其次，搜括之政令頻下，阻撓者皆得罪；再者，收稅者多爲無賴之徒，假旨詐財的行爲屢見不鮮；最後，李三才提醒萬曆皇帝，皇帝的職責在於使百姓衣食無缺，百姓地位雖卑下，渴望滿足基本的生活需求卻無異於皇帝，「且一人之心，千萬人之心也，皇上愛珠玉，人亦愛溫飽」即爲此意，若不能滿足百姓的基本需求，天下絕對不可能安定的，到頭來反而與「欲爲子孫千萬年」的願望相違〔註 145〕。李三才之疏，已觸及皇帝之職責、百姓之生存權利，與黃宗羲〈原君〉所呈現的思想極爲類似，差別僅在於未涉及君主專制的起源罷了。

（二）宦官的鯨吞

朱元璋云：「朕觀《周禮》，奄寺不及百人。後世至踰數千，因用階亂。此曹止可供洒掃，給使令，非別有委任，毋令過多。」又言：「此曹善者千百中不一二，惡者常千百。若用爲耳目，即耳目蔽；用爲心腹，即心腹病。」〔註 146〕身爲開國皇帝的朱元璋認爲宦官善類絕少，所以不可爲耳目、心腹，萬曆皇帝顯然沒有將這個勸告聽進去。因爲他派去征礦稅、珠稅、鹽稅的征榷之使，就是宦官。明朝宦官作惡多端者如：英宗之王振，憲宗之汪直，武宗之劉瑾，熹宗之魏忠賢，都是大家耳熟能詳的，他們所犯下的罪惡可謂罄

〔註 144〕〔明〕談遷：《國榷》（台北：鼎文書局，1978 年 7 月），卷七十八，頁 4854。

〔註 145〕馬基維利云——明君應當這樣做：如果不能贏得愛戴，也要避免受到憎恨，因爲，令人畏懼而又不受憎恨是可以圓滿兼顧的，做到這一點並不難，只要不對公民或臣民的財產妻女打主意就行了。……至關重要的是，不要妄動別人的財產，因爲，人們對於失去父親要比失去父親的遺產忘得更快。馬基維利著、閻克文譯：《君主論》（台北：台灣商務印書館，1988 年 9 月），頁 84。

〔註 146〕〔清〕張廷玉：《明史》（北京：中華書局，1997 年 11 月，二十四史縮印本），卷七十四〈職官三〉，頁 1826。

竹難書，若要一一論述絕非本節所能容納。由於萬曆至崇禎這一段期間，宦官為禍最烈的，不外乎萬曆時之礦監及天啓時的魏忠賢。魏忠賢之罪惡，在明末的黨爭一節已經述及，故論宦官的鯨吞將集中於礦稅的部分。前文曾引述趙翼〈萬曆中礦稅之害〉，文中提到陳增、馬堂、陳奉、高淮、梁永、楊榮等人最爲貪橫。由於其他史料對於陳增、馬堂、高淮等人之惡行缺乏細節的描述，所以筆者藉利瑪竇之口，來敘述馬堂的惡形惡狀。

一、但是當談到太監馬堂時，他（鍾萬祿）變得很低沉地說：「你（利瑪竇）別想不受損失就逃出他的手心。他那一類的人現在正得皇帝的寵，皇帝只和他們商量。……所以一個外國人怎麼可能逃脫他們的傷害呢？」〔註147〕

二、收稅官馬堂除了建築各式各樣的官邸和廟宇之外，還造了一隻很講究的大船，甚至于適合皇帝乘坐；船上的大廳、房間以及眾多艙室都極爲精致而寬敞。〔註148〕

三、馬堂對此付之一笑，並誇口說沒有一個高官對皇帝能像他那樣有影響。「你看」，他說：「我的請求在上奏皇帝的第二天就能得到處理。而別人的請求要很遲才得到答覆，或者根本得不到答覆。」〔註149〕

四、太監馬堂來了，……太監在一隊二百來個同伙強盜的簇擁之下，怒氣沖沖瞪著利瑪竇神父說道，他（馬堂）得到北京的消息說利瑪竇隱藏了一批寶石不想把它獻給皇帝。……于是太監命令把他們所有的行李都搬到相鄰的院子裏去；他在那裏翻箱倒櫃，仔細檢查每一件東西，憤怒地把東西四處亂扔，從而不僅凌辱，還加以破壞。……最後，當他（馬堂）未能找到他所假裝要尋找的東西時（寶石），……他（馬堂）指控他們帶這個魔物（十字架上的基督像），目的是要用妖術謀害皇帝。〔註150〕

〔註147〕何高濟、王遵仲、李申譯，何兆武校：《利瑪竇中國札記》（北京：中華書局，1983年3月），頁389。

〔註148〕何高濟、王遵仲、李申譯，何兆武校：《利瑪竇中國札記》（北京：中華書局，1983年3月），頁390。

〔註149〕何高濟、王遵仲、李申譯，何兆武校：《利瑪竇中國札記》（北京：中華書局，1983年3月），頁391。

〔註150〕何高濟、王遵仲、李申譯，何兆武校：《利瑪竇中國札記》（北京：中華書局，

上述四段引文出自《利瑪竇中國札記》第四卷第十一章〈在天津入獄〉。這四段引文的背景是這樣的，一個姓劉的太監為了巴結馬堂，決定出賣利瑪竇。利瑪竇見情勢危急，於是向鍾萬祿請求幫助及忠告，鍾直率地告訴利瑪竇，他們不可能逃出馬堂的手掌心，這是第一段。第二段是利瑪竇觀察馬堂的居所及船隻，利瑪竇甚至認為船隻精致的程度，甚至適合皇帝乘坐。值得注意的是，馬堂只不過是一個稅監，造船之經費不可能來自萬曆皇帝，經費來源只能是貪污所得。第三段是利瑪竇婉謝馬堂要幫忙轉運給皇帝的禮物的要求，並言明已有幾個北京高官要照料他們，馬堂的回答。由這一段可以看出萬曆皇帝雖然對於朝臣之奏疏常不理會，但是對於稅使之請求卻態度積極。第四段是馬堂終於對利瑪竇下手，藉口利氏藏寶不獻皇帝而破壞財產及誣陷的經過。馬堂原以為傳教士必然有相當數量的珠寶，但是他失望了，為了發洩情緒，於是藉十字架誣賴利瑪竇要不利萬曆皇帝。這四段引文都反映了馬堂作威作福的某個側面，但是誠如樊樹志所言：

> 礦稅太監的弊端是制度性的，即對一種特殊權力缺乏必要的制衡手段。礦稅太監是皇帝直接委派，又直接向宮廷內庫進奉，不受中央政府及地方政府監督，又無制度保障可言，于是形成了財政上的巨大漏洞——征多繳少，太監們中飽私囊，大量財富落入他們私人腰包。萬曆三十一年十月，山西巡撫白希綉向神宗揭發，山西每年征解稅銀 45,200 兩，稅監孫朝只向內庫進奉 15,800 兩，其餘 29,400 兩全由孫朝以假稱拖欠的手法攫為己有。這就意味著 65% 的稅銀被孫朝貪污了。萬曆三十三年十二月，山東巡撫黃克纘向神宗揭發，稅監馬堂每年抽取各種稅銀不下 25～26 萬兩，而每年向內庫進奉才 78,000 兩，七年之內隱匿稅銀 130 餘萬兩。所謂「隱匿」云云意味著 70% 以上的稅銀被馬堂貪污了。〔註 151〕

礦稅太監之貪污，雖然造成人民極大的財物損失，但是掠奪式的征收商稅所引發的民變，可能更為嚴重。《明史》載：

> 榷稅之使，自二十六年（萬曆）千户趙承勛奏請始。其後高寀於京口，……或徵市舶，或徵店稅，或專領稅務，……水陸行數十里，

1983 年 3 月），頁 394～395。

〔註 151〕樊樹志：《晚明史（上卷）》（上海：復旦大學出版社，2003 年 10 月），頁 560。

> 即樹旗建廠。視商賈懦者肆爲攘奪，沒其全貲。負戴行李，亦被搜索。又立士商名目，窮鄉僻塢，米鹽雞豕，皆令輸稅。所至數激民變，帝率庇不問。〔註 152〕

這種設重重關卡征稅的手段，等於一件商品重複課稅，最後必將導致商品價格上漲，消費者的購買力下降，最嚴重的狀態可能是商業活動停止。更過分的是，侵占較瘦弱商人之商品資金及各種非法的糧食稅。這些太監敢如此囂張的原因，出自萬曆皇帝的包庇。

（三）敗壞的政風

隨著商品經濟的發展，富商巨賈累積了可觀的財富，他們的生活方式、價值觀念幾乎風靡了各個階層的人。身爲傳統政治、權力精英的仕紳階級，爲了維持自身的優勢地位，多以其豐富的政治資本來交換匱乏經濟資本，以免失了體面。這種政治資本和經濟資本互相轉換之所以盛行，一則因名聲、財富、權力之間的交換，在中國社會中極爲常見，是以權錢互換在百姓眼中具有一定的合法性；一則因法律制度的廢弛，貪污犯法、利益輸送並不會得到相應的懲罰或刑責，清廉自持者反而顯得愚不可及。況且，當貪污現象普及化後，清官所要面對的是整個官場的不良制度及風氣，潔身自愛等於黑紙上之白點，格外引人注意及擔心，堅持原則所付出的代價將大到無法承受。基於上述原因，明代中葉後政風之敗壞，才會根深柢固與國祚相始終。萬曆、天啓、崇禎三帝相較，以崇禎最痛恨貪賄，所以崇禎朝的官場風氣理應最佳，但史料所呈現的景象卻不是如此。崇禎三年，梁廷棟云：

> （崇禎三年，十二月）至是兵部尚書梁廷棟復言：「今日閭左雖窮，然不窮于遼餉；一歲之中，陰爲加派者，不知其數。如朝覲考滿，行取推陞，少者費五六千金，合海内計之，國家選一番守令，天下加派數百萬。巡撫查盤緝訪，饋遺謝薦，多者至二三萬金，合海内計之，國家遣一方巡方，天下加派百餘萬。〔註 153〕

外官三年初考、六年再考、九年通考，以定其稱職與否，並依此決定黜陟升降。由於吏部掌握了人事大權，於是地方官就不得不花五六千兩白銀來賄賂

〔註 152〕〔清〕張廷玉：《明史》（北京：中華書局，1997 年 11 月，二十四史縮印本），卷八十一，頁 1978～1979。

〔註 153〕〔清〕夏燮撰：《明通鑑》（台北：世界書局，1962 年 11 月），卷八十二，頁 3157。

吏部官員。這些賄賂的銀兩自然不可能自掏腰包，只能將其攤派給百姓，累計全國所增之稅，達到了數百萬兩之多；巡撫巡察地方，本是職責所在，但因其考績意見關係著地方官的前途，所以餽遺謝薦變得必要，而這筆花費自然又是出自剝削百姓所得，巡撫地方也將使百姓增稅百餘萬。戶科給事中韓一良也有相同的觀察，他說：

> 六月，户科給事中韓一良上言，皇上諭群臣，有文臣不愛錢之語。然今之世何處非用錢之地？何官非愛錢之人？向以錢進，安得不以錢償？臣起縣官，居言路。以官言之，則縣官行賄之首，而給事納賄之魁，今俱咎守令之不廉，然守令安得廉？薪俸幾何，上司督取，不曰無礙官銀，則曰未完贓贖；衝途過客，動有書儀，考滿朝覲，不下三四千金，而欲守令之廉，得乎？〔註 154〕

崇禎可能想起了岳飛，誡諭群臣要「文臣不愛錢」。但是韓一良直言，當今官場上處處要錢，人人愛錢。其中，又以縣官及吏部納賄、行賄最為嚴重。但是要縣官廉潔，在情勢上卻不可能，因為上司索賄使得縣官不得不私下加派，於是造成縣官普遍貪污的現象產生。韓一良之疏，引起了崇禎皇帝的注意，於是崇禎要韓一良具奏何人貪污。文云：

> 上曰：朕閱一良所奏，大破情面，忠鯁可嘉，當破格擢用，可嘉右僉都御史。吏部尚書王永光承旨因奏：科臣露草，必有所旨。乞皇上命科臣摘其尤者，重處一二，以為貪官之戒。上召一良，指疏內「開之其源，導之有流」等語，著據實具奏來。……若納賄等事，臣疏中原説風聞，不曾知名。上意怒曰：「難道一人不知，遽有此疏？限五日具奏。」〔註 155〕

崇禎中了王永光之計，要求韓一良具體指出誰貪污？但是一旦韓一良指出誰貪污，就等於向盤根錯節的貪污結構宣戰，同時也宣告自己仕途的正式告終。所以他只能含糊其辭，說自己只是風聞有這種現象，並未掌握任何人貪污的具體的事證。筆者相信，韓一良當然知道有哪些人貪污，否則不會冒與人為敵的風險來上疏皇帝，崇禎皇帝應私下調查才是較佳的處理方法，否則等於變相地懲罰想要改善政風的官員。

〔註 154〕〔清〕計六奇：《明季北略》（台北：台灣商務印書館，1979 年 5 月），卷四〈韓一良論賄賂〉，頁 66。

〔註 155〕〔明〕文秉：《烈皇小識》（台北：新興書局，1974 年 5 月，收錄於《明季稗史》第一冊），卷一，頁 24 下～25 上。

第三章　明末的黨爭

漢朝的黨錮之禍、宋朝的新舊黨爭、明朝的黨爭，是中國最著名的三次黨爭。這裏暫且不討論漢朝的黨錮之禍及宋朝的新舊黨爭的成因與影響。只將心力放在明朝的黨爭。明代的黨爭，可以說肇因於萬曆皇帝的怠政及寵幸鄭貴妃。因爲萬曆皇帝寵幸鄭貴妃，所以引發了爭國本、妖書案、梃擊案、紅丸案、移宮案，這些事件是萬曆至天啓年間黨爭最主要的內容及動機。國本、妖書案、梃擊案的本質是帝位繼承問題，萬曆皇帝愛常洵（排行第三，鄭貴妃之子）而不愛常洛（排行第一，恭妃之子），遲遲不肯立理應爲儲君的常洛。最後常洛雖然仍繼位爲天子，但因繼位的過程太過艱辛，沉湎於酒色而無法自拔，僅僅在位（光宗）一個月即崩。在光宗病危之際，李可灼進紅丸，不久，常洛（光宗）即駕崩。光宗駕崩之後，光宗之寵妃李選侍（與鄭貴妃交好）卻不願意搬離乾清宮。乾清宮是皇帝之居所，李選侍不願意離開乾清宮，意味著有干涉朝政之意圖。直到熹宗登極的前一天，劉一燝、韓爌、方從哲等人立於乾清宮之宮門，請李選侍移居噦鸞宮，天啓皇帝才回到了乾清宮，此即「移宮案」。由於梃擊案、紅丸案、移宮案，都可以隱約看到鄭貴妃在背後的操控，於是朝廷上所謂的「正人」認爲光宗之死極其可疑。極力追究立場偏向鄭貴妃之「小人」。眾小爲求保命，只能團結並結交魏忠賢，最後形成極其殘酷的屠戮。崇禎即位之後，將魏忠賢正法，朝廷的氣象爲之一新。但是崇禎爲非典型昏君，他固然不好酒色，亦勤於朝政，但性格多疑、剛愎卻成爲被利用的弱點。於是溫體仁、周延儒、薛國觀等人，都會利用崇禎皇帝的弱點以排除異己，攫取權力與財富，形成另一種形式的政爭。

第一節　萬曆朝的黨爭

《明史・光宗本紀》後有一段贊文，概括了萬曆、泰昌二朝黨爭之起因，文云：

> 神宗沖齡踐阼，江陵秉政，綜核名實，國勢幾於富強。繼乃因循牽制，晏處深宮，綱紀廢弛，君臣否隔。於是小人好權趨利者馳騖追逐，與名節之士爲仇讎，門户紛然角立。馴至悊、愍，邪黨滋蔓。在廷正類無深識遠慮以折其機牙，而不勝忿激，交相攻訐。以至人主蓄疑，賢姦雜用，潰敗決裂，不可振救。故論者謂明之亡，實亡於神宗，豈不諒歟。光宗潛德久彰，海内屬望，而嗣服一月，天不假年，措施未展，三案搆爭，黨禍益熾，可哀也夫。〔註1〕

萬曆初年至十年，內閣首輔爲張居正。張居正得到神宗生母李太后的充分信任，內廷又有馮保與之合作，所以得以施展其改革理想。他綜核名實，信賞必罰，整飭紀綱，推行一條鞭法，擔任首輔的十年期間，明朝頗有中興之象。但是張居正的器量狹隘、箝制言官，晚年又頗爲驕縱，復以李太后常以張居正恐嚇神宗，所以張居正身後遭到清算，並不令人意外。張居正任首輔年間，神宗雖貴爲天子，但實權卻在張居正手中，所以張居正死後，神宗急欲擺脫束縛。爲了展現其權力，神宗決定清算張居正及其黨羽〔註2〕，不過，清算張、馮，就意味著否定新政，張、馮集團雖排除了，卻也引起了一連串的黨爭。其後又因寵愛鄭貴妃而遲遲不肯立理應爲儲君的常洛〔註3〕，這使得常洛十三歲才出閣講學，延誤了帝王的養成教育。更糟糕的是，因爲常洛儲君地位危疑不定，而產生了「爭國本」、「妖書案」、「梃擊案」等政治紛爭。

〔註1〕〔清〕張廷玉：《明史》（北京：中華書局，1997年11月，二十四史縮印本），卷二十一，頁294～295。

〔註2〕樊樹志云：神宗親政後，爲了樹立自己的威信，致力於打擊威權震主的張居正、馮保，掃清其餘黨。這是他親操政柄獨自做出的最爲重大的決策。樊樹志：《晚明史（上卷）》（上海：復旦大學出版社，2003年10月），頁393。神宗即位之初，對張居正極爲敬畏。但居正死後不久，神宗即清算張居正。樊樹志認爲，萬曆八年，張居正請辭首輔之位，但是慈聖皇太后卻不允許。萬曆只得賜龍箋手敕曰：「自今以往三十年，願先生無復出口矣。太師遂不得辭。」這似乎意味著張居正在世一日，親政便一日無望。物極必反，神宗對張居正崇敬的怨恨的轉變，這是一個很重要的伏筆，埋伏下一旦張居正死去必將有所發泄的心理因素。樊樹志：《晚明史（上卷）》（上海：復旦大學出版社，2003年10月），頁369。

〔註3〕光宗於萬曆二十九年十月，乃立爲皇太子。見《明史・光宗本紀》。

好不容易常洛即位了，又因長年不得志而沉湎於酒色之中，使健康急遽惡化，於是有李可灼進紅丸。不久，常洛駕崩，疑因服紅丸而致命，此即「紅丸案」。常洛登極，一月而崩，由其長子朱由校繼其帝位，爲天啓皇帝。朱由校即登大位，李選侍卻不願搬離乾清宮，至登極前一日，劉一燝、韓爌、方從哲等人立於乾清宮之宮門，請李選侍移居噦鸞宮，天啓皇帝才回到了乾清宮，正了皇帝所應居之地，此即爲「移宮案」。諸多政治事件中，「梃擊案」、「紅丸案」、「移宮案」又稱爲三案〔註 4〕。「國本案」、「妖書案」、「梃擊案」

〔註 4〕計六奇曾對梃擊案、紅丸案、移宮案之原委有詳細的說明，見《明季北略》（台北：台灣商務印書館，1979 年 5 月）。今錄部分原文於後。

梃擊案：初，萬歷四十三年乙卯五月初四日，驀有男子闖入東宮，以梃棓撲守門內侍一人。韓永用等呼集執之，送部鞫審，是犯姓張名差，……刑部郎中胡士相等，定爲風癲，提牢官王之寀重加訐問，言有馬三道，誘至劉二太監處，語多涉鄭國泰，……曰（神宗）：昨有風顛張差，突入東宮傷人，此是異事，與朕何與？外廷有許多閒說，爾等誰無父子，乃欲離間我父子耶？止將有名人張差、龐保、劉成即時處死，其餘不許波及無辜一人。卷一，頁 10～11。

紅丸案：八月二十九日，李可灼進藥。明日，光宗崩。九月初三日丁醜，禦史王安舜參李可灼進紅丸罪，言臣接邸報，奉令旨，賞可灼銀五十兩。夫可灼敢以無方無製之藥駕言金丹，且唱言精知子平五星，夭壽莫逃，此不過借此以塞外廷之議耳。……楊漣論內官崔文昇用藥之誤，言帝疾法宜清補，文昇反投以相反相伐之劑云云，此八月二十四日疏。九月三日，禦史鄭宗周，請下文昇法司嚴鞠，……刑部主事王之寀，奏請復先帝之仇，論李選侍、鄭貴妃、崔文昇、李可灼，共一線索。……上諭：李可灼拿解法司究問正罪，崔文昇發遣南京三年，戍可灼。卷一，頁 11～12。

移宮案：泰昌八年初一日登極時，公（楊漣）在兵科，近瞻天顏，無病容也。……長安傳聞，某日鄭妃進姬侍八人，帝疾，甚駭聞。鄭固時侍帝側，命內醫崔文昇進藥，……鄭同選侍，日以看視爲名，邀有封太后旨，諭內閣方從哲等。……至十四日，有郭王二皇親，遍謁台省，泣愬宮禁危狀，謂帝勢必不起。鄭貴妃、李選侍日於帝左右，一圖太后，一圖後，共浼熹宗附己，勒以先帝要封太后。……並傳熹宗時時向人泣，謂皇爺素固健甚，今諸奴捉弄如此，如何了此？……帝崩，公（楊漣）從大臣趨乾清宮，守閽者將挺固阻不容，公大罵奴才，皇帝召我等，今已晏駕，皇長子小，爾們據住門，不容宰相入，意欲何爲？……請見今上，上久不出，再四請，乃得見，共呼萬歲。……劉一燝奏曰：乾清宮尚未淨，請殿下暫居此（慈慶宮），令李選侍出宮訖，乃歸乾清宮。……而選侍聽李進忠謀，必欲挾上母子同宮，欲且垂簾稱制。……公曰：殿下在東宮，是皇長子，今日皇帝，選侍非太后，如何召得皇帝？選侍順旨移宮，後日等我輩與他奏請封號。若抗據，未便。……（楊漣）不則今日不移宮，死不出也。……爭論聲徹帝座，上遣中官傳旨移宮，李即移宮，李進忠、劉遜、劉朝等並以盜藏被緝。上乃正乾清

的發生，皆肇因於萬曆皇帝寵愛鄭貴妃而使常洛的儲君地位不穩，所以圍繞在「國本」、「妖書」、「梃擊」的紛爭，與萬曆皇帝對待常洛的態度直接相關。至於「紅丸案」、「移宮案」，雖與萬曆皇帝無直接的關係，但神宗的寵妃鄭貴妃卻難脫嫌疑。或許可以這樣說，明末黨爭之所以如此嚴重，神宗、鄭貴妃二人，要負極大的責任。

一、皇儲問題所引起的政爭——爭國本　妖書案　梃擊案

（一）爭國本及妖書案

在專制時代，皇位繼承是一件極爲重要的事，因爲這關係著帝國的穩定。萬曆年間的「爭國本」，在本質上就是立皇儲的問題。「爭國本」，即朝臣們要神宗早日立常洛爲皇儲，而神宗與之對抗，在過程中所引起的爭端。神宗至慈寧宮探母，因一時「性」起，臨幸了王姓宮女，即爲後來的恭妃。恭妃生子常洛，爲後來之光宗。後來，神宗又愛上了鄭貴妃，她生了皇三子常洵。神宗因寵愛鄭貴妃而不愛恭妃，有立常洵爲太子的打算（皇二子夭折）。朝臣看出了神宗的意圖，於是禮部尚書沈鯉請建立皇太子，進封其母〔註5〕。神宗不許，罷其官；其他大臣如顧憲成等，皆認爲應立常洛爲太子，於是有了「國本論」。萬曆二十年，李獻可、張有德、錢一本等皆有建儲之請，不但未達目的，反而觸怒了神宗，藉機推遲冊立太子之年。直到萬曆二十二年，才命皇長子常洛出閣講學，此時常洛已經十三歲了。由於常洛不爲神宗所喜，所以雖然出閣講學，但是所享有的待遇，卻與其皇儲的身分極不相稱。《先撥志始》載：

> 時講官進講，竊視光廟袍內，止一尋常狐裘。講案高僅二尺餘，自幼稚時所禦，歷七八年，不敢奏易。〔註6〕

宮，升殿。卷二，頁34～36。

〔註5〕萬曆十四年，內閣申時行請立東宮曰：自萬曆十年元子誕生，五年於茲，……正名定分，宜在今日，……蓋升儲明震器之重，沖年端蒙之功。有旨，元子嬰弱，稍俟一二年舉行。見〔明〕談遷：《國榷》（台北：鼎文書局，1978年7月），卷七十三，頁4526。談遷認爲常洵剛出生，就議請建立皇太子，時機並不恰當。他說：升儲之議，閣臣倘移之前歲，力爲羽翼，神宗何自而疑之？今鄭氏纔舉子，即交口而請，明示嫌偪。況一倡百和，尋聲相瀆，犯事君之數，竊爲申王輩不取也。〔明〕談遷：《國榷》（台北：鼎文書局，1978年7月），卷七十三，頁4527。

〔註6〕〔明〕文秉：《先撥志始》（台北：廣文書局，1964年2月），卷上，頁104。

身爲皇儲，衣著止爲尋常狐裘，講案爲幼時所用，神宗對於常洛的態度，敏感的內、外廷諸臣，必然能夠體會。神宗對常洛的態度，使常洛災難不斷。其後的妖書案、梃擊案之所以發生，與常洛儲君地位不穩是分不開的。「妖書案」分別現於萬曆二十六年、三十一年。呂坤按察山西時，著有《閨範》一書，神宗以賜鄭貴妃，貴妃又加了些內容並重刻，成《閨範圖說》〔註7〕。此時常洛年已十七，但神宗遲不冊立，請建儲者無不斥逐。因《閨範圖說》的流傳，使廷臣懷疑呂坤支持常洵，於是有戴士衡疏參呂坤，又有戚畹鄭承恩疏辨，謂此書定出二衡（樊玉衡、戴士衡）手，於是神宗懲處二衡了事。孰料三十一年，又有妖書，題曰《續憂危竑議》標其名爲《國本攸關》。內容藉由鄭福成（鄭貴妃福王必成）、朱賡（更換）暗喻福王常洵必定會取代常洛爲皇儲。這一次妖書案，神宗大怒，命令東廠多布旗校，用心密訪〔註8〕。這時人在北京的利瑪竇，對妖書案所造成的恐怖氣氛，有詳細的觀察，他說：

> 這封書（《續憂危竑議》）匿名地在流通著，它刊印得如此秘密，以致直到現在還弄不清楚作者是誰。不知那個告密人（按：陳矩）送了一份給皇帝，皇帝震怒以致大發雷霆，下令成立一個搜查組去找出作者。由於不顧法紀和正義，在追查眞相時使很多人都受到酷刑；……在這些日子裏，全城陷於一片悲慘境地。很多無辜的人被抓進監獄。百姓害怕出門，沒有人膽敢稍議論這件事，因爲知道皇帝的密探無處不在。〔註9〕

神宗的搜捕行動，象徵著立常洛爲儲君的決定，並無任何改變。但是常洛是否能夠繼皇位仍引起了極大的懷疑。梃擊案的發生，及其處理方式就是最好的說明。

（二）梃擊案

萬曆四十三年五月四日，有一個叫張差的人，手持棗木棍闖入了慈慶宮，

〔註7〕先是庚寅，山西按察史呂坤輯閨範圖說。（按：應無圖說二字），翰林修撰焦竑適奉使，序之。外戚錦衣衛帶俸都指揮使鄭國泰增刊。後妃首漢明德皇后，終鄭貴妃，或託燕山朱東吉跋曰：呂先生爲此書也，雖無易儲之謀，不幸有其跡矣。……標名憂危竑議。〔明〕談遷：《國榷》（台北：鼎文書局，1978年7月），卷七十八，頁4815。

〔註8〕〔明〕文秉：《先撥志始》（台北：廣文書局，1964年2月），卷上，頁111。

〔註9〕利瑪竇、金尼閣著，何高濟、王遵仲、李申譯，何兆武校：《利瑪竇中國箚記》（北京：中華書局，1983年3月），頁438～439。

打算用棍子擊殺皇太子，這就是所謂的「梃擊案」。「梃擊案」並無造成常洛傷亡，但是它卻凸顯了常洛皇太子地位並不穩固以及神宗對鄭貴妃極度偏袒的態度。文秉《先撥志始》載：

> 光宗雖正位東宮，內閣往往託病求去，侍衛不過數人，故有張差之事。張差者，供稱薊州人，手持棗木棍，闖入東宮：第一門寂然無人，第二門止兩閹守之，一年七十餘，一年六十餘，差掊一人，至殿簷超級而上，韓本用大呼，群集不過七八人而已。〔註10〕

身爲東宮太子，只有侍衛數人，這已夠使人訝異了。張差闖入東宮時，第一重竟然無人守衛，第二重雖有守衛，卻是年老力衰之老太監，守衛能否周密，著實令人懷疑。及韓本用大呼，顯現事態危險至極，此時若能一呼百諾，或可視爲後勤補給迅速，太子安全並無疑慮。但此危亡之際，能赴難者只不過是七八個人，太子所受到的忽視可見一般。趙翼《二十二史箚記》載：

> 四十三年五月四日，忽有人持棗木梃，入慈慶宮（原注：光宗爲太子時所居）擊傷門者。至前殿，爲內侍所執。皇太子奏聞，巡城禦史劉廷元訊其人，名張差，語無倫次，狀似瘋癲。移刑部，郎中胡士相等，遂欲以瘋癲具獄。提牢主事王之寀，密訊其人，名張五兒。有馬三舅、李外父，令隨一老公至一大宅，亦係老公家，教以遇人輒打死，之寀錄其語。明日刑部又覆訊，馬三舅名三道，李外父名守才，引路老公係龐保，大宅老公係劉成。保成、皆鄭貴妃宮內奄人也。中外籍籍，皆疑貴妃弟鄭國泰主謀，欲弒太子，爲福王地。貴妃窘，自乞哀於皇太子，帝御慈寧宮，皇太子及三皇孫侍。召閣臣方從哲、吳道南及朝臣入。極言我父子慈愛，以釋群疑。命磔差保成三人，無他及。群臣出，帝意中變，命先戮差。及九卿三法司會同司禮監，訊保成於文華門。保成以無左證，遂輾轉不承，刑部尚書張問達，請移入法司刑訊，帝以事連貴妃，恐付外益滋口實，乃斃保成於內，三道守才遠流，其事遂止。〔註11〕

上述引文，有幾點是值得注意的。首先，劉廷元、胡士相欲以瘋癲來定張差之罪。其次，王之寀密訊的結果，發現龐保、劉成有教唆之嫌，而龐劉二人

〔註10〕〔明〕文秉：《先撥志始》（台北：廣文書局，1964年2月），卷上，頁120。

〔註11〕〔清〕趙翼：《二十二史箚記》（台北：世界書局，1962年3月），卷三十五〈三案〉，頁502～503。

正好是鄭貴妃宮中之宦官，所以鄭貴妃或其弟鄭國泰罪嫌重大。最後，神宗禦慈寧宮，皇太子及三皇孫隨侍在側，並召諸朝臣參加，藉機展現父子慈愛，以解眾惑，並且決定磔張差、龐保、劉成三人。但後來神宗變卦了，命人先殺了張差，欲保龐保、劉成二人之命，後因刑部尚書張問達請求刑訊，神宗恐事情會牽連到鄭貴妃，所以決定處死龐保、劉成。筆者以為，劉廷元、胡士相二人，可能為了討好神宗，故意將大事化小，王之寀卻破壞了劉、胡二人的計劃。由於王之寀的訊問，主使者直指鄭貴妃，事態極為嚴重。神宗御駕慈寧宮，展現父子之愛，無非是為鄭貴妃解圍，始欲縱龐、劉二人，終卻殺之，亦是為了使鄭貴妃不受牽連。神宗的種種決定，極力偏袒、保護鄭貴妃，這就是外廷疑懼常洛皇太子地位不穩的最根本原因。

二、萬曆中期以後之京察、外察

明代文官考核分考滿、考察兩種，相輔而行，均由吏部與都察院共同負責，由考功清司主持〔註 12〕。據《明史・職官志》：

> 考功掌官吏考課、黜陟之事，以贊尚書。凡內外官給由，三年初考，六年再考，並引請九年通考，奏請綜其稱職、平常、不稱職而黜陟之。……京官六年一察，察以巳、亥年〔註 13〕。五品下考察其不職者，降罰有差，四品上自陳，去留取旨。外官三年一朝，朝以辰、戌、丑、未年。前期撫、按官，各綜其屬三年內功過狀註考，彙送覆核以定黜陟。……凡內外官彈章，稽其功過，擬其去留以請上裁。〔註 14〕

考察又稱「大計」，是對官吏的行政審查與處理，分京察、外察兩種，有貪、酷、浮躁、不及、老、病、罷、不謹八項。考察初無固定週期，弘治末定制，京官六年一考，正德更定為逢巳、亥之年考。屆時四品以上自陳以取上裁，

〔註 12〕白鋼：《中國政治制度史（下卷）》（天津：天津人民出版社，2002 年 1 月），頁 779～780。

〔註 13〕沈德符云：弘治十七年又詔十年一考，尋以給事中許天錫言，六年一考，著為令。至正德四年己巳，吏部尚書劉宇、侍郎張綵等，又請考察，時距弘治考察時止五年，蓋逆瑾意也。自是巳、亥兩年考察，遂為定例，蓋迄今尚未百年。見氏著《萬曆野獲編》（北京：中華書局，1959 年 2 月），卷十一〈京官考察〉，頁 300。

〔註 14〕〔清〕張廷玉：《明史》（北京：中華書局，1997 年 11 月，二十四史縮印本），頁 1737～1738。

五品以下分別致仕、降調、閑住、爲民。具冊奏請，謂之京察。對外官考察始於洪武四年，弘治時每三年，即逢辰、戌、丑、未歲到京朝覲，同時考察，謂之外察〔註 15〕。萬曆年間的政治，可以說是東林與三黨消長的歷史，而他們消長的焦點就是與吏部京內（京察）及外省官吏的考察（外察）〔註 16〕。謝國楨《明清之際黨社運動考》是研究明末黨爭最權威的著作之一。在此書中，謝氏指出萬曆二十一年大計京官，二十三年大計外吏，三十三年的大計，三十九年的大計，四十五年的大計，天啓三年的大計，是各黨紛爭的焦點及勢力消長的機會。〔註 17〕

（一）萬曆二十一年（1593）的京察

這一年的吏部尚書爲孫鑨，考功郎中爲趙南星，考功主事爲顧憲成。

> 會大計京朝官，鑨與考功郎中趙南星力杜請謁。員外郎呂允昌，鑨甥也，首斥之，南星亦斥其姻給事中王三餘，一時公論所不予者貶斥殆盡，而大學士趙志皋弟預焉。王錫爵以首輔還朝，欲有所庇，比至而察疏已上，庇者皆在黜中，由是閣臣皆憾。會言官論劾員外郎虞淳熙、郎中楊于廷、主事袁黃，鑨議留淳熙、於廷，給事中劉道隆遂劾趙南星專權植黨，貶南星三秩，鑨亦奪俸，遂連疏乞休去。左都禦史李世達，以己同掌察，上書爲南星訟，不聽。於是僉都禦史王汝訓，右通政魏允貞，大理少卿曾乾亨、郎中于孔兼，員外郎陳泰來，主事顧允成、張納陛、賈岩，助教，薛敷教等交章論救。……疏入，上怒，謫孔兼、泰來等。世達又抗疏論救，上怒，盡斥南星、淳熙、於廷、黄爲民。〔註 18〕

孫鑨、趙南星力杜請謁以符公論，本是吏治澄清的大好機會。但是中國由血緣、地緣、業緣而來之盤根錯節的人際脈胳，卻是牢不可破的。這種盤根錯節的人際脈胳，最後常導致私情勝過公義，於是職、能不相稱的情形，成爲

〔註 15〕白鋼：《中國政治制度史（下卷）》（天津：天津人民出版社，2002 年 1 月），頁 780。

〔註 16〕謝國楨：《明清之際黨社運動考》（上海：上海書店出版社，2004 年 1 月），頁 20。

〔註 17〕謝國楨：《明清之際黨社運動考》（上海：上海書店出版社，2004 年 1 月），頁 20。

〔註 18〕〔清〕夏燮：《明通鑑》（台北：世界書局，1962 年 11 月），卷七十，頁 2739～2740。

普遍存在的事實。在這種文化背景下，孫、趙二人的失敗，可以說是必然的結果。更何況，君主專制時代，皇帝自外於一切法律的約束。其好惡等同於法律效力，因而神宗盡斥趙南星、虞淳熙、楊于廷、袁黃等人，其實也等於否定了萬曆二十一年京察時的吏部官員。於是萬曆二十二年，孫丕揚做了吏部尚書。丕揚是秦人，他與顧憲成、趙南星很要好，所以顧憲成雖然歸鄉，他們還是有發言的機會。同時淮揚巡撫李三才是與顧憲成很要好的朋友，他的言論很能得到一部分人的同情，並且他養成了一種勢力可以把持朝權。……因此陝西的士大夫和江蘇的士人夫成了一個系統，而山東、安徽、浙江的士大夫又自成一個系統，顯然成了一個分裂的趨勢。〔註19〕

（二）萬曆二十三年的外察

當孫丕揚爲吏部尚書，看到了孫鑨失敗的前車之鑑。於是發明了一種掣籤之法，來杜絕請託的爭端。《萬曆野獲編》卷十一〈掣籤授官〉載：

> 吏部掣籤之法，始自邇年孫富平太宰，古今所未有也。孫以夙望起，與新建張相，尋端相攻，慮銓政鼠穴難塞，爲張所持，乃建此議，盡諉其責於枯竹。初行時，主者既以權衡弛擔，幸謝揣摩，得者亦以義命自安，稍減怨懟，亦便計也。然其時有一陝西老明經，以推官掣得浙江杭州府，震慄求免。……此後則記認分別，陽則曰南北有分，遠近有分，原籍有分，各爲一筒。遇無徑竇者，任其自取，而陰匿其佳者以待後來。其授絕域瘴鄉之人，涕泣哀訴，筒已他授矣。……選司每遇大選前二三日，輒扃其火房，手自粘帖地方，暗標高下，以至籤之長短、大小、厚薄，靡不各藏隱謎。……其或先有成約，而授受偶誤者，則一換、二換、三換，必得所欲而止。他有欲言，則叱詈扶出矣，曰統曰均，如斯而已乎？〔註20〕

設掣籤之法以杜絕請託，立意未嘗不佳。但是如此一來，任官是否適才適所，全憑運氣，使詮選制度失去了意義。再者，「掣籤之法」並沒有達到公平的目的，甚至可能使請託的風氣更甚，有門路者可一換、二換、三換，直到滿意才終止。沒門路者，不但止能聽天由命，無法藉由自身的努力以獲得

〔註19〕謝國楨：《明清之際黨社運動考》（上海：上海書店出版社，2004年1月），頁22。

〔註20〕〔明〕沈德符：《萬曆野獲編》（北京：中華書局，1959年2月），卷十一〈掣籤授官〉，頁288～289。

較佳的官職，甚且因好籤已經被寡占，到頭來反而更不公平了。於是賄賂之傳聞不斷，禦史趙文炳彈劾考功郎蔣時馨考察時收受賄賂。《明通鑑》卷七十載：

是秋，禦史趙文炳，劾考功郎蔣時馨考察受賄狀。先是吏部尚書孫丕揚掌外察，時馨佐之，黜浙江參政丁此呂。而此呂故與右都禦史沈思孝善，時馨疑文炳之劾，思孝嗾之，遂訐思孝先庇此呂，後求吏部不得，以此二事憾己，遂結江東之、劉應秋等，令李三才屬文炳，上惡時馨，坐罷官。於是丕揚與思孝各疏辨，求去，思孝謂「此呂建言有功，不宜被察」；丕揚謂「此呂受贓有狀，豈得以建言輕恕！」因上此呂訪單。……上慰留丕揚，逐此呂，詰讓思孝，自是丕揚、思孝遂有隙。〔註21〕

趙文炳彈劾蔣時馨收賄，與孫、蔣二人黜丁此呂本是二件事，分別調查清楚，定其獎懲也就是了。但是蔣馨時卻懷疑沈思孝教唆趙文炳彈劾他，於是誣沈思孝庇丁此呂，後求吏部仍未達其目的，所以自己才受到彈劾。結果是，時馨罷官、此呂被逐，而孫丕揚、沈思孝有間隙。孫、沈二人之謂丁此呂，一謂受贓有狀，一謂建言有功，所以一主受察、一主不宜受察。受贓應符合貪、酷、浮躁、不及、老、病、罷、不謹八項中的「貪」，被黜似無可非議。若沈思孝要爲丁此呂辯護，應針對丁有否受贓來立說，才足以服孫丕揚之心，不應以建言有功爲其辯護。但這一連串的事件，卻也反映了言官的超然地位受到質疑、朝臣各有小集團及皇帝涉入了集團間的衝突。以上這三項，將是黨爭產生的重要因素。

（三）萬曆三十二年的京察

萬曆三十二年時，沈一貫爲首輔。沈一貫這個人，器量狹隘，且極貪財，國家的政治局勢更加不堪。內閣、吏部形同水火，言官也成爲內閣的政爭工具。先由楚王事件瞭解沈一貫的爲人，《明史·沈一貫傳》載：

三十一年，楚府鎮國將軍華㷋訐楚王華奎爲假王〔註22〕。一貫納王

〔註21〕〔清〕夏燮：《明通鑑》（台北：世界書局，1962年11月），卷七十，頁2758。

〔註22〕萬曆三十一年四月壬辰。楚王華奎奏辨榮陽王府輔國中尉華尉寵宗事，章下禮部。初，楚恭王隆慶初廢疾，五年八月薨，遺腹宮人胡氏，明年二月孿生子華奎華壁。時疑王疾久不宜子；且孿生，何貌之異也。……華越素強禦，忤王（楚王華奎）妻。……華越（按，《明通鑑》、《明史》：華趆）盟宗人某某入奏：楚先王風痺，不能禦內，乃令宮婢胡氏詐爲有身，臨蓐時抱妃兄王

重賄，令通政司格其疏月餘〔註 23〕，先上華奎劾華𡞱欺罔四罪疏。正域，楚人，頗聞假王事有狀，請行勘虛實以定罪案〔註 24〕。一貫持之。正域以楚王饋遺書上，帝不省〔註 25〕。及撫按臣會勘，廷臣集議疏入，一貫力右王，嗾給事中錢夢皋、楊應文劾正域〔註 26〕，勒歸聽勘，華𡞱等皆得罪。正域甫登舟，未行，而「妖書」事起。一貫方銜正域與鯉，其黨康丕揚、錢夢皋等遂捕僧達觀、醫生沈令譽等下獄，窮治之〔註 27〕。一貫從中主其事，令錦衣帥王之禎與

如言子爲華奎，又抱妃族王如綍舍人王玉子爲華壁，皆出妻恭人王氏口。王氏，如言女也，故知之。〔明〕談遷：《國榷》（台北：鼎文書局，1978 年 7 月），卷七十九，頁 4907～4908。

〔註 23〕沈一貫納華奎重賄，屬通政使格其疏不上；月餘，華奎劾華趆疏至，乃上之。〔清〕夏燮：《明通鑑》（台北：世界書局，1962 年 11 月），卷七十三，頁 2831。

〔註 24〕萬曆三十一年九月庚午。禮部右侍郎郭正域奏：楚事之始，沈一貫語臣，親王不當勘，但體訪。臣曰：臣與楚宗同城，偏徇禍且至，若不行勘，科臣當言之。一貫笑曰：科道決不言也。一貫于楚王疏，先云當勘，今云不當勘。今撫按勘上，楚府奏辨，並下廷議。先通政使沈子木匿華越（趆）疏，則沈一貫主之，又力不欲勘，臣不知其意何也？正域指楚王餽壽百金，約謝萬金，以柬上。〔明〕談遷：《國榷》（台北：鼎文書局，1978 年 7 月），卷七十九，頁 4915。

〔註 25〕一貫右華奎，言「親王不當勘，但宜體訪」；正域以「事關宗室，不經勘問，誰敢分剖！」華奎懼，奉百金爲正域壽，且屬毋竟楚事，當酬萬金，正域嚴拒之。〔清〕夏燮：《明通鑑》（台北：世界書局，1962 年 11 月），卷七十三，頁 2830。馬基維利云：這裏有一個顛撲不破的通則：君主本身不明，就不可能獲得良諫，除非他確實運氣好，把自己託付給某個極爲足智多謀的人，從而完全言聽計從。……如果君主不明，當他聽取不止一個人的諫議時，就決不會聽到一致的意見，他本人也不會懂得如何把它們一致起來，結果，謀士們各懷心思，君主卻無力駕馭或不知所從。馬基維利著、閻克文譯：《君主論》（台北：台灣商務印書館，1988 年 9 月），頁 123。

〔註 26〕初，正域之入館也，沈一貫爲教習師；後服闋，授編修，不執弟子禮，一貫不能無恨。及一貫爲首輔，沈鯉次之，正域與鯉善而心薄一貫。楚王之獄，正域右華趆，積忤一貫。給事中錢夢皋遂希一貫指，劾「正域陷害親藩」，楊應文又言「正域父懋，嘗笞辱于恭王，故正域因事陷之。」正域疏辨，言「恭王卒於隆慶時，臣父方以舉人任知州，何由被笞！」留中，不報，因乞休去。已而華奎劾正域，略如應文言，且訐其不法數事。〔清〕夏燮：《明通鑑》（台北：世界書局，1962 年 11 月），卷七十三，頁 2831～2832。

〔註 27〕萬曆三十一年十二月壬午朔，錢夢皋劾郭正域。寓僑醫吳江沈令譽，多貴遊，巡城禦史康丕揚跡捕之，搜得楚王華奎揭，華越副封。……時又捕僧達觀，以達觀答郭正域書有云：慈聖欲見招提見處，主上斷不與，安得云孝，亦搜

丕揚大索鯉私第三日，發卒圍正域舟，執掠其婢僕乳媼，皆無所得。〔註28〕

沈一貫貪財及濫權（嗾錢、楊劾郭正域）已略見於上，下述兩則引文則可證其量狹，《明通鑑》載：

初，正域之入館也，沈一貫爲教習師〔註29〕；後服闋，授編修，不執弟子禮，一貫不能無恨〔註30〕。及一貫爲首輔，沈鯉次之，正域與鯉善而心薄一貫。楚王之獄，正域右華越，積忤一貫。〔註31〕

談遷《國榷》亦載：

萬曆三十一年十一月庚辰。錢夢皋論妖書，刺次輔沈鯉，謂郭正域門生也。蓋沈一貫當路，忌左都禦史溫純強直。鯉踽踽尤負重望，供天啓聖聰牌於閣，入則禮之。素善郭正域，時開告密，對人曰：此事何必張皇也。一貫大不懌。正域放歸，待凍潞河之楊村，聞問不絕，沈氏益側目。〔註32〕

原來郭、沈二人的怨恨早在郭正域爲庶起士時已結下了。郭不尊沈爲師，可能是當時年少氣盛，亦可能是不齒沈之爲人〔註33〕。但不論其因爲何，沈氏都沒權力置人於死。況且由上引之《明史》、《明通鑑》、《國榷》，不難看出沈

之沈令譽所。〔明〕談遷：《國榷》（台北：鼎文書局，1978年7月），卷七十九，頁4919。

〔註28〕〔清〕張廷玉：《明史》（北京：中華書局，1997年11月，二十四史縮印本），卷二一八，頁5758。

〔註29〕明成祖永樂二年始選進士文學優等及善書者爲翰林院庶起士。三年試之。其留者，二甲授編修，三甲授檢討。宣德五年始命學士教習。萬曆以後，掌教習者，專以吏、禮二部侍郎二人。見《明史》，卷七十三〈職官二・翰林院〉。

〔註30〕沈一貫亦知「公平對待他人」之理，但所知與所爲不能相稱。其云：所稱君子者，善惡之等萬，而善善惡惡之等亦萬，稱其情實，不失錙銖，而後謂之平。江陵之獄，欲縱之與欲深之者，其心非盡公，其事非甚平。而不欲冤之者，惟公（趙錦）一人。……世之學者，一好之終身不忘，一惡之終身不忘。嗟呼！得趙公，天下不足平矣。〔明〕談遷：《國榷》（台北：鼎文書局印行，1978年7月），卷七十五，頁4661。

〔註31〕〔清〕夏燮：《明通鑑》（台北：世界書局，1962年11月），卷七十三，頁2831。

〔註32〕〔明〕談遷：《國榷》（台北：鼎文書局，1978年7月），卷七十九，頁4918。

〔註33〕薄俸鼓勵「貪墨」，也鼓勵極端化的「砥礪節操」。士以「苦節」作爲對虐待的回應，「士論」、「民譽」則有效地參與了這一「塑造」的工程。趙園：《明清之際士大夫研究》（北京：北京大學出版社，1999年1月），頁10。

氏貪忌之性。其實，沈一貫不獨貪忌，亦戀棧權位。當沈鯉將入內閣時，沈一貫寫信給李三才，信中表達了害怕沈鯉會搶奪自己的首輔地位〔註 34〕。試想，一個貪財善忌又戀位的人，穩固自己的權位、勢力，絕對是從政的首要任務，而萬曆三十二年的「大計」，無疑是一個不可錯過的好機會。《明通鑑》載：

> 先是楊時喬署吏部，與都御史溫純主察典。時首輔沈一貫欲庇其所私，將令兵部尚書蕭大享主之，次輔沈鯉不可而止。……及大計京朝官，與時喬力𪐴政府私人，若給事中錢夢皐、御史張似渠、于永清輩，咸在察中，又以年例出（鍾）兆斗于外。一貫大慍，密言於上，留察疏不下〔註 35〕。……而是時夢皐方假楚王事攻郭正域，謂「主察者爲正域驅除」，上意果動。至是下其章，特留夢皐，已，復盡留科、道之被察者，而嚴旨責時喬等報復。〔註 36〕

這一次的大計，結果是：沈一貫的浙黨大獲全勝，錢夢皐及科道之被察者，皆獲神宗慰留，而楊時喬則被認爲是挾怨報復。這次主察的楊時喬、溫純是東林黨中堅的人物。經此失敗以後，到三十九年（1611）辛亥的京察，（孫）丕揚再出主察，自以垂暮之年很想振作有爲，但爲各黨的糾紛，終歸失敗。自三十九年以後吏部遂歸齊、楚、浙三黨之手，而東林的勢力全被三黨所攫奪無遺了。〔註 37〕

〔註 34〕二十九年，趙志皐卒，沈一貫獨當國。廷推閣臣，詔鯉以故官兼東閣大學士入參機務，與朱賡並命。屢辭不允。明年七月始入朝，時年七十有一矣。一貫以士心夙附鯉，深忌之，貽書李三才曰：「歸德公來必奪吾位，將何以備之？」歸德，鯉邑名，欲風鯉辭召命也。三才答書，言鯉忠實無他腸，勸一貫同心。一貫由此靑憾三才。見〔清〕張廷玉：《明史》（北京：中華書局，1997 年 11 月，二十四史縮印本），卷二一七，頁 5375。

〔註 35〕按：于永清、姚文尉、鍾兆斗皆沈一貫之黨羽。《明史》：御史于永清按陝西貪，懼純舉奏，倡同列救龍楨，顯與純異，以脅制純，又與都給事中姚文蔚比而傾純。純不勝憤，上疏盡發永清交搆狀，並及文蔚，語頗侵首輔沈一貫。一貫等疏辨。帝爲下永清、文蔚二疏，而純劾疏留不下。純益憤，三疏論之，因力丐罷，乃謫永清。純遂與一貫忤。給事中陳治則、鍾兆斗皆一貫私人，先後劾純。〔清〕張廷玉：《明史》（北京：中華書局，1997 年 11 月，二十四史縮印本），卷二二〇，頁 5802。

〔註 36〕〔清〕夏燮：《明通鑑》（台北：世界書局，1962 年 11 月），卷七十三，頁 2841。

〔註 37〕謝國楨：《明清之際黨社運動考》（上海：上海書店出版社，2004 年 1 月），頁 23～24。

（四）萬曆三十九年及四十五年的京察

萬曆三十四年沈一貫將辭官，害怕沈鯉將成首輔，對自己不利，於是秘言於神宗，沈鯉也同時辭官〔註 38〕。二沈辭官之後，萬曆三十五年入閣的是于慎行、李廷機、葉向高，首輔爲王錫爵〔註 39〕。萬曆三十六年九月，孫丕揚也復起吏部〔註 40〕，李廷機、葉向高雖是東林黨，但他們沒有什麼本領，同時東林黨的健將李三才也罷了官，宣黨、昆黨的朋友們，像湯賓尹、顧天埈也效法東林，召收黨徒，聚集講學〔註 41〕。《明通鑑》載：

> 初，顧憲成家居，講學東林，從之游者甚眾，而忌者日益多。是時廷臣黨勢日盛，國子監祭酒湯賓尹與諭德顧天埈，各收召朋徒，干預時政，謂之「宣崑黨」，以賓尹宣城人，天埈崑山人也。自上倦勤，內外章奏悉留中不發，惟言路一攻，則其人自去，以故臺諫之勢積重不返。有齊、楚、浙三黨：齊則亓詩教、周永春、韓浚、張延登爲之魁，而燕人趙興邦附之；楚則官應震、吳亮嗣、田生金爲之魁，而蜀人田一甲、徐紹吉附之；浙則姚宗文、劉廷元爲之魁，而商承祚、毛一鷺、過廷訓等附之。與賓尹、天埈聲勢相倚，並以攻東林、排異己爲事，創「大東、小東之說」，目東宮爲「大東」，東林爲「小東」。一人稍異議，輒群起逐之，大僚非其黨不得安于其位，天下號爲當關虎豹。〔註 42〕

〔註 38〕萬曆三十四年。秋，七月，癸未，閣臣沈一貫、沈鯉並致仕。……一貫素與鯉忤，懼去後鯉爲己憂，因密傾之。上亦嫌鯉方鯁，會鯉同時乞休，遂並罷，而一貫獨得溫旨焉。〔清〕夏燮：《明通鑑》（台北：世界書局，1962 年 11 月），卷七十三，頁 2848～2849。

〔註 39〕三十四年，一貫、鯉去位，（朱）賡獨當國，年七十有二矣。……賡以老，屢引疾，閣中空無人。……賡力疾請付廷推，乃用于慎行、李廷機、葉向高，而召王錫爵於家，以爲首輔。〔清〕張廷玉：《明史》（北京：中華書局，1997 年 11 月，二十四史縮印本），卷二一九，頁 5780～5781。《明通鑑》亦載：（萬曆三十五年）五月，戊子。以前禮部尚書于愼行及禮部侍郎李廷機、南京吏部侍郎葉向高並禮部尚書兼東閣大學士，預機務。〔清〕夏燮：《明通鑑》（台北：世界書局，1962 年 11 月），卷七十三，頁 2854。

〔註 40〕萬曆三十六年九月，復起吏部尚書孫丕揚。〔清〕夏燮：《明通鑑》（台北：世界書局，1962 年 11 月），卷七十四，頁 2864。

〔註 41〕謝國楨：《明清之際黨社運動考》（上海：上海書店出版社，2004 年 1 月），頁 24。

〔註 42〕本段引文繫於萬曆三十八年十一月之下。詳見〔清〕夏燮：《明通鑑》（台北：世界書局，1962 年 11 月），卷七十四，頁 2875～2876。

上述引文，有幾點可以注意。首先，宣黨、崑黨與齊、楚、浙三黨關係友善，以攻擊東林黨、排除異己爲事。其次，言官之所以囂張跋扈，與神宗怠政及清流不耐惡意抨擊汲汲相關。再者，宣、崑、齊、楚、浙的立場似乎偏向於鄭貴妃、福王，因爲東宮與東林並列而爲大東、小東，可見在這五黨的人眼中，皇太子及東林黨人是同屬一類的人物。最後，此時的政黨，已形同流氓集團，非其黨或異議分子，縱使極有才幹亦難安於其位。隨著萬曆三十九年京察的日益逼近，屬於五黨的人，爲了壯大自己，於是試圖勸誘吏部尚書孫丕揚發訪單，利於己黨以近似黑函的方式中傷東林黨的人，但爲王圖所阻，五黨的奸計終歸失敗。《明通鑑》載：

> 大計京官，祭酒湯賓尹等降黜有差。先是計典將居，惡東林者設詞以惑吏部尚書孫丕揚，令發訪單咨是非，將陰爲鉤黨計；侍郎王圖亟言于丕揚，止之，群小大恨。〔註43〕

五黨欲以訪單訐東林黨人不果，其後京察的結果也多被察，表面上所謂的清流之士取得了勝利。《明通鑑》載：

> 及注考，丕揚與侍郎蕭雲舉、副都御史許弘綱領其事，考功郎王宗賢、都給事中曹于汴、御史湯兆京、喬允升佐之。兆京謂「(金) 明時倡言要挾逃察，」丕揚特疏劾之；旨下，議罪。而時明疏辨，復犯上諱字，上怒，褫其職。其黨大譁，謂「明時未嘗要挾，兆京祇以劾圖一疏爲圖報復。」……而賓尹、天埈、御史劉國縉及前給事中鍾兆斗、陳治則、宋一韓、姚文蔚……咸被察。〔註44〕

但是京察的勝利卻引發了一連串的報復，使得清流之士先後去職。首先是王國、王圖兄弟。王國、王圖被視爲葉向高、孫丕揚等親東林黨的一派，《明史・孫丕揚傳》載：

> 先是，南北言官群擊李三才、王元翰，連及里居顧憲成，謂之東林黨。而祭酒湯賓尹、諭德顧天埈各收召朋徒，干預時政，謂之宣黨、崑黨；……御史徐兆魁、喬應甲、劉國縉、鄭繼芳、劉光復、房壯麗，給事中王紹徽、朱一桂、姚宗文、徐紹吉、周永春輩，則力排東林，與賓尹、天埈聲勢相倚，大臣多畏避之。至是，繼芳巡按浙

〔註43〕〔清〕夏燮：《明通鑑》（台北：世界書局，1962 年 11 月），卷七十四，頁 2877～2878。

〔註44〕〔清〕夏燮：《明通鑑》（台北：世界書局，1962 年 11 月），卷七十四，頁 2878。

江，有偽為其書抵紹徽、國縉者，中云「欲去福清，先去富平；欲去富平，先去耀州兄弟」。又言「秦脈斬斷，吾輩可以得志」。福清謂葉向高，耀州謂王國、王圖，富平即丕揚也。〔註45〕

前文曾述及五黨（崑宣齊楚浙）之人，欲熒惑孫丕揚發訪單而行其誣衊之奸計，終歸失敗的關鍵就是王圖的阻止。五黨之人不但奸計無法得逞，最後還落得京察大敗，王圖自然成為眾矢之的。於是金明時劾王圖子任寶坻知縣貪污不法，兄弟不和。以今日的觀點看來，若其子不法，法司徹查其子有否贓貪，也就是了，與其父何干？又，兄弟失和本門牆內之事，與政務何涉？無奈中國內聖、外王之觀念深入骨髓，政治是道德的延長，私領域、公領域不分，於是王國、王圖兄弟先後致仕。《明通鑑》載：

萬曆三十九年，秋。先是金明時劾圖，並誣劾「其子寶坻知縣淑抃贓私巨萬」，又謂「其兄國恭素惡李三才，圖為求解，國怒詈之。」……圖復累疏乞休，……至是使得告歸。國亦尋致仕去。〔註46〕

王國、王圖兄弟於萬曆三十九年致仕，緊接著萬曆四十年的二月、九月，孫丕揚、李廷機亦先後回鄉〔註47〕。萬曆四十二年，葉向高亦致仕〔註48〕。此時，萬曆三十九年主持詮政的孫丕揚及同黨，大多離開了朝廷。所以由萬曆三十九年京察後至四十五年京察前的這一段期間，東林黨與五黨之間的勢力角力是先勝而後敗的。細思正人之所以敗及五黨黨人之所以勝，在於正人一被言路所劾則自乞致仕，而五黨黨人則以其綿密的人際網絡互相奧援，以傳統專制帝國之家族連帶負責的特色，來排除政敵。無怪乎短短六年之間，廟堂之上幾乎無親東林的勢力存在。到了萬曆四十五年的京察，朝廷的吏部及言路幾為三黨所把持，東林黨人的勢力完全不復存在。《明通鑑》載：

〔註45〕〔清〕張廷玉：《明史》（北京：中華書局，1997年11月，二十四史縮印本），卷二二四，頁5903。

〔註46〕〔清〕夏燮：《明通鑑》（台北：世界書局，1962年11月），卷七十四，頁2881。

〔註47〕萬曆四十年，二月，癸未，吏部尚書孫丕揚拜疏自去。〔清〕夏燮：《明通鑑》（台北：世界書局，1962年11月），卷七十四，頁2883；萬曆四十年九月，庚戌，李廷機罷。〔清〕夏燮：《明通鑑》（台北：世界書局，1962年11月），卷七十四，頁2887。

〔註48〕萬曆四十二年，葉向高致仕。〔清〕夏燮：《明通鑑》（台北：世界書局，1962年11月），卷七十五，頁2903。

萬曆四十五年三月。是月，始命考察京官。吏部尚書鄭繼之與署都察院尚書李鋕司其事，鋕亦浙黨所推轂者也。考功郎趙士諤、給事中徐紹吉、御史韓浚佐之，所去留者悉出紹吉等意，繼之、鋕受成而已。一時齊、楚、浙三黨盤踞言路，相與倡和，務以攻東林、排擊異己爲事。初，葉向高秉政，黨論方興，言論交通銓部，指清流爲東林，逐之殆盡，向高不能救。比方從哲秉政，言路已無正人。至是京察，盡斥東林，且及林居者，大僚則中以拾遺。善類爲之一空。〔註49〕

謝國禎曾總結萬曆十年至天啓初年時黨爭的情況，頗爲簡要明白，以之作爲本部分的結束：自張居正以後由內閣的庸弱只知道保持自己的地盤，內閣、銓部、言官分成了三派，各不相謀，所以就造成了齊、楚、浙三黨和東林兩大派。在萬曆二十年至三十年是東林當政的時期，三十年以後，是兩黨互持的時期，四十五年以後是三黨專政的時期，天啓初年東林又得到政權。〔註50〕

第二節　天啓朝的黨爭

神宗死後繼承其帝位的是光宗，但光宗繼位一月而崩，其間的種種政治紛爭都還來不及發酵，皇帝已變成了熹宗，年號爲天啓。所以紅丸案、移宮案，雖發生於光宗將崩及初崩而熹宗未立之時，但所引起的政爭，卻是在熹宗任內。基於這個原因，本文略過光宗而直接討論熹宗時期所發生的黨爭。天啓年間的黨爭可以分爲兩個時期：初期是東林黨得勢的時期，後期則是以魏忠賢爲主角的奄黨得勢時期。

由於天啓年間的政爭及由之而來的諸多恐怖事件，都與魏忠賢有關。眾所周知魏忠賢只是一個宦官，爲何一個宦官可以擁有如此的權勢？進而殘殺當時的清流分子？趙翼《二十二史箚記》載：

案（趙翼案語）：明代首輔權雖重，而司禮監之權，又在首輔上。……可見帝降旨，即有司禮監在旁寫出事目，然後付閣臣繕擬。故其地尤爲近。至魏忠賢時，王體乾爲司禮，避忠賢，退處其下。凡章奏

〔註49〕〔清〕夏燮：《明通鑑》（台北：世界書局，1962 年 11 月），卷七十五，頁2927～2928。

〔註50〕謝國楨：《明清之際黨社運動考》（上海：上海書店出版社，2004 年 1 月），頁30。

入，體乾與秉筆李永貞先摘窾要，以白忠賢議行。……總由於人主不親政事，故事權下移。長君在禦，尚以票擬歸內閣，至荒主童昏，則地近者權益專，而閣臣亦聽命矣。〔註 51〕

趙翼首先指出，司禮監（宦官）之權力，凌駕首輔。這是因爲在皇帝降旨的過程中，司禮監須先錄其大要，而後才交給內閣繕寫。所以就制度的設計面而言，其與君主極爲親近。若君主怠政，則宦官竊權，此時閣臣也不得不聽命了。張治安在分析明代的政治制度時，更指出：仁宣之後的票擬制度，產生了兩種影響。一是天子怠政，宴居深宮，「文書房」成爲本章出納之地；一是造成宦官批紅之惡政，司禮監權兼君相，變爲「太上內閣」〔註 52〕。另就君主的心理層面而言，君主爲鞏固政權，一方面分化臣下之權，另一方面又廣置耳目以監察百僚，俾爲警覺防範，使得宦官有干政的機會〔註 53〕。由於國君之專制心理，加上制度設計上的方便，宦官有極佳的竊權機會。

一、天啓初期

天啓皇帝即皇帝位的頭兩年，是政治較爲清明的一個時期。這一個時期，先前被黜之清流都回到了朝廷，齊、楚、浙三黨的勢力也漸漸消逝〔註 54〕，國勢復振似乎指日可待。但是，雖然表面上外廷爲清流的勢力所據，但是事實上往後的政爭卻已在蘊釀之中了。引發政爭的最直接原因，在於清流們要定「三案」的功罪，使得當時候偏向鄭貴妃的投機份子惶惶不可終日，爲了

〔註 51〕〔清〕趙翼：《二十二史箚記（下冊）》（台北：世界書局，1962 年 3 月），卷三十三〈明內閣首輔之權最重〉，頁 483～484。

〔註 52〕張治安：《明代政治制度研究》（台北：聯經出版公司，1992 年 6 月），頁 228。

〔註 53〕張治安分析宦官得以擅權的原因有二。一爲君主專制之心理，一爲內閣制度之因素。君主爲鞏固政權，一方面分化臣下之權，另一方面又廣置耳目以監察百僚，俾爲警覺防範，所以宦官得以干政；再者，丞相既廢，國家政務非君王一人所能辦，於是有票擬、批紅之制，使司禮監成爲「太上內閣」。張治安：《明代政治制度研究》（台北：聯經出版公司，1992 年 6 月），頁 221～237。按：此段引文，係筆者依其意而改寫。

〔註 54〕齊、楚、浙三黨在萬曆四十五年的京察大獲全勝，極可能也是天啓初年淡出政壇的重要原因之一。Simmel 指出，如果他們沒有不能與之戰鬥的反對派，那麼反對派的界線就會被弄得模糊不清。……這樣一個群體對敵人的徹底勝利並非總是幸運的。……勝利削弱保證群體團結的力量。Simmel, Conflict, op.cit., pp.97~98。轉引自科塞（Lewis A. Coser）著、孫立平等譯：《社會衝突的功能》（台北：桂冠圖書，2002 年 2 月），頁 107。

保命，於是漸漸串連在一起〔註 55〕。恰好這時候，魏忠賢也漸漸得到天啓皇帝的寵信。《明通鑑》載：

又以大禮婚成，廕魏忠賢姪二人。……給事中程沅、周之綱奏：「祖制非軍功不襲，國典不宜濫與。」不聽。〔註 56〕

廕魏忠賢的二個姪兒，這不但代表著封賞違制，更象徵著魏忠賢已經獲得天啓皇帝的信任。清流追究在「三案」中，立場傾向鄭貴妃的大臣們所犯的過錯，使得當時擁鄭派的大臣人人自危，於是自附於魏忠賢〔註 57〕，於是漸漸形成東林黨與奄黨之間的對立。在二黨對立的同時，在北方卻是清兵屢屢進逼的情況。《明通鑑》載：

（天啓元年）三月，壬子，大清兵入渾河。甲寅，圍瀋陽。〔註 58〕

又載：

庚申，大清兵乘勝長驅，規取遼陽。〔註 59〕

筆者曾經困惑：爲何面臨嚴重的外患，舉朝上下卻不能夠團結？後來在《社

〔註 55〕神宗末，齊、楚、浙三黨爲政，黜陟之權，吏部不能主。及嘉謨秉詮，惟才是任，光、熹相繼踐祚。嘉謨大起廢籍耆碩，向稱三黨之魁及朋奸亂政者，亦漸自引去。〔清〕張廷玉：《明史》（北京：中華書局，1997 年 11 月，二十四史縮印本），卷二四一，頁 6259。（元年）二月，癸卯，給事中牛毛士龍復疏論三案，言「諸臣如孫愼行、陸夢龍、陸大受、何士晉、馬德灃、王之寀、楊漣等，有功社稷，而或冠神武之冠，或墮九原之淚，是功過之反也。」上是其言。魏進忠（魏忠賢）等聞而銜之。〔清〕夏燮：《明通鑑》（台北：世界書局，1962 年 11 月），卷七十七，頁 2975。筆者按，魏忠賢、客氏合謀，使王安死於非命。王安是移宮案的大功臣，若追究三案，恐怕魏忠賢將因而得罪。

〔註 56〕〔清〕夏燮撰：《明通鑑》（台北：世界書局，1962 年 11 月），卷七十七，頁 2983。

〔註 57〕是月（四月），御史賈繼春削籍。繼春以移宮具揭，奉旨切責，……上惡繼春妄言，且嚴責廷臣黨庇。閣臣劉一燝，言「天子新即位，輒疑臣下朋黨，異時奸人乘間，士大夫必受其禍」。……論曰：楊、左之請移宮，賈繼春之請安選侍，二者皆是也。……而《明史・閹黨傳》載其疏中有「威福大權，莫聽中涓旁落」之語，是繼春始固非黨于奄者。及其呈身魏奄，重述移宮一案，則力詆楊、左，不顧清議，此豈其初心哉！熹宗疑其有黨，而不知黨非救繼春之君子，而實附魏奄之小人也。〔清〕夏燮：《明通鑑》（台北：世界書局，1962 年 11 月），卷七十七，頁 2984。

〔註 58〕〔清〕夏燮撰：《明通鑑》（台北：世界書局，1962 年 11 月），卷七十七，頁 2977。

〔註 59〕〔清〕夏燮撰：《明通鑑》（台北：世界書局，1962 年 11 月），卷七十七，頁 2978。

會衝突的功能》一書找到可能的答案，此書指出：

> 群體一致的程度與衝突的爆發相比，似乎前者是影響團結的更重要因素。如果一個群體（按：可想成東林、奄黨及明朝）缺少基本的一致，外部威脅（按：可想成清兵、清朝）也不能導致團結的加強，反而會由於群體成員的冷漠使群體面臨被瓦解的威脅。〔註60〕

上述之引文，或許可以解釋清兵的威脅何以不能使黨爭的情況緩和些。《明史》載：

> 元標笑曰：「大臣與言官異，風裁踔絕，言官事也。大臣非大利害，即當護持國體，可如少年悻動耶？」時朋黨方盛，元標心惡之，思矯其弊，故其所薦引不專一途。嘗欲舉用李三才，因言路不與，元標即中止。王德完譏其首鼠，元標亦不較。〔註61〕

謝國禎曾感慨的說：我們看當時的大臣們若全有鄒元標的態度，天啓間的政局不至于弄得這樣的糟，也決不會有魏閹當政的這樣的慘變出來。他們大臣所持的態度，應該把以前所持的萬曆年間的京察、建儲的討論，三案的爭端，諸黨的裂痕，一筆勾消，教他們後來沒有翻三大案的影響在他腦筋裏，不得志的朋友有了地盤，有了飯碗，誰又肯依附邪黨？這是水到渠成的事，最容易辦的事情〔註 62〕。的確，當時的大臣若能不計前嫌，讓恩怨隨風而逝，或許不會有魏忠賢擅權恣殺之事。但是筆者認爲，這絕非如謝氏所言的「易辦之事」。首先，就人性而言：當時國本、三案及大計等，所牽涉的人太多，只要有一二人不能夠盡釋前嫌，三案就不可能平息了；其次，就道德意識而言：三案中之紅丸案涉及光宗之死，若不加追究，等於不忠於先主，爲不忠之臣；最後，就政統而言：梃擊、移宮的立場若傾向鄭貴妃一派，等於反對儲君常洛，此種立場無疑等同於政變〔註 63〕。基於這三個理由，黨爭之勢無法由大

〔註60〕科塞（Lewis A. Coser）著、孫立平等譯：《社會衝突的功能》（台北：桂冠圖書，2002 年 2 月），頁 96。

〔註61〕〔清〕張廷玉：《明史》（北京：中華書局，1997 年 11 月，二十四史縮印本），卷二四三，頁 6304。

〔註62〕謝國楨：《明清之際黨社運動考》（上海：上海書店出版社，2004 年 1 月），頁 39。

〔註63〕天啓元年，御史焦源溥上〈綱常〉一疏，或許可作筆者之註解。其疏略曰：「光宗，神宗元子也，爲元子者爲忠，則爲福藩者非忠。孝端、孝靖，神宗后也，爲二后者爲忠，則爲鄭貴妃者非忠。孝元、孝和，光宗后也，爲二后者爲忠，則爲李選侍者非忠。……今即厚待貴妃，始終恩禮，而鄭養性之都督，不可

臣來消弭。此時惟有天啓皇帝召集群臣，諭群臣和衷共濟、盡釋前嫌，並以政績做爲升黜之惟一依據，黨爭才可能消弭於無形。但是這一種盼望，亦不切實際。因爲在以道德爲法典的明朝，群臣若請究察紅丸案，熹宗毫無阻止之立場，否則就是不孝，因而黨爭也不可能由皇帝阻止。歸根結柢，黨爭之不能止，最根本的原因或許是「以儒家道德爲治國法典」，導致以政績立獎懲之制度無法施行。

二、天啓後期

魏忠賢能在天啓後期專權擅殺，是由幾個重要的因素聚合而成的。第一，魏忠賢尚無大權時，頗能以恭謹自持，據《玉鏡新譚》卷一〈權任〉條的記載：「有大璫王安者，三朝老宦，忠賢見之，必撩衣叩頭，非呼不至，非問不答者。」〔註64〕這一種個性，可以讓人疏於防備，獲得上位者的信任。第二，忠賢與熹宗最寵愛的奶媽客氏關係極好，所以外廷諸臣難以撼動〔註65〕。第三，熹宗愛好工藝而疏於朝政，所以大權易於旁落〔註66〕。第四，魏忠賢掌握了東廠〔註67〕，凡是不屈服者，立即有殺身之禍，造成了人人自危的心理。

不奪也，崔文昇不可不磔也。若竟置弗問，不幾于忘父乎？」〔清〕夏燮：《明通鑑》（台北：世界書局，1962年11月），卷七十七，頁2999。

〔註64〕〔明〕朱長祚：《玉鏡新譚》（北京：中華書局，1989年9月），卷一〈權任〉，頁4。

〔註65〕客氏熹宗心目中的地位，下述的引文可以看得很清楚。在兵部等衙門接出聖諭：「蓋聞侈功篤物，朝廷有崇報之章，恩澤溥頒，臣下無向隅之念。朕昔在繈褓，氣稟清虛，賴奉聖夫人客氏事事勞苦，保衛恭勤。不幸皇妣蚤歲賓天，復面承顧託之重。凡朕起居煩燥，溫飢煖寒，皆奉聖夫人業業兢兢而節宣固愼，艱險備嘗，歷十六載。」〔明〕朱長祚：《玉鏡新譚》（北京：中華書局，1989年9月），卷四〈賞賚〉，頁59。朱長祚云：客氏善爲忠賢地，一切彌縫，朋比蠹盜，釀成大惡，招權納賄，天下貨利已竭矣。〔明〕朱長祚：（北京：中華書局，1989年9月），卷五〈盜帑〉，頁77。王安之死，雖由魏忠賢動手，但背後卻是客氏的主意。見〔清〕夏燮：《明通鑑》（台北：世界書局，1962年11月），卷七十七，頁2986。

〔註66〕有老宮監言：「明熹宗在宮中，好手製小樓閣，斤斧不去手，雕鏤精絕。魏忠賢每伺帝制作酣時，輒以諸部院章奏進，帝輒麾之曰：『汝好生看，勿欺我。』故閹權日重，而帝卒不之悟。」參見〔清〕王士禛：《池北偶談》（北京：中華書局，1982年1月），卷二〈談故二〉，頁28。

〔註67〕天啓三年十二月，庚戌，以魏忠賢提督東廠。初，神宗末，刑罰弛縱，而廠衛緝事亦漸稀，詔獄至生青草。及是忠賢以司禮秉筆領東廠事，車馬儀衛，僭擬乘輿。已而任用田爾耕掌衛事，許顯純爲鎮撫理刑，羅織鍛鍊，嚴刑慘酷，廠衛之毒至此而極。〔清〕夏燮：《明通鑑》（台北：世界書局，1962年

第五，有一批文武大臣爲其爪牙，使不識字的魏忠賢能肆其惡〔註 68〕。以上諸因，只是最顯而易見的，或有其他原因，在這就不提了。天啓三年，似乎可以標幟爲魏忠賢吸引文人依附之始，《明通鑑》載：

> （三年）春，正月，己酉，以禮部尚書顧秉謙、侍郎朱國禎、朱延禧、魏廣微俱禮部尚書、東閣大學士，預機務。時魏忠賢首結秉謙、廣微，一時霍維華、孫杰之徒從而附之，……秉謙、廣微，庸劣無恥，忠賢得爲羽翼，勢益張，而二人曲事忠賢，儼如奴役。〔註 69〕

天啓三年，不但開始有文人附魏忠賢，這一年十二月魏忠賢也掌握了東廠。這代表著，魏忠賢已經掌握了文、武大權。天啓三年，御史周宗建云：

> （天啓三年，周宗建云）先朝汪直、劉謹，雖皆梟獍，幸言路清明，臣僚隔絕，故非久即敗。今權璫（魏忠賢）報復，反借言官以伸；言官聲勢，反借權璫以重。數月以來，熊德陽、江秉謙、侯震暘、王紀、滿朝薦斥矣；鄒元標、馮從吾罷矣，文震孟、鄭鄤逐矣，近日扼孫愼行、盛以弘而絕其揆路。〔註 70〕

周宗建以爲，汪直、劉瑾雖亦爲權璫，但因言官不附所以不久即敗。但是魏忠賢卻掌控了監察百僚的言官，所以大臣任其斥逐，升黜一出其意。周宗建又云：

> 御史周宗建，初以薦熊廷弼爲給事中郭鞏所劾，鞏知忠賢最惡宗建，因力詆「宗建誤廷弼，且誤封疆。」宗建抗疏抉鞏結納忠賢事，至是遂直攻忠賢。略曰：「臣于去歲指名劾奏，進忠（按：進忠即忠賢）無一日忘臣，于是嗾私人郭鞏入都，嗾以傾臣，並傾諸異己者。鞏乃創爲新幽、大幽之說，把持察典，編廷臣數十人姓名爲一冊，思一網中之。……是察典不出于朝廷，乃鞏及進忠之察典也。」〔註 71〕

---

11 月），卷七十八，頁 3037～3038。

〔註 68〕忠賢庸流劣質，原不知書，膽粗手滑，倫理茫然，操切舉動，經濟何知。思欲樹黨，協贊奸謀，遂有崔尚書爲之腹心，續又「五虎」出焉。同心濟惡，羽翼成矣。又「五彪」出焉，並力助焰，牙爪張矣。〔明〕朱長祚：《玉鏡新譚》（北京：中華書局，1989 年 9 月），卷一，頁 6。

〔註 69〕〔清〕夏燮撰：《明通鑑》（台北：世界書局，1962 年 11 月），卷七十八，頁 3025。

〔註 70〕〔清〕夏燮撰：《明通鑑》（台北：世界書局，1962 年 11 月），卷七十八，頁 3029。

〔註 71〕〔清〕夏燮撰：《明通鑑》（台北：世界書局，1962 年 11 月），卷七十八，頁

周宗建所云的察典，即天啓三年的京察。自天啓三年京察失敗後，東林已失去了實力，首輔葉向高、韓爌、趙南星等因爲不得志也都退了職，楊漣、左光斗、魏大中等人也都免了官，工部郎中萬燝被魏黨廷杖打死了。〔註 72〕

天啓三年，魏忠賢的勢力站穩了。於是天啓四年、五年，發生了汪文言，楊漣、左光斗、魏大中先後被逮下鎮撫司獄〔註 73〕。《玉鏡新譚》載：

> 自楊漣被逮下鎮撫司，誣贓加刑，五日一拷比，而都督許顯純希望風旨，捶楚非法，以速其斃。體無完膚，童僕驚散，得旨而後敢殮。〔註 74〕

這一種凶焰，令人不寒而慄。引起這一連串殘殺的導火線是楊漣劾魏忠賢二十四罪疏〔註 75〕。《玉鏡新譚》載：

> 楊漣首觸兇鋒，以二十四罪之疏入，海內縉紳之禍，從此始。忠賢之殺機，亦從此始，而借題封疆，緹騎四出矣。〔註 76〕

楊漣之疏引發了一連串彈劾魏忠賢的行動，魏大中亦率同官上言：

> 吏科給事中魏大中，亦率同官上言：「從古君側之奸，非遂能禍人國也；有忠臣不惜其身以告之君，而君乃不悟，乃至于不可救。今忠賢之惡極矣，……楊漣不惜粉身碎首以冀陛下之一悟；而所列忠賢

3028。

〔註 72〕謝國楨：《明清之際黨社運動考》（上海：上海書店出版社，2004 年 1 月），頁 41。按：萬燝之死，乃是因爲其疏請禁內廢銅助帑，而觸忤魏忠賢。於是魏矯旨午門前行杖一百棍，陰囑奸比金吾尉，必致之死。見〔明〕朱長祚：《玉鏡新譚》（北京：中華書局，1989 年 9 月），卷二，頁 12。

〔註 73〕天啓四年，夏，四月，乙巳，下內閣中書汪文言鎮撫司獄。……文言又結交東宮伴讀王安，與談當時流品，安悅之。光宗初立，外廷倚劉一燝，而安居中，以次行諸善政，文言交關力爲多。及忠賢殺安，文言亦下吏，得末減，益遊公卿間。葉向高用爲內閣中書，韓爌、趙南星、楊漣、左光斗、魏大中俱與往來。會給事中阮大鋮與光斗、大中有隙，囑其同官傅櫆劾「文言與光斗、大中交通爲奸利」，旨下文言詔獄。〔清〕夏燮：《明通鑑》（台北：世界書局，1962 年 11 月），卷七十九，頁 3042。天啓五年三月，丁丑，讞汪文言獄，逮前副都御史楊漣、僉都御史左光斗、給事中魏大中、御史袁化中、太僕少卿周朝瑞、陝西副使顧大章。〔清〕夏燮：《明通鑑》（台北：世界書局，1962 年 11 月），卷七十九，頁 3063。

〔註 74〕〔明〕朱長祚：《玉鏡新譚》（北京：中華書局，1989 年 9 月），卷二，頁 11。

〔註 75〕天啓四年，六月。癸未朔，左都御史楊漣，抗疏劾忠賢二十四大罪。〔清〕夏燮撰：《明通鑑》（台北：世界書局，1962 年 11 月），卷七十九，頁 3042。

〔註 76〕〔明〕朱長祚：《玉鏡新譚》（北京：中華書局，1989 年 9 月），卷二〈羅織〉，頁 11。

罪狀，陛下悉引爲親裁，代之任咎，……陛下貴爲天子，致三宮列嬪盡寄性命于忠賢、客氏，能勿寒心！……若忠賢、客氏一日不去，恐禁廷左右悉忠賢、客氏之人，非陛下有，陛下眞孤立于上耳。」〔註77〕

楊、魏之疏，必欲去忠賢而後快，所以也引起奄黨的極力反撲。前文提及，天啓三年標幟著魏忠賢掌握了文（言路、文臣）、武（東廠）之權。田爾耕、許顯純、孫雲鶴、楊寰、崔應元等人，更成了魏忠賢的專用劊子手。其中，許顯純手段尤爲凶狠，《明通鑑》載：

先是許顯純爲北鎮撫司，搒掠文言，詞連趙南星、李三才及漣、光斗等二十餘人。顯純欲坐漣等以移宮罪，大理丞徐大化獻策于忠賢曰：「但坐移宮則無贓可指；若坐納楊鎬、熊廷弼賄，則封疆事重，殺之更有名。」忠賢然之。乃令顯純復鞫文言，五毒備至，使引漣納廷弼賄，文言仰天大呼曰：「世豈有貪贓之楊大洪哉！」——大洪者，漣別字也。……顯純乃手作文言供狀，……顯純即日斃之，而具獄辭以上。〔註78〕

《玉鏡新譚》亦載：

其參「五彪」各犯，有謂田爾耕、許顯純、孫雲鶴、楊寰、狐假鴟張，戕害多命，皆忠賢手下劊子手。有謂田爾耕掌錦衣衛，許顯純掌鎮撫司，忠賢草菅人命，皆出兩人之手者；有謂許顯純敲朴縉紳，皮開肉綻，屍腐蟲鑽，不一瞬者；有謂許顯純、孫雲鶴、楊寰、崔應元網羅煅煉，鉤棘株連，榜掠慘于炮烙，攝冤魂于夜半，中誣者如楊漣、周順昌、周起元等十餘人，俱斃鎮撫司之獄。〔註79〕

天啓五年、六年，是奄黨最爲得勢的時期，當時諸清流分子若非死於詔獄則是落職回鄉，對於魏忠賢一點辦法也沒有。於是，天啓五年八月，詔毀天下書院〔註80〕；九月，賜魏忠賢「顧命元臣」印〔註81〕；十二月，榜東林黨人

〔註77〕〔清〕夏燮：《明通鑑》（台北：世界書局，1962年11月），卷七十九，頁3049。

〔註78〕〔清〕夏燮：《明通鑑》（台北：世界書局，1962年11月），卷七十九，頁3063～3064。

〔註79〕〔明〕朱長祚：《玉鏡新譚》（北京：中華書局，1989年9月），卷八〈會議〉，頁118～119。

〔註80〕（天啓五年）八月，壬午，詔毀天下書院。東林、關中、江右、徽州各書院，俱行折毀，變價助工，從逆黨張訥議也。〔清〕夏燮：《明通鑑》（台北：世界

姓名示天下〔註 82〕。天啓六年，六月，《三朝要典》成〔註 83〕。天啓七年，五月，監生陸萬齡，請以魏忠賢配孔子〔註 84〕。毀天下書院，用意在箝制輿論，使無人敢批評時政。榜東林黨人、撰《三朝要典》、配孔子則更進一步，要使全天下的意志，屈從於自己（魏忠賢），自己成爲價值規範的制定者。總之，天啓四年至七年，是東林黨節節敗退而奄黨氣焰日益高張的「君子道消，小人道長」之時期。

第三節　崇禎朝的黨爭

崇禎皇帝即位之初，勤於國事，不好女色，以靈巧的手段，鏟除了魏忠賢，次年三月，贈卹受冤陷的諸大臣，朝政爲之一新〔註 85〕。但是他最大的毛病是生性多疑〔註 86〕。生性多疑，導致他用人不專，動輒殺戮、遠戍大臣

書局，1962 年 11 月），卷七十九，頁 3070。

〔註 81〕是月（九月），賜魏忠賢印，文曰「顧命元臣」，客氏印，文曰「欽賜奉聖夫人」。〔清〕夏燮：《明通鑑》（台北：世界書局，1962 年 11 月），卷七十九，頁 3074。

〔註 82〕十二（按：疑脱「月」字），乙酉，榜東林黨人姓名示天下。時御史盧承欽求媚忠賢，乃仿王紹徽《點將錄》前事，上言：「東林自顧憲成、李三才、趙南星而外，如王圖、高攀龍等，謂之『副帥』；曹于汴、湯兆京、史記事、魏大中、袁化中謂之『先鋒』；丁元薦、沈正宗、李朴、賀烺，謂之『敢死軍人』；孫丕揚、鄒元標，謂之『土木魔神』。請以黨人姓名罪狀，榜示海內。」忠賢大喜，敕所司刊籍，凡黨人已罪未罪者，悉編名其中。〔清〕夏燮：《明通鑑》（台北：世界書局，1962 年 11 月），卷七十九，頁 3076。

〔註 83〕（六月）辛卯，《三朝要典》成，刊布中外。〔清〕夏燮：《明通鑑》（台北：世界書局，1962 年 11 月），卷七十九，頁 3086。

〔註 84〕五月，己巳，監生陸萬齡，請以魏忠賢配孔子，忠賢父配啓聖公。疏言「孔子作《春秋》，廠臣作《要典》；孔子誅少正卯，廠臣誅東林黨人；禮宜並尊。」〔清〕夏燮：《明通鑑》（台北：世界書局，1962 年 11 月），卷七十九，頁 3096。

〔註 85〕崇禎元年，三月，乙酉，贈卹冤陷諸臣。〔清〕夏燮：《明通鑑》（台北：世界書局，1962 年 11 月），卷八十一，頁 3110。

〔註 86〕元年，十一月。是月，詔會推閣臣。廷臣列吏部侍郎成基命及禮部侍郎錢謙益等名以上。時同推者鄭以偉、李騰芳、孫愼行、何如寵、薛三省、盛以弘、羅喻義、王永光、曹于汴，凡十一人。禮部尚書溫體仁，侍郎周延儒，以無素望不與。……由是屬意延儒。而會推弗及，體仁揣上意必疑，遂上疏訐「謙益爲考官時關節受賄，不當與閣臣選。」先是謙益典試浙江，有奸人金保元、徐時敏，僞作關節，用俚俗詩「一朝平步上青天」句，分置七義結尾，授舉子錢千秋，遂中式。千秋本能文，同考官薦擬第二，謙益改置第四。千秋知

〔註 87〕，所以無法振衰起敝，救亡圖存。或許可以這樣說，崇禎雖無典型亡國君之嗜好，如：好女色、樂走馬、嗜遊宴等弊病，但是其多疑專斷的性格缺陷，卻仍足夠斷送大明的江山。崇禎的另一個毛病，愛財而不識大局（或許是被蒙蔽）：關內兵以缺餉鼓譟，大學士劉鴻訓請「發帑三十萬」因而失了皇帝的歡心；周延儒因「發帑」而得到皇帝的認同〔註 88〕。崇禎皇帝這兩個個性上的缺點，常常成爲有心之士排除異己的工具。

崇禎朝的政治，我們可以分作數個時期，崇禎初年（1628～1632）是溫體仁、周延儒合作的時期，六年到十年（1633～1637）是溫體仁專政的時期，

爲保元、時敏所賣，與之鬨。……事已七年矣，至是體仁復理其事，上果心動。〔清〕夏燮撰：《明通鑑》（台北：世界書局，1962 年 11 月），卷八十一，頁 3122～3123。筆者按，御史毛九華、任贊化劾溫體仁事件，亦可窺見崇禎多疑的性格。《明通鑑》云：會御史毛九華劾「溫體仁居家時，以抑買商人木爲商人所訴，賂崔呈秀以免；又因杭州建逆祠，作詩頌魏忠賢。」……御史任贊化復劾體仁娶娼、受金、奪人產諸不法事。體仁揣己爲清議所斥，因力求去以要上，且言：「臣以訐罷錢謙益，故其黨排訐臣者百出，而無一人左袒臣，臣孤立可見。」上再召內閣九卿質之。體仁與九華、贊化詰辯良久，言「二人皆（錢）謙益死黨」。上心以爲然，秉燭召爌等于內殿，謂：「進言者不憂國而植黨，自名東林，于國是何補！當重繩以法。」……（韓爌）具揭言：「人臣不可以黨事君，人君亦不可以黨疑臣，但當論其才品臧否，職業修廢而黜陟之。……」不納。卷八十一，頁 3124。

〔註 87〕（崇禎二年）十二月，辛亥朔，再召袁崇煥于平臺，遂下錦衣衛獄。是時大清兵所入猺口，乃薊遼總理劉策所轄，而崇煥未奉勤王詔，即千里赴援，自謂有功無罪。然都人驟遭兵，怨謗紛起，謂崇煥擁兵坐視。朝士因前和議，誣其「招兵脅和，將爲城下之盟。」上頗聞之，不能無惑。……先是大軍獲宦官二人，命副將高鴻中等守之。太宗文皇帝因授計鴻中等于二宦官前，故作耳語云：「今日撤兵。袁巡撫有密約，事可立就矣。」時楊太監者佯臥，竊聞其言，縱之歸，以所聞告于上，上遂信之不疑。〔清〕夏燮撰：《明通鑑》（台北：世界書局，1962 年 11 月），卷八十一，頁 3138～3139。

〔註 88〕元年，冬，十月，戊戌，大學士劉鴻訓罷。時上數召見廷臣，鴻訓應對獨敏，謂民困由吏失職，請上久任責成；以尚書畢自嚴善治賦，王在晉善治兵，請上加倚信。上初甚向之，關內兵以缺餉鼓譟，上意責户部，而鴻訓請「發帑三十萬，示不測恩」，由是失上指。〔清〕夏燮：《明通鑑》（台北：世界書局，1962 年 11 月），卷八十一，頁 3120。延儒性警敏，善伺意指。方錦州兵譁，袁崇煥請給餉，上召問諸大臣，皆請發內帑，延臣獨進曰：「關門昔防敵，今且防兵。寧遠譁餉之，錦州復餉之，各邊效尤，帑將安給！」上曰：「卿謂何如？」延儒曰：「事迫，不得不發，但當求經久之策。」上說曰：「卿言是也。」〔清〕夏燮：《明通鑑》（台北：世界書局，1962 年 11 月），卷八十一，頁 3122。筆者按，崇禎最後雖發內帑，但卻極不情願。其對發內帑的態度大致若此。

十年到十三年（1637～1640）是薛國觀當政的時期，十三年到十六年（1640～1643）是周延儒再相的時期，十六年到十七年（1643～1644）是陳演、魏藻德等專政的時期。〔註 89〕

一、周延儒、溫體仁合作時期

這一個時期，周延儒、溫體仁的利害一致，對手是天啓朝被罷黜而在崇禎初年招回的東林黨人。溫體仁曾賄賂崔呈秀、作詩頌忠賢，傾附閹黨的立場極爲鮮明，所以其不見容於東林諸子乃是理所當然之事。但是，周延儒本與東林黨人友善，但因自己與溫體仁不在閣臣的預選名單之中，所以當溫體仁藉「錢謙益案」推翻會推的結果，周延儒站在溫體仁這一邊，才與東林爲敵〔註 90〕。《明通鑑》載：

> 元年，十一月。是月，詔會推閣臣。廷臣列吏部侍郎成基命及禮部侍郎錢謙益等名以上。時同推者鄭以偉、李騰芳、孫愼行、何如寵、薛三省、盛以弘、羅喻義、王永光、曹于汴，凡十一人。禮部尚書溫體仁，侍郎周延儒，以無素望不與。〔註 91〕

溫、周二人不在閣臣預選名單中，出於自身威望不足，即才德不足以服人，本應反躬自省。但是這畢竟是一件沒有面子的事，於是溫體仁利用崇禎多疑的個性，訐錢謙益科場舞弊，不應列入候選名單之中。《明通鑑》載：

> 體仁揣上意必疑，遂上疏訐「謙益爲考官時關節受賄，不當與閣臣選。」先是謙益典試浙江，有奸人金保元、徐時敏，僞作關節，用俚俗詩「一朝平步上青天」句，分置七義結尾，授舉子錢千秋，遂中式。千秋本能文，同考官薦擬第二，謙益改置第四。千秋知爲保元、時敏所賣，與之鬨。……事已七年矣，至是體仁復理其事，上果心動。〔註 92〕

〔註 89〕謝國楨：《明清之際黨社運動考》（上海：上海書店出版社，2004 年 1 月），頁 49～50。

〔註 90〕《明史・周延儒傳》載：始延儒里居，頗從東林游，善姚希孟、羅喻義。既陷錢謙益，遂仇東林。〔清〕張廷玉：《明史》（北京：中華書局，1997 年 11 月，二十四史縮印本），卷三八〇，頁 7928。

〔註 91〕〔清〕夏燮：《明通鑑》（台北：世界書局，1962 年 11 月），卷八十一，頁 3122。

〔註 92〕〔清〕夏燮：《明通鑑》（台北：世界書局，1962 年 11 月），卷八十一，頁 3122～3123。

《明史・溫體仁傳》形容溫體仁：「爲人外曲謹而中猛鷙，機深刺骨」，以下之引文頗足以證所言不虛。崇禎帝命溫體仁與錢謙益對質，錢、溫之表現判若霄壤，而體仁取信崇禎亦極具巧思。《明史・溫體仁傳》載：

> 謙益不虞體仁之劾己也，辭頗屈，而體仁盛氣詆謙益，言如湧泉，因進曰：「臣職非言官不可言，會推不與，宜避嫌不言。但枚卜大典，宗社安危所係。謙益結黨受賄，舉朝無一人敢言者，臣不忍見皇上孤立於上，是以不得不言。」帝久疑廷臣植黨，聞體仁言，輒稱善。〔註 93〕

溫體仁先言自己基於避嫌及身分，本不應言；但念及事關國家安危、皇上勢孤於上，又不得不言。這一段話無非表明，自己既恪守本分又忠君愛國，刻意營造出一副忠臣的形象。但是紙包不住火，御史毛九華、任贊化先後劾溫體仁「抑買商人木」、「作詩頌忠賢」、「奪人產」等不法事。溫體仁面對彈劾的危機，卻從容地說：「比爲謙益故，排擊臣者百出。而無一人左袒臣，臣孤立可見。」這一番說詞，竟取得崇禎的信賴，進而將毛、任二人視爲錢謙益之死黨，使對溫體仁的彈劾失去了作用。溫體仁巧妙地利用崇禎懷疑朝臣結黨及勢單力薄的心理感受，以獲得崇禎的同情、支持。這也是崇禎六年，溫體仁得以位居首輔的最主要原因。

溫體仁曾經賄賂崔呈秀、媚頌魏忠賢，自然不願意東林諸子同在朝列，於是又藉「袁崇煥」來整錢龍錫。御史高捷、史范於崇禎初年被罷〔註 94〕，王永光大力引薦二人，但是爲錢龍錫所阻，於是兩人極爲痛恨錢龍錫。崇禎二年十二月，清兵進軍北京外郊，稱爲「己巳之變」，此時崇禎帝誤信反間計而磔了袁崇煥〔註 95〕。稍前，袁崇煥斬了毛文龍，令崇禎帝極爲震驚，但礙

〔註 93〕〔清〕張廷玉：《明史》（北京：中華書局，1997 年 11 月，二十四史縮印本），卷三八〇，頁 7931。

〔註 94〕高捷、史范二人本是楊維垣之黨。

〔註 95〕崇禎二年，十一月，壬午朔，京師戒嚴。辛卯，督師袁崇煥率師入援。次薊州。……上聞崇煥至，甚喜，溫旨褒勉，發帑金犒將士，令盡統諸道援軍。……甲辰，召袁崇煥、滿桂等于平臺。……崇煥以士馬疲敝，請入休城中，不許；許屯兵外城，亦不許。……《三編發明》曰：袁崇煥在邊臣中尚有膽略，其率兵勤王，實屬有功無罪。莊烈始則甚喜其至，倚若長城；一聞楊太監之言，不審虛實，即下崇煥于獄，尋至磔死，是直不知用間愚敵爲兵家作用。〔清〕夏燮：《明通鑑》（台北：世界書局，1962 年 11 月），卷八十一，頁 3140。崇禎三年。八月，癸亥，殺前經略袁崇煥。……時以爲崇煥妄殺文龍，而上實誤殺崇煥。自崇煥死，邊事益無人，危亡之徵見矣。〔清〕夏燮：《明

於承諾及局勢，只得勉爲接受毛文龍被斬的結果〔註 96〕。崇煥之斬文龍，有說文龍有叛象、有說崇煥欲奪文龍功。但是不論如何，毛文龍被斬之後，使清軍無後顧之憂卻是一個事實。崇禎二年的「己巳之變」，就是斬毛帥後的最直接後果。崇禎三年八月，史范上疏言：

> 龍錫主張崇煥斬帥（毛文龍）致兵（招致清兵），倡爲款議（假言議和），以信五年成功之説。賣國欺君，其罪莫逭。龍錫出都，以崇煥所畀重賄數萬，轉寄姻家，巧爲營幹，致國法不伸。〔註 97〕

崇禎帝看到了這個奏疏極爲憤怒，令廷臣議罪。群臣議論的結論是——錢給袁之信中有「處置慎重」之語，所以殺毛文龍的責任在袁不在錢。至於講款，錢龍錫給袁崇煥的書信中，有「天子神武，不宜講款」的辭句，也與錢龍錫無關。雖然群臣的結論如此，但崇禎帝仍於三年的十二月將錢龍錫逮捕下獄。《明史・錢龍錫傳》對於錢龍錫案下了一個案語：「時群小麗名逆案者，聚謀指崇煥爲逆首，龍錫等爲逆黨，更立一逆案相抵。」〔註 98〕其實，崇禎欲置錢龍錫於死地，或許出自於對袁崇煥過度失望（以爲袁叛國），而遷怒於錢龍錫，將自己識人不明之過，轉嫁給錢龍錫，使自己在情緒上好過一些。還好，後來因黃道周之疏救，崇禎之怒才平息下來，錢最終得以戍定海衛。袁崇煥、錢龍錫之獄是崇禎二年年底至三年年底之事。這一段時間，周延儒、溫體仁相繼入閣，周溫二人比而傾（成）基命，於是成基命不安於位，最後三疏自引去〔註 99〕。成基命下臺，周延儒成爲首輔。周、溫一爲首輔，一爲次輔，

通鑑》（台北：世界書局，1962 年 11 月），卷八十二，頁 3155。

〔註 96〕崇禎元年。秋，七月，癸酉，袁崇煥至京師，上召見于平臺，咨以方略，對曰：「臣受陛下特眷，願假便宜，計五年全遼可復。」……頃之，上出，即奏言：「東事本不易竣，陛下既委臣，臣安敢辭難！但五年內，户部轉軍餉，工部給器械，吏部用人，兵部調兵選將，須中外事事相應，方克有濟。」上爲飭四部臣如其言。崇煥又言：「以臣之力，守全遼有餘，調眾口不足；一出國門，便成萬里，忌能妬功，夫豈無人！即不以權力掣臣肘，亦能以意見亂臣謀。」上起立傾聽，諭之曰：「卿勿疑慮！朕自有主持。」〔清〕張廷玉：《明史》（北京：中華書局，1997 年 11 月，二十四史縮印本），卷八十一，頁 2115～2116。

〔註 97〕〔清〕張廷玉：《明史》（北京：中華書局，1997 年 11 月，二十四史縮印本），卷二五一，頁 6486。

〔註 98〕〔清〕張廷玉：《明史》（北京：中華書局，1997 年 11 月，二十四史縮印本），卷二五一，頁 6486。

〔註 99〕〔清〕張廷玉：《明史》（北京：中華書局，1997 年 11 月，二十四史縮印本），卷二五一，頁 6490。

兩人的利益不再一致。於是溫乃暗中想辨法奪周延儒之位。

周延儒性警敏，善伺意指（《明史》卷三八〇）；溫體仁外曲謹而中猛鷙，機深刺骨（《明史》卷三八〇）。一個是善伺意指，一個是機深刺骨，兩人交手必然十分精采。溫體仁與吏部尚書王永光合謀，想要起用在逆案中列名的王之臣、呂純如等人。有人告訴周延儒說，溫體仁將翻逆案而將過錯歸咎於你。這時崇禎帝詢問周延儒，王之臣是否可以任用？周延儒予以否定，於是溫體仁下定決心要拉周延儒下來。機會終於來了，周延儒子弟橫暴、所薦巡撫孫元化使登州陷落、稱崇禎為羲皇上人等事件，終於使周延儒失去了首輔之位。《明通鑑》載：

> 崇禎六年，六月。庚辰，周延儒罷。延儒為首輔，溫體仁欲奪其位，務為柔佞，取悅于上，上漸向之。復曲謹以媚延儒而陰伺其隙，延儒不知也。……會延儒子弟家人暴邑中，邑中人民爇其廬；所薦巡撫孫元化復陷登州。于是言路交章劾延儒，併謂其「受巨盜神一魁賄」，上意頗動。體仁復嗾給事中陳贊化劾「延儒昵武弁李元功，招搖罔利」，且謂「延儒至稱陛下為『羲皇上人』，語悖逆。」上大怒，下元功詔獄窮治。延儒覬體仁為援，體仁不應；延儒大窘，引疾歸。〔註 100〕

溫體仁曲謹以媚周延儒，使周疏於防範，以為溫體仁與自己是站在同一陣線上，甚至受到陳贊化彈劾時，仍不知陳之彈劾乃溫體仁所教唆，敗於溫體仁的手中，真的是理所當然的了。

二、溫體仁專政時期

溫體仁為次輔、首輔的期間，在民間的風評並不好，《明季北略》曾記載一首當時北京的童謠，文云：

> 初，崇禎三年，溫體仁相，京師童謠云：崇皇帝、溫閣老。七年，為首相。京師又有謠云：崇禎皇帝遭溫了，皆取溫瘟同音之義，俱不吉兆。由是用人不當，流寇猖獗。〔註 101〕

這一首童謠反映了兩個重要的現象，一是溫體仁為相時用人不當，進而使流寇猖獗。二是崇禎皇帝對於溫體仁言聽計從，毫無反抗之力，一如遭受瘟疫

〔註 100〕〔清〕夏燮撰：《明通鑑》（台北：世界書局，1962 年 11 月），卷八十三，頁 3197。

〔註 101〕計六奇：《明季北略》（台北：台灣商務印書館，1979 年 5 月），頁 123。

之襲擊。這兩個現象，其實說穿了就是溫體仁固權要寵的伎倆。我們來看看他是如何地固權與要寵。先談談固權的部分：溫體仁並不以次輔爲滿足，首輔之位才是目標所在。爲了要達到這個目的。首先，他先厚植自己的人脈，尤其是與人事升黜相關的吏部及御史，如此一來可擴大自己的政治影響力；其次，以所培植的人脈爲政治力量，擠掉首輔周延儒，最後取而代之。《明史・溫體仁》載：

> 體仁既藉延儒力得輔政，勢益張。踰年，吏部尚書王永光去，用其鄉人閔洪學代之，凡異己者，率以部議論罷，而體仁陰護其事。又用御史史范、高捷及侍郎唐世濟、副都御史張捷等爲腹心，忌延儒居己上，并思傾之。〔註 102〕

他當了首輔之後，爲了鞏固權位，於是包庇附己者、傾軋異己者。因爲彭汝楠、汪慶百怕死而推遲五省總督之設，這是包庇的佳例；文震孟被罷以及鄭鄤之獄，則是傾軋異己的典型範例。文震孟是文徵明的曾孫，天啓二年十月上〈勤政講學疏〉，疏中有：「然鴻臚引奏，跪拜起立，如傀儡登場已耳」之語，魏忠賢見了這疏，摘疏中「傀儡登場」語，稱文震孟抵毀天啓帝，傳旨廷杖八十，首輔葉向高、次輔韓爌力爭，鄭鄤上疏力救，最後皆受到貶秩調外的處分。文震孟、鄭鄤的友誼或許是那時候建立的。崇禎元年，文震孟爲日講官。三年春，內閣中定逆案者相繼罷官，魏忠賢的遺黨王永光等人，伺機報復東林黨的正人。這一年的五月，文震孟上疏曰：「群小合謀，欲借邊才以翻逆案」（袁崇煥、錢龍錫之獄）文震孟之疏，阻止了群小的翻案企圖，但也使溫體仁懷恨在心。於是溫體仁乃欲去文震孟、鄭鄤來平息自己的怒火。《明史》云：

> 先是，秦、楚盜起，議設五省總督，兵部侍郎彭汝楠、汪慶百當行，憚不敢往，體仁庇二人，罷其議〔註 103〕。賊犯鳳陽，南京兵部尚書呂維祺等議，令淮撫、操江移鎮，體仁又卻不同。既而賊大至，焚

〔註 102〕〔清〕張廷玉：《明史》（北京：中華書局，1997 年 11 月，二十四史縮印本），卷三八〇，頁 7933。

〔註 103〕許譽卿云：賊在秦、晉時，早設總督遏其渡河，禍止西北一隅耳，乃侍郎彭汝楠避不肯行；及賊入楚、豫，人言交攻，然後不得已而議設之；侍郎汪慶百又避不行，乃推極邊之陳奇瑜，鞭長莫及，釀成今日之禍，非樞臣之固位失事乎？參見〔清〕夏燮：《明通鑑》（台北：世界書局，1962 年 11 月），卷八十四，頁 3225。

> 皇陵。（許）譽卿言：「體仁納賄庇私，貽憂要地，……」體仁素忌譽卿，見疏益憾。會謝陞以營求北缺劾譽卿，體仁擬旨降調，而故重其詞。帝果命削籍，震孟力爭之，大學士何吾騶助爲言。體仁訐奏震孟語，謂言官罷斥爲至榮，蓋以朝廷賞罰爲不足懲勸，悖理蔑法。帝遂逐震孟並罷吾騶〔註 104〕。震孟既去，體仁憾未釋〔註 105〕。庶吉士鄭鄤與震孟同建言，相友善也，……體仁劾鄤假乩仙判詞，逼父振先杖母，言出宗達〔註 106〕。〔註 107〕

溫體仁徇私情庇彭、汪二人，致使流寇勢力坐大，招致許譽卿之上疏彈劾。正好此時謝陞也劾譽卿，於是溫體仁在票擬時故意加油添醋，最後許譽卿被削籍。文震孟、何吾騶上疏論救，但溫以「言官罷斥爲至榮」語訐文震孟，因爲這一種說法意味著朝廷的賞罰不公，所以觸怒了崇禎皇帝，於是文震孟被逐、何吾騶罷官。溫體仁雖已將許譽卿、文震孟、何吾騶等人先後逐去，但仍有「憾」，鄭鄤就是下一個犧牲者。鄭鄤之見殺，據抱陽生之說乃因溫體仁認爲「彼（鄭鄤）鋒芒如刃，必糾彈我，動搖我相位」〔註 108〕。溫體仁既然認爲鄭鄤無法收爲己有，於是藉「鄭鄤仗母」爲由，欲置之死地。《明季北略・鄭鄤本末》載：

> 乃峚陽幼時，心非母氏之妒；及其長也，見母氏之虐於婢，尤虐于

〔註 104〕《明通鑑》云：給事中許譽卿者，故劾忠賢有聲，（文）震孟及（何）吾騶欲用爲南京太常卿。（溫）體仁忌譽卿伉直，……誣劾「譽卿爲福建布政使申紹芳營求美官」，體仁擬以貶謫，度上欲重擬，必發改，已而果然。遂擬「斥譽卿爲民，紹芳提問。」震孟爭之不得，咈然曰：「科、道被誣見斥，是天下極榮事，賴公玉成之。」體仁遽以聞，上果怒，責「吾騶、震孟徇私撓亂。」吾騶罷，震孟落職閒住。參見〔清〕夏燮：《明通鑑》（台北：世界書局，1962 年 11 月），卷八十四，頁 3241～3242。

〔註 105〕溫體仁重鄤名，見于朝，從容問曰：「君自南來，聞清議謂何？」鄤曰：「謂有君無臣耳。」體仁愕然，曰：「天下事已不可爲，咎豈在吾輩！」鄤曰：「推賢任能，練兵選將，何爲不可！」體仁怫然起，……體仁方欲傾震孟，而鄤與震孟同年友善，又面訐體仁過，體仁憾甚。參見〔清〕夏燮：《明通鑑》（台北：世界書局，1962 年 11 月），卷八十四，頁 3243。

〔註 106〕吳宗達於崇禎八年五月乞歸。《明通鑑》云：溫體仁當政，宗達能爲之下，在閣六年，交驩無間。參見〔清〕夏燮：《明通鑑》（台北：世界書局，1962 年 11 月），卷八十四，頁 3229。

〔註 107〕〔清〕張廷玉：《明史》（北京：中華書局，1997 年 11 月，二十四史縮印本），卷三八〇，頁 7934～7935。

〔註 108〕抱陽生：《甲申朝事小紀》四編，卷九〈鄭謙止獄始末〉。轉引自樊樹志：《崇禎傳》（北京：人民出版社，1997 年 11 月），頁 215。

垂髫之婢，益甚非之，甚至不欲見。……時有巫嫗者，能降神，為來生禍福挽休咎。婦女翕然信之，不啻大士之敬、閻羅之畏也。崟陽欲挽母氏之殘虐而即于寬慈，……惟借神道設教，因果報應之說，庶可改革之。遂敬延其嫗，以與母相見。嫗則設壇升座，兩炬熒煌。初憑而俯，繼呻而噫，忽張眉突眼，雙掌震几，作漢語而呼曰：鄭門吳氏，還不速跪。崟陽欲尊其說而聳母氏之聽也，急先母而跪。母以崟陽讀書明理，素崛強於鬼神之說，今且懾服致跪，而悔禍之心大萌矣！亦繼崟陽而跪，而嫗于是歷數虐婢之含冤，冥訴之多詞，母則不欲其縏指也。……崟陽急下轉語曰：固知罪矣，今惟求解罪。嫗固不可，母則百其顙至地，沾其淚滿衿矣。崟陽則下直語曰陰司現今作何果報？嫗曰：罰他十幾世為苦婢，大限只在百日內。其死婢十幾位，作夫人以莅之耳。……崟陽為之中解曰：現前賜杖受責，以後不蹈前非，可乎？嫗曰：子係貴人，說准允從。……痛打二十，以贖前罪。而執杖為崟陽，又出自巫語，于是杖母之說，遂成鐵案。〔註109〕

依據計六奇〈鄭鄤本末〉的說法。鄭鄤似有意藉「因果報應」之說使其母改掉虐婢之惡習，本人卻並不信仰「巫嫗」。換言之，鄭鄤可能主動邀巫嫗合演這一場戲，「巫嫗」只是其令母親畏懼、改過的工具罷了。若這種假設成立，「鄭鄤杖母」的舉動，固然有「令母改革」的目的，卻也可能是為了發洩對母親的不滿，所以鄭鄤仗母的動機極為可議。但是若依陸完學之說法，鄭鄤實屬無辜，陸云：

此事最為可宥，鄭父振先家其箕仙，能發人隱事，一家祟事，無不皈依。凡有過失，皆遭扑責，謂之懺悔。自振先夫婦至鄭鄤以下，無不皆然，不獨鄤母吳氏一人受杖也。惟是吳氏受杖，繫振先之婢動刑……疑杖時鄭鄤與父皆在其前，不能救鐃，事則有之，非所挑激也。〔註110〕

鄭鄤一家都信仰箕仙（巫嫗），受杖是一種懺悔的儀式，人人都受杖並不限於鄭鄤之母吳氏而已。且吳氏受杖，並非由鄭鄤動手，而是鄭父之婢動刑。換

〔註109〕計六奇：《明季北略》（台北：台灣商務印書館，1979年5月），卷十五〈鄭鄤本末〉，頁191～192。

〔註110〕〔清〕孫承澤：《春明夢餘錄》（上海：上海古籍出版社，1993年7月，四庫筆記小說叢書本），卷四十五，頁828。

言之，鄭鄤仗母並無其實，且仗母之舉仍出於宗教信仰之懺悔儀式，動機亦無可議。由於崇禎皇帝極爲重視此案，審理者必定竭盡所能，陸完學的說法出自刑部，筆書認爲應該是較爲可信的。

溫體仁擔任首輔，以排除異己爲能事。他極恨錢謙益，必殺之而後快。於是陳履謙、張漢儒劾錢謙益，並且牽連了瞿式耜，錢、瞿二人被逮至錦衣衛獄。錢謙益爲了活命，於是透過孫承宗之子（高陽公子）求援於曹化淳。曹化淳曾是王安的部屬，錢謙益曾經爲王安寫過碑文，所以曹化淳決定盡力營救。陳履謙又具一匿名揭有錢謙益「款曹擊溫」之語。曹化淳爲了自己的清白，自請查明其事。其後陳履謙父子，招供所有計謀皆出於溫體仁之手。最後溫體仁在全然不備的狀態下，接到到了崇禎「放他去」的聖旨，結束了政治生涯。〔註 111〕

三、薛國觀當政時期

薛國觀，韓城人，爲萬曆四十七年進士。當魏忠賢擅權時，東林黨成爲攻擊的目標。薛國觀曾劾游士任、熊明遇、張鳳翔、蕭近高、喬允升等人，這些人都屬東林黨，所以天啓時期薛國觀的政治傾向近於閹黨。崇禎皇帝即位之後，他改變了政治立場，大治忠賢遺黨，此一舉措被南京御史袁燿然所劾。他害怕京察無法過關，於是先下手爲強，彈劾吏科給事中沈惟炳、兵科給事中許譽卿，言：「兩人主盟東林，與瞿式耜掌握枚卜。……今朝局惟論東林異同向背，借崔、魏爲題，報仇傾陷。」〔註 112〕崇禎帝雖然責其撓察典，但是薛國觀卻得以免察。崇禎處理薛國觀的方式，將使黨爭加劇，因爲這等於鼓勵朝臣以告訐他人的方式來逃避詮選。所幸薛國觀不爲清議所容，不久就以終養的藉口回鄉。溫體仁因爲薛國觀素仇東林，將其密薦於崇禎，於是薛受到崇禎的重用。崇禎十一年六月，成爲禮部尚書。這年冬天，首輔劉宇亮出督師，薛國觀與楊嗣昌合作，將劉宇亮從首輔的位置擠了下來。次年（十二年）二月，成爲首輔。崇禎帝曾與薛國觀論及朝士貪婪的問題。

閣中有所票擬，中書（文書官）每于外廷傳示消息，已成定例矣。至是韓城信任私人王陛彥而怒老中書周國興、楊餘洪不爲用。特揑洩旨事參之，

〔註 111〕參見〔明〕文秉：《烈皇小識》（台北：新興書局，1974 年 5 月，收錄於《明季稗史》第一冊），卷五，頁 10 下～12 下。

〔註 112〕〔清〕張廷玉：《明史》（北京：中華書局，1997 年 11 月，二十四史縮印本），卷二五三，頁 6538。

兩人皆廷杖斃杖下。兩中書家皆密緝韓城納賄事件以報東廠。又上召對時曾語朝臣貪婪。韓城曰：使廠衛得人，朝臣何敢至是？東廠太監王化民（《明史》：王德化）在側，汗流浹背。于是專偵其陰私事，而史范所鞏多金，爲布置地者皆入韓城之寓。適史范死，周、楊二家力慫范家人詣廠出首，東廠即以上聞。〔註 113〕

薛國觀將朝士貪婪之因歸咎於廠衛偵伺不嚴。這使得立侍於崇禎側的王化民極爲恐懼，深怕崇禎皇帝責怪、降罪。既然薛國觀言朝士之貪婪乃因廠衛偵伺不嚴，那麼就從薛國觀開始查起吧！薛國觀並不是一個廉潔的人，加上他曾因爲不喜周國興及楊餘洪二人，故意參劾二人洩旨，使二人死於廷杖。薛國觀之參劾引發了周、楊家人的報復，搜集了薛國觀的賄賂事證，而上報東廠。薛國觀的施政仍是延續溫體仁的嚴刑與重稅的策略。崇禎擔心國用不足，薛國觀竟然將腦筋動到皇親國戚身上，他說：

> 在外群僚，臣等任之；在內戚畹，非獨斷不可。因以武清侯李國瑞爲言。國瑞者，孝定太后兄孫，帝曾祖母家也。國瑞素薄兄國臣，國臣憤，詭言「父貲四十萬，臣當得其半，今請助國爲軍貲」。帝初未允。因國觀言，欲盡借所言四十萬者，不應則勒期嚴追。或教國瑞匿貲勿獻，折毀居第，陳什器通衢，示無所有。……帝怒，奪國瑞爵，國瑞悸死。有司追不已，戚畹皆自危。因皇五子病，交通宦官宮妾，倡言孝定太后已爲九蓮菩薩，空中責帝薄外家，諸皇子盡當殀，降神於皇五子。俄皇子卒，帝大恐，……盡還所納金銀，而追恨國觀，待隙而發。〔註 114〕

崇禎帝向外戚李國瑞「借」四十萬兩。不用想也知道，此款一借必定有去無回，李國瑞當然要裝窮了。但是裝窮的舉動卻引發崇禎帝憤怒，於是奪了李國瑞的爵位，李也因此驚悸而死。恰巧，此時皇五子也因病而殀折，宦官宮妾都說這是孝定太后的懲罰。這使得崇禎驚恐不安（崇禎帝信奉天主教）而將所取之金銀悉數歸還李國瑞家人。由於向李國瑞借貲財之事，最後發展成錢沒借到又死了皇五子，崇禎帝自然會將這筆帳算在薛國觀頭上。照理來說，李國瑞事件應使薛國觀戒慎恐懼才是，但事實卻非如此。薛國觀向來不喜吳

〔註 113〕〔明〕文秉：《烈皇小識》（台北：新興書局，1974 年 5 月，收錄於《明季稗史》第一冊），卷六，頁 32 下～33。

〔註 114〕〔清〕張廷玉：《明史》（北京：中華書局，1997 年 11 月，二十四史縮印本），卷二五三，頁 6540。

昌時，吳昌時爲了考選的成績，求見薛國觀，薛國觀承諾他吏科給事中的職位，但最後只得到禮部主事。《明史》云：

> 昌時大恨，以爲賣己，與所善東廠理刑吳道正謀，發丁憂侍郎蔡奕琛行賄國觀事。〔註 115〕

吳昌時是否賄賂薛國觀，不見記載。但是由薛國觀不喜吳昌時卻承諾予以吏科給事中的職位，以及事後「昌時大恨，以爲賣己」判斷，或許這是一起拿錢不辦事所引起的報復事件。最後，薛國觀奪職，放歸故里。沒想到，薛國觀在回鄉時竟然「重車纍纍」，大搖大擺地回到家鄉，完全不知道收斂。這種招搖至極的行爲被東廠的太監所偵知，報告給崇禎皇帝。《烈皇小識》載：

> 先是韓城出都資重纍纍，用車至數百輛。東廠隨具事件密奏，聖心益怒。而史范寄頓之贓，衛招甚明。給事中袁愷復疏劾其納賄諸事與通賄刑部右侍郎蔡奕琛、左副都御史葉有聲，並及吏部尚書傅永淳、侍郎林棟隆。……令自盡之命下時，韓城已臥。家人報錦衣賫詔至，韓城蹙然曰：我死必矣！倉卒覓小帽不得，取蒼頭帽覆之。宣詔畢，頓首不能出聲。〔註 116〕

崇禎十四年八月初八日，薛國觀自縊。結束了其貪婪的一生。

四、周延儒再相時期

周延儒在故鄉時，與東林派來往頗爲密切，他和姚希孟、羅喻義是有交往的。後來因爲與錢謙益有利益衝突，才和東林黨不和，並非與東林黨的人有素仇。所以在主會試時，所錄取的人如：張溥、馬士奇，都是東林黨的人。周延儒與東林爲敵，最後卻被溫體仁所排擠，於是黯然歸鄉。他失勢歸鄉後，心中覺得對不起東林黨的人。這時溫體仁、張至發、薛國觀等人相繼爲相，朝廷中的正人如鄭三俊、劉宗周、黃道周等，皆得罪。復社張溥告訴周延儒：「公若再相，易前轍，可重得賢聲。」周延儒也接受了這個建議。周延儒於崇禎十四年九月到達北京，再度成爲首輔，盡革溫、薛時期的施政風格。《明史・周延儒傳》云：

> 既入朝，悉反體仁輩弊政。首釋漕糧白糧欠户，蠲民間積逋，凡兵

〔註 115〕〔清〕張廷玉：《明史》（北京：中華書局，1997 年 11 月，二十四史縮印本），卷二五三，頁 6540。

〔註 116〕〔明〕文秉：《烈皇小識》（台北：新興書局，1974 年 5 月，收錄於《明季稗史》第一冊），卷六，頁 34。

殘歲荒地，減見年兩稅。蘇、松、常、嘉、湖諸府大水，許以明年夏麥代漕糧。……延儒又言：「老成名德，不可輕棄。」於是鄭三俊長吏部，劉宗周掌都察院，范景文長工部，倪元璐佐兵部，皆起自廢籍。……釋在獄傅宗龍等，贈已故文震孟、姚希孟等官。〔註117〕

周延儒的這些措施，的確可以使人民艱難的生計暫時得到舒解，同時政治風氣也為之一變。周延儒再相，深受崇禎皇帝的重用，他也充分地利用崇禎的信任，為得罪之臣婉言求解。崇禎「起復黃道周」，就是周延儒所促成的。《國榷》云：

至是，上偶言及岳飛事，

歎曰：安得將如岳飛者而用之？

延儒曰：岳飛自是名將，然其破女直（眞）事，史或多虛張。即如黃道周之爲人，傳之史冊，不免曰：其不用也，天下惜之，上默然。甫還宮，即傳旨復官。〔註118〕

崇禎與周延儒的這一段對話，楊士聰有更詳盡的記錄，他說：

宜興進言亦甚有法。如黃石齋一事，本因上問：撼山易，撼岳家軍難，何以能至此？

宜興奏曰：飛在當時，固是忠勇，然亦未必盡如所云，但因秦檜殘讒構，飛不得其死，後世憐之，所以說得飛更好，就是古今所無。即如黃道周，……今在瘴癘之鄉，一旦不保，則後世止知憐他，就與岳飛相類。上微笑不答。

蔣晉江（德璟）因曰：「道周在獄逾年，只是讀書，及感戴聖恩，曾手書《孝經》百卷，各有題跋。此人大要還在忠孝一邊，還望皇上赦他。」

上曰：既是卿這等說，豈止赦他，就用他也不難。〔註119〕

崇禎本是感慨朝中無人可捍江山，但是周延儒巧妙利用岳飛、黃道周皆不爲上所用的共同點，激起崇禎不欲成就黃道周美名的心理（或不欲成爲昏君的

〔註117〕〔清〕張廷玉：《明史》（北京：中華書局，1997年11月，二十四史縮印本），卷三八〇，頁7928～7929。

〔註118〕〔明〕談遷：《國榷》（台北：鼎文書局，1978年7月），卷九十八，頁5940。

〔註119〕〔明〕楊士聰：《玉堂薈記》轉引自樊樹志：《崇禎傳》（北京：人民出版社，1997年11月），頁438～439。

心理）。蔣德璟又不斷地從旁敲邊鼓，極言黃道周之忠、孝，於是黃道周才得以起復原官。周延儒解救黃道周，的確是功德一件。但是周延儒再相，仍不改其貪婪的本性。將各種官職詮選，視為增加收入的機會。國勢危急之際，卻大收賄賂，他所任用的人不能勝任職務，是完全可以料到的。周延儒復相之後的善政，除了起用正人之外，還有一項也是值得稱許的，那就是建議崇禎皇帝節制廠衛的特務活動，但是這一舉措著實擋到了宦官的財路〔註 120〕。若周氏廉隅自持，則抑制宦官的後遺症尚且不大，因為宦官縱使要攻擊他，也必須周氏本身有過可舉才行。但是周延儒向來「貪婪」，宦官及不滿他的大臣要整治他是不難的。《明紀》載：

> 延儒奏罷廠衛緝事，都人大悅，……而廠衛以失權胥怒延儒，……延儒薦駱養性掌錦衣衛，養性狡狠，背延儒與中官結，刺延儒私事。至是養性及中官，盡發所刺延儒軍中事，帝乃大怒。〔註 121〕

談遷《國榷》亦載：

> 崇禎十六年，五月己卯。……初，（雷）演祚奏范志完縱兵淫掠。上詰其實。演祚復奏，志完兩年簽事，遽陟督師，不聞知兵戰守，徒恃賄躐陞，非有大黨，何以至是？……中樞主計，皆喜虛文，請餉須常例，凡發萬金，例扣三千，故長安（按：指北京）有餉不出京之謠。其他外官常例，不勝枚舉。兵部則推陞估闕之價，敘功視賂為優劣。胡寇交訌，惟添撫添督，卸責推諉。〔註 122〕

《明紀》所云的「軍中事」指崇禎十六年四月周延儒自請督師，出駐通州，不敢戰，惟與幕下客飲酒娛樂，而日騰章奏捷〔註 123〕，的欺君之事。崇禎知道自己為周延儒所欺，自然要大怒；加上雷演祚彈劾范志完又牽扯到周延儒納賄，周延儒的死期自然是不遠了。雷演祚指稱，以范志完的經歷不應有其

〔註 120〕帝疑群下，東廠太監王德化以慘刻輔之。鎮撫梁清宏、喬可用朋比為惡。凡縉紳之門，必有數人往來蹤跡，故常晏起早闔，毋敢偶語。旗校過門，如被大盜，官為囊橐，均分其利。京中奸細潛入，傭夫販子，陰為流賊所遣，無一舉發，而高門富豪，跼蹐無寧居。其徒黠者，恣行請託，稍拂其意，飛誣立搆。〔清〕陳鶴著、陳克家補：《明紀》（台北：世界書局，1967 年），卷五十六，頁 584。

〔註 121〕〔清〕陳鶴著、陳克家補：《明紀》（台北：世界書局，1967 年），卷五十七，頁 592。

〔註 122〕〔明〕談遷：《國榷》（台北：鼎文書局，1978 年 7 月），卷九十九，頁 5981。

〔註 123〕〔清〕陳鶴著、陳克家補：《明紀》（台北：世界書局，1967 年），卷五十七，頁 592。

官職（督師）。范之所以能由簽事驟升督師，是因爲他賄賂了周延儒。所以范志完雖不了解軍事，也能擔任督師。雷演祚又點出，發放兵餉，照例先扣下三成（户部、兵部之官員可從中牟利），其餘七成才會眞正用在軍人身上，其他的地方性陋規是不勝枚舉的（如火耗、冰敬、炭敬……）。總之，兵部之推陞不是依據其戰場上的表現來決定，而是由賄賂多寡來決定的。這樣一來，將官上任之後自然急於還本（將賄賂之金錢連本帶利貪污回來），禦虜防寇只能勉強應付、應付了。邊將之任用不得其人，既然導因於首輔上下其手，所以處理內亂（流寇）、外患（女眞）時，只能打渾仗，不斷地設置權限近似的官職，致使權責不明，以便推諉所應負起的責任。《明紀》云：

> 然延儒實庸懦無才略，且性貪。當邊境喪師，流賊勢張，天下大亂，延儒一無所謀畫。用侯恂、范志完督師，皆僨事，延儒無憂色。而門下客董廷獻等，因緣爲奸利，又信用文選郎中吳昌時及給事中曾應遴、曹良直、廖國遴、楊枝起輩。熊開元、姜埰廷杖下詔獄，宗周、光辰、石麒等罷，延儒皆弗救。〔註 124〕

《明紀》將侯、范督師僨事，歸咎於延儒用人不當或許可以說得通，但是劉宗周被罷，是崇禎皇帝「乾綱獨斷」的。首輔雖然居官僚體系之最高位。但是其地位卻如東方朔所云「抗之則在青雲之上，抑之則在深淵之下」（〈答客難〉）是極爲不穩固的。要周延儒觸君之怒申救劉宗周，無異是一項過於嚴苛的要求。談遷引楊士聰之言，指出：崇禎召雷演祚、方拱乾是周延儒走向被賜死命運的起點，及吳昌時被審，崇禎已明白指示欲置周延儒於死地，於是刑部乃逢迎崇禎皇帝之意旨而致周延儒於死地。楊士聰云：

> 上召雷演祚、方拱乾，此宜興得罪之始也。迨吳昌時廷鞫，始令催入候旨，明乎罪昌時，故諸臣言昌時么麼小臣。上曰：昌時是么麼，彼延儒也是么麼？厥後刑部擬罪，舍昌時而專言封疆，逢迎上意而致之死。〔註 125〕

周延儒之死，楊士聰頗爲其抱不平，他說：

> 夫封疆則有之矣，豈宜興一人之罪？且視師不過末年，始終封疆者，自有其人，與宜興何預？及至旨出，又不言封疆而言機械：罷內侍、

〔註 124〕〔清〕陳鶴著、陳克家補：《明紀》（台北：世界書局，1967 年），卷五十七，頁 592。

〔註 125〕〔明〕談遷：《國榷》（台北：鼎文書局，1978 年 7 月），卷九十九，頁 6006。

撤廠衛，皆機械也。〔註 126〕

平心而論，周延儒之死的確是死有餘辜。納賄、隱蔽軍情，雖然是當時的普遍現象，但是這不表示它是合法的，有事或無事，其實取決於君王之一念。事實上，周延儒之死，象徵著明代政治制度的失靈。首先談談納賄的問題：納賄，當然可能是出自於個人之貪念，但是也可能是結構性的貪污已經滲透整個官僚體制，一個官員若堅持出污泥而不染，就等著被他人摒除於官場之外吧！（因爲：擋人財路、告發的高危險分子）其次談談監察及特務的問題：明代黨爭之所以激烈無比，和職司監查百僚的言官及廠衛有相當的關係。言官可以在尚未掌握確切證據時就彈劾百僚，縱使失實亦罕有得罪者；廠衛之緝捕行動，更是受到皇帝的支持。在君王的眼中，言官和宦官，同爲自己的耳目，所以儘管職位不高，說話卻極具份量。監察制度固然是必須的，但是監察者也應受到約束，其糾彈要能經得起檢驗，否則即是失職，應該下臺負責。但是在明代，言官及中官二者的言論可以不必負責，於是若被人利用作政爭的工具，或本身居心不良，將會使朝臣人人自危。周延儒罷內侍、撤廠衛的建議，若能徹底執行，朝臣將能減輕許多的心理壓力，朝政或許也會清明一些。

〔註 126〕〔明〕談遷：《國榷》（台北：鼎文書局，1978 年 7 月），卷九十九，頁 6006。

第四章　西學的傳入與學術思想

第一節　明末清初傳教士來華及傳教策略

十三世紀時，葡萄牙人將星盤和指南針結合，使遠航時不致迷失方向；十四世紀時，葡萄牙人又製造出能夠遠航的帆船。至此，初步具備了遠航所需的物質條件。西方宗教改革風潮形成後，耶穌會（創立於1540年）爲了彌補日漸流失的天主教信徒，於是訓練了一批學養良好的會士至東方傳教。這些耶穌會會士在進入中國（明朝）後，爲了便於傳教他們採取了一連串的「傳教策略」。本節將分別說明傳教士來華的背景及他們所採取的「傳教策略」。

一、傳教士來華的歷史背景

（一）歐洲部分

明末清初中西的交流，與西方大航海時期的擴張密切相關。自十四世紀初開始，歐洲商業革命，歐洲對遠東產品的需求大大增加，但此時地中海的貿易之路卻被義大利所壟斷。於是西班牙、葡萄牙率先揚帆，要尋找一條不受義大利控制的東方之路。營利的動機雖然能產生極大的動力，但是這種海外擴張仍需克服對海洋的畏懼及安全的航海科技支持。中世紀晚期，「發現的神秘主義」強調尊重人與自然、爭取異教徒、愛好旅行等，鼓勵了對地理科學的探索。十三至十四世紀，地理知識進步，葡萄牙人將航海科學與天文科學知識結合，使指南針和星盤成爲遠航時的重要依恃。十四世紀，葡萄牙人

改造阿位伯人的三角帆索而製造出適於遠航的三桅帆船，至此由西方至東方的物質及動力條件可說是具備了。〔註1〕

西方傳教士進入中國除了上述的原因之外，與當時歐洲如火如荼的宗教改革運動亦息息相關，宗教改革者中，最爲人所熟知的就是馬丁·路德。馬丁·路德最核心的主張是「因信稱義」，所謂因信稱義，指信仰是獲救的唯一準則，人人都可以與上帝直接溝通，而不必透過教士和教宗。這意味著，每個人都是信仰的主宰、精神的主體，教會組織、教皇權威、聖禮制度等宗教制度，都將失去其約束力。自此，宗教改革運動風起雲湧，天主教在歐洲的影響力日減。爲護持教宗的威權，依納爵·羅耀拉於是在 1540 年正式成立耶穌會，並成爲對抗宗教改革最主要的力量之一〔註2〕。明末清初入華傳教的教士以耶穌會爲主，耶穌會曾派視察員范禮安考察中國傳教的環境，最後他主張傳教士應採用「調適政策」，即學習中文及當地風俗民情再藉機傳教。這一個傳教策略最初由羅明堅及利瑪竇二人執行，後因羅明堅回歐洲而由利瑪竇獨擔大任。

（二）中國部分

萬曆皇帝批准申時行將王守仁、陳獻章從祀文廟，等於宣告王學解禁，也造成了意識形態趨向全面失控。利瑪竇進入中國適逢王學「東海西海，心同理同」理論風行之際，因而他傳播的歐洲學說，被王門後學視爲來自西海聖人的新道理。基於這個原因，利瑪竇在面對困境時總能得到王門後學的奧援及同情，在這樣的學術氛圍下，西學是較易被接受的〔註3〕。西學被接受除了因學術氣氛較爲寬鬆外，當時暢旺的商業發展應也有助於西方學術被接納。余英時《中國近世宗教倫理與商人精神》云：

> 明、清商業書是從商人觀點所編寫的日用百科全書，從天文、地理、朝代、官職、全國通商所經的里程道路、風俗、語言、物產、公文書信、商業算術，以至商業倫理等無所不包。……我們可以看到商人必須對他們所生活的客觀世界具有可靠的知識。……他們不能滿

〔註1〕張國剛：《從中西初識到禮儀之爭——明清傳教士與中西文化的交流》（北京：人民出版社，2003 年 12 月），頁 31～38。

〔註2〕黃一農：《兩頭蛇——明末清初第一代天主教徒》（上海：上海古籍出版社，2006 年 8 月），頁 6。

〔註3〕朱維錚：《利瑪竇中文著譯集·導言》（香港：城市大學出版社，2001 年），頁 29～33。

> 足於主觀的冥想，而同時必須認識外在的世界。〔註 4〕

明清之際由於已進入大航海時期，各大商幫無不竭盡所能地將分布於各城市、農村之絲、棉及其他特產運往東南亞、日本，並將農村之糧食作物輸往各大城市。從事長途販售，互通各地之有無，自然需要對地方之物產、氣候能夠精確掌握，才能夠因「資源的稀有性」而取得利潤。又，知曉路途遠近才能衡量運輸成本，並判斷能否從中得利。致於公文書信，乃與官府交往之媒介，得體與否至關重要，而商業算術可以得知利潤高低及分配是否公平，這些都是從事商業所必備的知識。但是這一類知識無法由《四書》、《五經》獲得，只能求諸其他管道。西方所傳入的地理學、數學，正好可以彌補儒學的缺口，所以商人應該能接納西學。唐力行《商人與中國近世社會》認爲，東林黨成員有超過二分之一的籍貫是江浙或山陝，絕非偶然。東林黨的人際網絡，與商人密切相關〔註 5〕。小野和子也指出，復社是以太湖周圍經濟發展爲背景，而壯大起來的〔註 6〕。黃一農則認爲，東林黨接納天主教的原因是因爲二者皆重視開物成務、經世致用，並且相信天主教的思想本質與儒家大同小異。東林黨對西學西教的態度，又透過了師生、婚姻等人際網路而影響了復社成員〔註 7〕。綜合唐氏、小野氏、黃氏三人的說法，可以得出這樣的結論：(1)東林黨、復社的成員大多出身於商業發達的區域，他們的人際網路往往與商人交織在一起。(2)東林黨接納天主教是因爲二者皆重視經世致用、東林黨對西學的態度又透過人際網路而影響了復社。將這兩個結論與余英時所述商人對客觀知識的渴求合看，繁榮的商業及商人對實用科學的需求的確是有助於西學被接納的。

二、傳教士在華傳教的「調適策略」

（一）儒服及西學

明代是一個貴賤有等的社會，雖然貴賤之等在明中葉以後有鬆弛的現

〔註 4〕 余英時：《中國近世宗教倫理與商人精神》（合肥：安徽教育出版社，2001 年 8 月），頁 218～219。

〔註 5〕 唐力行：《商人與中國近世社會》（台北：台灣商務印書館，1997 年 7 月），頁 225～226。

〔註 6〕 〔日〕小野和子：《明季黨社考》（上海：上海古籍出版社，2006 年 1 月），頁 259。

〔註 7〕 黃一農：《兩頭蛇——明末清初第一代天主教徒》（上海：上海古籍出版社，2006 年 8 月），頁 127～128。

象，但是毫無疑問地都是由較低階層向較高階層僭越。亦即，人民慣於由服飾衣著判別一個人在社會中所處的地位。在四民之中，仕紳階級社會地位最高，而他們的所著的服裝即是所謂的「儒服」。一個人穿著「儒服」，象徵著擁有較高的知識水準及朝廷功名，所受到的尊重及待遇迥異於其他階層。利瑪竇等耶穌會士初入中國時，並不了解這一點。他們認爲佛教的教義和儀規，和天主教有一些相似性，再加上耶穌會士誤以爲和尚的政治和社會地位近乎歐洲教會的僧侶，遂接受中國官員將天主教劃入和尚道士一類的作法，並剃髮、著僧衣〔註 8〕。穿著儒服傳教，始於 1593 年。1589 年，利瑪竇從肇慶遷居韶州，並在那裏成了儒生瞿太素的好友。瞿太素發現利瑪竇身著僧服，便建議他最好還是穿儒服。利瑪竇於 1593 年離開廣東後，馬上就採納了這一建議〔註 9〕。洪若翰神父對利瑪竇儒服傳教之敘述略有不同，他說：

> 歐洲的科學當時在中國是新奇的東西，一些中國官員逐漸對利瑪竇神父產生了好奇心，想見見他。因爲他采取了畢（必）恭畢（必）敬與奉承的態度，故頗討官員們喜歡。……他們對他說：「以您現在的身份，沒有多少人會聽你說什麼。……既然您是個博學的人，您就應該像我們的文人學士那樣生活。……官員們向來尊重文人，他們也會同樣地尊重您。他們會接受您的拜訪，並樂意聽您開導。……他在向上帝進行祈禱並對其道長請示後，采納了這些官員的建議。」〔註 10〕

依洪若翰神父的敘述，建議利瑪竇者是一群中國官員，而不是瞿太素。但也不可排除在某一個宴會場合中，瞿太素及官員們共同對利瑪竇提出「儒服策略」，或者在不同場合瞿太素及官員們先後有相同建議的可能性。「像文人學士那樣生活」，意味著必須展現其過人的知識及儒雅的舉止。身爲一個西洋傳教士，不可能在中國傳統學術上勝過他人，能依恃的就是在傳教士養成過程中所習得的西方科學〔註 11〕。西方科學中的天文學、地理學及數學的邏輯、

〔註 8〕黃一農：《兩頭蛇——明末清初第一代天主教徒》（上海：上海古籍出版社，2006 年 8 月），頁 28。

〔註 9〕利瑪竇、金尼閣著，何高濟、王遵仲、李申譯，何兆武校：《利瑪竇中國札記》（北京：中華書局，1983 年 3 月），〈1978 年法文版序言〉，頁 652。

〔註 10〕〔法〕杜赫德編；〔中〕鄭德弟、呂一民、沈堅譯：《耶穌會士中國書簡集——中國回憶錄（上卷）》（鄭州：大象出版社，2005 年 6 月），〈洪若瀚神父致拉雪茲神父的信〉，頁 345。

〔註 11〕成爲一名耶穌會士首先要申請並通過基本素質考核，得以成爲見習修士。度

證明，對中國知識分子而言有極大的吸引力，因爲中國在天文學、數學、醫學等自然科學領域此時已落於西方之後。至於落後的原因，利瑪竇認爲與朱元璋的私心、朝廷的政策有關，他說：

> 目前管理天文研究的這個家族的始祖（朱元璋），禁止除以世襲入選者之外的任何人從事這項科學研究。禁止的原因是害怕懂得星象的人，便能夠破壞帝國的秩序或是尋求這樣做的機會。〔註 12〕

又說：

> 在這裏每個人都很清楚，凡是有希望在哲學領域成名的（原注：指通過科舉作官），沒有人會願意去鑽研數學或醫學。結果是幾乎沒有人獻身于研究數學或醫學，……鑽研數學和醫學並不會受人尊敬。〔註 13〕

在利瑪竇看來，中國皇帝爲了防止有人藉天象興亂而篡奪明祚，所以除了極少數的人外，他人根本沒有機會學習天文知識。至於數學、醫學，因爲不受社會重視且缺乏出路，精英分子也不願意獻身研究。亦即，害怕野心份子及科舉考試範圍狹隘，使得自然科學在中國沒有培植、壯大的環境。利瑪竇成長於重視自然科學的義大利，當其置身於《四書》、《五經》重於一切的學術環境，相信必定經歷過極大的文化衝擊，這也使得他一眼看出中國天文、數學、醫學（西醫）不興盛的癥結所在。筆者則認爲：自然科學，從來不是大明帝國關注的焦點，在這個廣土眾民、文盲居絕大多數的國度，如何餵飽人民並使其易於管理，才是歷朝帝王施政的要點。易言之，大明帝國著意的是「社會控制」，程朱理學強調的三綱、五常，讓人民習於服從國君、父親、丈夫等，屬於價值觀的控制；掌理天文現象的詮釋權，則是帝國認同的控制〔註 14〕。

過兩年的見習修行期後進入研究學者階段，花 3～5 年研究文學和哲學，同時不斷進行簡單的宣誓。此後，研究學者還要在特定的教廷職務上幫忙 2～3 年，通常是在中學任教。這以後進入爲期四年的神學研究階段，結束時正式發「三絕」誓願，方成爲耶穌會正式成員。……耶穌會學者在許多領域都處於學術前沿，一向在哲學和語言研究、尤其是神學方面有卓越貢獻，也在科學方面受過良好教育，並注重文學、倫理學等世俗學問。請參見張國剛：《從中西初識到禮儀之爭》（北京：人民出版社，2003 年 12 月），頁 195。

〔註 12〕利瑪竇、金尼閣著，何高濟、王遵仲、李申譯，何兆武校：《利瑪竇中國札記》（北京：中華書局，1983 年 3 月），頁 33。

〔註 13〕利瑪竇、金尼閣著，何高濟、王遵仲、李申譯，何兆武校：《利瑪竇中國札記》（北京：中華書局，1983 年 3 月），頁 34。

〔註 14〕據《社會學辭典》社會控制可以定義爲：各類社會群體用以強制或鼓勵從眾，

在這樣的時空背景下，不難想像中國知識分子在遭遇西方傳入的科學知識及儀器時，會是多麼的驚訝及欣喜。西方科學重邏輯、原理的學術特點，是中國所缺乏的；傳教士所帶來的天文、地理知識，是士人所不知的。這一切，都成爲傳教士與士人交接的最佳禮物。利瑪竇知道西方科學奇貨可居，當然樂於「學術傳教」，但是他也注意到如何使中國人接受西方學術。他說：

> 我在這裏必須提到另一個有助贏得中國人好感的發現。他們認爲天是圓的，但地是平而方的，他們深信他們的國家就在它的中央。……他們不能理解那種證實大地是球形、由陸地和海洋所構成的說法，……（利瑪竇）他抹去了福島（非洲西北岸外之加那利群島）的第一條子午線，在地圖兩邊各留下一道邊，使中國正好出現在中央。〔註 15〕

利瑪竇在讓中國人知道地球是圓的及世界諸國的地理位置時，還不忘顧全中國人認爲自己的國家在天之中央的優越情感。前文曾提及，「像文人學士那樣生活」，意味著必須展現其過人的學識及儒雅的舉止。展現對世界各國的地理認知及風俗民情，屬於「學精識博」的面向；接下來討論另一個面向，「儒雅的舉止」。社會各階層大多會形成屬於此階層所特有的文化，並反映在衣著、言談舉止及生活的各個層面。在大多數的社會中，「儒雅的舉止」通常象徵著擁有較高的文化素養、知識水準，甚至是社經地位。但是如何適如其分地展現「儒雅」，在不同文化則有不同的方式，例如，接吻在西方是一種禮節，卻難以見容於中國傳統社會。利瑪竇爲了展現其儒雅，融入仕紳階級，他除了努力學習中國上層階級交往的繁文縟節外〔註 16〕也留心禮物的選擇。在《利

和處置違反公認規範之行爲的措施。社會學家將社會控制的基本過程分爲兩類：(1)規範與價值觀的內化。社會化過程十分注意把社會認可的行爲方式當作理所當然的、毫無疑義的規則或當社會慣常行爲來學習。(2)對違反法規和不遵守法規的行爲使用制裁辦法。制裁可以是正面的、也可以是負面的，前者指的是對於守規行爲給予獎勵，後者指的是對於違規行爲進行懲罰。懲罰的方式有正規的、有非正規的，非正規如斥責、嘲笑或放逐，正規的懲罰有違規停車的罰單、判刑或執行死刑等。見 David Jary、Julia Jary；周業謙、周光淦譯：《社會學辭典》（台北：貓頭鷹出版社，2005 年），頁 613。

〔註 15〕利瑪竇、金尼閣著，何高濟、王遵仲、李申譯，何兆武校：《利瑪竇中國札記》（北京：中華書局，1983 年 3 月），頁 180～181。

〔註 16〕利瑪竇對中國人際交往習俗之記載，參見利瑪竇、金尼閣著，何高濟、王遵仲、李申譯，何兆武校：《利瑪竇中國札記》（北京：中華書局，1983 年 3 月），頁 63～73。

瑪竇中國札記》中，我們可以發現利瑪竇最常贈與的禮物是三棱鏡、自鳴鐘、世界地圖、天球儀、地球儀等西洋儀器或地圖，而這些都是傳教士東來前所不曾見的，所以極受中國人的歡迎。利瑪竇以「學術傳教」，本來只是為了吸引知識分子入教，以增進影響力。但是有少數的知識分子留意到了西方學術的異質性及優越性，於是向傳教士學習西方的科學，最後也承擔起翻譯的工作。茲以徐光啓學習及翻譯《幾何原本》為例：

> 徐保祿（光啓）博士有這樣一種想法，既然已經印刷有關信仰和道德的書籍，現在他們就應該印行一些有關歐洲科學的書籍，引導人們做進一步的研究，內容則要新奇而有證明。……但中國人最喜歡的莫過於關於歐幾里德的《幾何原本》一書。……歐幾里德則與之相反，其中承認某種不同的東西；亦即，命題是依序提出的，而且如此確切地加以證明，即便是最固執的人也無法否認它們。……利瑪竇神父就告訴過徐保祿（徐光啓），除非是有突出天分的學者，沒有人能承擔這項任務並堅持到底。因此，保祿自己便擔負起這項工作。經過日復一日的勤奮學習和長時間聽利瑪竇神父講述，徐保祿進步很大，他已用優美的中國文字寫出來他所學到的一切東西；一年之內，他們就用清晰而優美的中文體裁出版了一套很像樣的《幾何原本》前六卷。〔註 17〕

徐光啓主動提出要印行一些歐洲科學典籍，要符合內容新奇、有證明的選書原則，最後決定翻譯《幾何原本》並加以印行。《幾何原本》翻譯出來之後，徐光啓是這樣看待此書的價值的。他說：「下學工夫，有理有事，此書為益，能令學理者祛其浮氣，練其精心，學事者資其定法，發其巧思，故舉世無一人不當學。」又說：「能精此書者，無一事不可精，好學此書者，無一事不可學。」〔註 18〕亦即，徐光啓認為《幾何原本》能使人邏輯細密並運用於現實生活。《幾何原本》、《天主實義》、《交友論》是當時在知識分子間流傳較廣的幾部西籍。筆者認為，這幾部西籍在明末清初思維方式的改變上，可能有一些影響力。

〔註 17〕利瑪竇、金尼閣著，何高濟、王遵仲、李申譯，何兆武校：《利瑪竇中國札記》（北京：中華書局，1983 年 3 月），頁 516～517。

〔註 18〕朱維錚：《利瑪竇中文著譯集》（香港：香港城市大學，2001 年），〈幾何原本雜議〉，頁 351。

（二）排佛道與輔儒

為了生存得更好，每一個地區、民族都會發展出獨特的文化。傳統的中國社會，最主流的文化由儒、釋、道三教所構成。在三教之中，儒家自漢朝漢武帝罷黜百家獨尊儒術之後，便成為國家法定的意識型態。儒家經典所呈現的意識型態如，忠君、孝親等等，具有著不可挑戰與懷疑的眞理性。釋、道二教，雖然在中國文化中亦居極重要的角色。但是相較於儒家，釋、道二教完全得不到國家政治強力的支持。利瑪竇及當時進入中國傳教的耶穌會會士，進入中國首先要回答兩個問題：(1)在中國誰是老大？是儒家，還是佛道？(2)傳教士不遠萬里而來傳教，對儒家是利是弊？排佛、道與第一個問題相關，輔儒與第二個問題相關。

明朝末年，儒、釋、道三教道同而教別的說法極其盛行。所謂的道同教別，指儒、釋、道的教法雖有差異，但是最終的目標（道）卻相同。換言之，人們可以依自己的需求（性之所近）選擇儒、釋、道來解決自己的問題。若就社會控制或者宗教自由、多元價值的角度來看，倡導「三教合一」或「道同教別」者，實際上並沒有任何的錯誤。但是在一個價值一元化的社會，眞理僅能有一個，儒家價值既然是國家所背書的眞理，佛教、道教盛行就是對儒家眞理的損害。耶穌會會士進入中國時，自然也觀察到了儒、釋、道既相爭又相融的現象，釋、道與天主教皆為宗教，若承認釋、道之教理為眞理，則航海九萬里至中國傳教，就沒有正當性。同樣的，若明目張膽地反對異域（中國）之價值觀或國家背書之眞理（儒家），恐怕將寸步難行更別說是傳教了。於是以排佛道、輔儒教自居，是再自然不過的調適策略。茲以利瑪竇《天主實義》所載的中士與西士之對答來說明利瑪竇對儒釋道的看法。文云：

> 中士曰：……吾中國有三教，各立門户：老氏謂物生於無，以無為道；佛氏謂色由空出，以空為務；儒謂易有太極，故惟以有為宗，以誠為學。不知尊旨誰是？〔註 19〕
>
> 西士曰：二氏之謂，曰無曰空，於天主理大相刺謬，其不可崇尚，明矣。夫儒之謂，曰有曰誠，雖未盡聞其釋，固庶幾乎！〔註 20〕

〔註 19〕朱維錚：《利瑪竇中文著譯集》（香港：城市大學出版社，2001 年），《天主實義》，頁 17。

〔註 20〕朱維錚：《利瑪竇中文著譯集》（香港：城市大學出版社，2001 年），《天主實

中士首先將中國三教儒、釋、道的教義拈出：「道教以萬物皆生於無，以無爲道。佛教則以萬物皆空，外界之形色皆是虛幻。儒家則以太極、兩儀、四象、八卦，萬物生生不已（誠），以有爲宗旨，重在成就現世。」請求西士判定。西士則以道教之無與佛教之空與違背天主教之教理。只有儒教之有與誠與天主教之教理相近。這個回答自然肯定儒家而貶斥佛、道，也就是所謂的「翼儒排佛」。中士又以佛、道二教之教義皆持之有故，言之成理，當如何辯之爲問。文云：

> 中士曰：正道惟一耳，烏用眾！然佛老之說，持之有故。凡物先空後實，先無後有，故以空無爲物之原，似也。〔註21〕
>
> 西士曰：上達以下學爲基，天下以實有爲貴，以虛無爲賤，若所謂萬物之原，貴莫尚焉，奚可以虛無之賤當之乎！〔註22〕

中士即云，佛老之說持之有故，其實也就表示無法由辯論的方式屈服佛教及道教之人士。西士則以「天下以實有最貴」做爲判別的標準，所以虛無（佛道）不值一提，這等於給儒家一個新的批判的工具。李之藻〈天主實義重刻序〉云：

> 嘗讀其書，往往不類近儒，而與上古《素問》、《周髀》、《考工》、《漆園》諸編，默相勘印，顧粹然不詭於正。至其檢身事心，嚴翼匪懈，則世所謂皐比而儒者，未之或先。信哉！東海西海，心同理同。所不同者，特語言文字之際。〔註23〕

利瑪竇等耶穌會士對於儒學的一貫策略是贊古而反今。所謂的贊古，就是將天主教之「天主」與《中庸》、《周頌》、《商頌》、《雅》、《易》、《禮》、《湯誓》、《金滕》等篇章典藉中有「上帝」之文相比附，最後做了「上帝與天主，特異以名也。」的結論〔註24〕。所謂反今，就是反對「太極圖說」之「理先於氣」或者「道先於氣」之理論，主張器先於理。李之藻云：「《天主實義》與上古《素問》、《周髀》、《考工》、《漆園》諸編，默相勘印，顧粹然不詭於正」，

義》，頁18。

〔註21〕朱維錚：《利瑪竇中文著譯集》（香港：城市大學出版社，2001年），《天主實義》，頁18。

〔註22〕朱維錚：《利瑪竇中文著譯集》（香港：城市大學出版社，2001年），《天主實義》，頁18～19。

〔註23〕朱維錚：《利瑪竇中文著譯集》（香港：城市大學出版社，2001年），頁137。

〔註24〕朱維錚：《利瑪竇中文著譯集》（香港：城市大學出版社，2001年），《天主實義》，頁25～26。

是極費苦心的。惟有如此，才可以逃避天主教理論與儒教理論相違的質疑，才能讓天主教順利傳教。周炳謨〈重刻畸人十篇引言〉亦云：

> 抑余（周炳謨）考載籍所稱天主、天堂、地獄諸論，二氏多有之。然其言若何（河）漢，欛柄莫執，而西庠之傳不然。其指玄，其功實，本天之宗與吾聖學爲近。第聖學言現在，不言未來。故曰：「未知生，焉知死？」〔註 25〕

周炳謨認爲，雖然天主教、佛教、道教都有天主、天堂、地獄等之類似理論。但是佛、道二教之理論過於誇大難以相信，天主教則不然。天主教之本天，與儒家上帝相近，儒教與天主教不同的地方僅在於一言現世，一言來世罷了。

不論是李之藻「與上古典籍默相勘印」說，或者周炳謨「本天之宗與吾聖學爲近」，都是將天主教之教義理解爲與儒家相近或相同。當然，李、周二人及同時代許多儒者對於天主教教理近儒的理解是有誤的，造成這一種錯誤的主要原因在於：儒者剛接觸天主教，未曾閱讀《聖經》等原典。所理解天主教之教義，都是透過《天主實義》已經被傳教士所曲附的教義，所以才會有天主教與儒教相近的看法。至清初，天主教傳教的時間日久、傳入的典籍日多，二者的矛盾衝突日益白熱化、表面化，最後二者決裂而中止西方傳教士傳教。

自從董仲舒講出「正其誼不謀其利，明其道不計其功」後，後世儒者都羞言「利」。直到明末清初之儒者才再次將天理／人欲；義／利。天理＝義；人欲＝利，之簡單分法再深究討論。對於義利之重新界定討論，當然有可能是因爲當時之國勢危急，講道德而無功效已引起普遍的不滿，但是或許也有可能是耶穌會會士帶來不同的思考，促使儒者反思。《天主實義》載：

> 中士曰：《春秋》者，孔聖之親筆，言是非，不言利害也。
>
> 西士曰（利瑪竇）：……孟軻首以仁義爲題，厥後每會時君，勸行仁政，猶以「不王者，未之有也」爲結語。王天下顧非利哉！人孰不悅利于朋友？利于親戚？如利不可經心，則何以欲歸之友親乎？仁之方，曰不欲諸己，勿加諸人。既不宜望利以爲己，猶必當廣利以爲人。以是知利無所傷于德也。〔註 26〕

〔註 25〕朱維錚：《利瑪竇中文著譯集》（香港：城市大學出版社，2001 年），頁 589。

〔註 26〕朱維錚：《利瑪竇中文著譯集》（香港：城市大學出版社，2001 年），《天主實

中士以儒家之最大的權威——孔子，言是非不言利害，來表示言利害似乎有損於德。利瑪竇則借用另一個權威——孟子，說明言利無傷於德。利瑪竇指出，孟子屢屢言「王天下」，「王天下」即是利，所以言利無悖於德；再者，由人類之良知良能來看，利於親戚、朋友乃是人性，若利不可經心，則必無將利歸於親友行爲意念，可見可以言利；最後，己所不欲勿施於人，不求利己而求利人之利是無傷於德的。

第二節　傳教士所傳入的西方科學

明清之際是中國文化由中世紀走向進代的起點。走向進代的內、外緣因素固然極其複雜，但是西學的傳入絕對是不容忽視的關鍵因素之一〔註 27〕。西方的近代化以工業革命及隨之形成的工業文明爲標幟，在工業文明形成前，已先經歷了一個思想的運動。這一思想運動大約是發生於 1570～1660 年之間，此時人們要求數量精確、純用理性來探求自然、觀察和實驗、近代數學應用於科學〔註 28〕。西方工業文明形成前的「思想運動」，明末清初的傳教

義》，頁 83。

〔註 27〕朱維錚云：作爲中國思想文化史的從業者，我以爲明清之際屬於中國走出中世紀的起點，而促使中國文化由傳統向近代過渡現象發生的內外因素極其複雜，有個不容忽視的因素，就是晚明正在起變化的所謂經學，與適當其會並由利瑪竇首先引進中國的所謂西學，二者發生遭遇以後激起的一連串學術畸變。朱維錚：《利瑪竇中文著譯集・導言》（香港：城市大學出版社，2001 年），頁 45。

〔註 28〕余英時於〈工業文明之精神基礎〉一文指出，在工業文明形成之前，我們已經先經歷了一個思想的運動。這一思想運動大約是發生在 1570～1660 年之間。其表象之一是人們逐漸要求數量的精確，要求精確的這一趨向是遍及全歐的，英國、法國、西班牙、義大利諸國皆然。表象二是近代科學的興起。歷史學家認爲，新科學觀念之產生是由於近代人對它的思考在態度上起了根本的改變，這一改變在於純用理性來探求自然的眞象。這時若干（科學）方法上之革新尤其值得注意。第一是強調數量的衡量爲達到結論的基礎。Tycho Brahe 或 Kepler 之證實哥白尼學說的大體正確並修正其嚴重錯誤——如天體運行的方式是橢圓的非圓的——就完全根據這種新的方法。第二種新的方法則是觀察與實驗。實驗本非新事，然而強調實驗爲任何科學命題的唯一有效的證明則爲十六世紀末與十七世紀初之新發現。第三個有關科學研究的重要革新則是近代數學之興起。十七世紀初以來之數學發展爲科學家提供了新的工具，使科學家的直覺與想像有印證的可能。余英時：〈工業文明之精神基礎〉，《歷史與思想》（台北：聯經出版公司，1976 年 9 月），頁 339～347。

士幾乎是同步將其傳播於中國的。不幸的是，中國知識分子對於西方所傳入的科學只看重其技藝的層面，而不知技藝的背後是嚴密的思考邏輯及力求精確的精神，這是比技藝更值得取法，同時也是中國文化最欠缺的。當時能理解西方學術精髓的人僅徐光啓、李之藻、瞿太素等少數士人，這些人只居總體士人中極低的比例，光靠這些人並不足以使中國文化產生質變。絕大部分與徐、李同時的知識分子，將傳教士攜入的西方學術視爲奇技淫巧，純粹作爲個人誇奇炫博之用，而不了解西學精髓之所在。雖然《明末清初中外科技交流研究》認爲，作爲整體來講，中國人幾乎沒有接受他們所傳播的宗教，但卻全面地接受了當時幾乎一切能代表歐洲科學技術先進水平的科學技術知識〔註 29〕。但是筆者仍以爲，學到科學知識而不及科學精神，仍只是學到皮毛而不是精髓。

明末清初傳教士東來，所帶來的西方文明包括了天文學、數學、地理學、哲學、藝術、物理學、醫學等領域。其中又以地理學、數學、天文學這三個領域最爲重要。下文將簡略介紹這幾個領域在中國傳播的概況。

一、地理學

（一）《山海輿地全圖》

利瑪竇在傳教之初，先以地圖、鐘表、三棱鏡做爲禮物，結交上層官僚及知識分子。中國的第一張世界地圖是由利瑪竇所傳入的，利瑪竇曾將一張世界地圖《萬國輿圖》掛在肇慶的客廳內，這是中國人最早看到的世界地圖。當時肇慶知府王泮看到了這張地圖之後，要求將此圖譯爲中文，以便刊印。1584 年，利瑪竇將原圖放大並完成中文標注，命名爲《山海輿地全圖》。此圖曾先後翻印爲多種版本，李之藻《坤輿萬國全圖》、李應試《兩儀玄覽圖》、程百二《萬國二卷圖》都是以利瑪竇《山海輿地全圖》爲本的〔註 30〕。利瑪竇《山海輿地全圖解》云：「其經度本宜每度晝之，茲且惟每十度爲一方，以免雜亂，依是可分置各國於其所。東西緯線數天下之長，自晝夜平線爲中而起，上數至北極，下數至南極；南北經線數天下之寬。自福島（卡內里群島）起爲十度，至三百六十度復相接焉。」這種將世界各國以經緯度標出其精確

〔註 29〕張承友、張普、王淑華：《明末清初中外科技交流研究》（北京：學苑出版社，1999 年 10 月），頁 19。

〔註 30〕曹增友：《傳教士與中國科學》（北京：宗教文化出版社，1999 年），頁 203～205。

地理位置的地圖，是中國人前所未見的。儘管《山海輿地全圖》所測之經緯度與現代所測相較，還談不上精確，但仍比無經緯度的地圖精確多了。陳觀勝曾比較利瑪竇所測與現時所測之經緯度，列表如下：

地　名	利氏所測緯度	現時所測緯度	利度所測經度	現時所測經度
北　京	40°	40°	111°	116°
南　京	32°	32°	110°	119°
大　同	40°	40°	105°	113°
廣　州	23°	23°	106°	113°
杭　州	30°	30°	113°	120°
西　安	36°	34°	99°	109°
太　原	37°	38°	104°	113°
濟　南	37°	37°	111°	117°

資料來源：陳觀勝：〈利瑪竇對中國地理之貢獻及其影響〉，轉引自《中國科學技術史——地學卷》，頁 422。

由上表可以看出，緯度的測量較精確，最多不過差了 2°（西安）；經度的精確度遠不及緯度，差異介於 5°～10° 之間，但是這是四百二十餘年前的測量，這樣的精準度，是可理解的。利瑪竇將世界地圖傳入中國的同時，也將地理學知識傳了進來。他介紹的地理學知識主要是大地球形說、地球海陸分布五大洲〔亞細亞洲、歐羅巴洲、利米亞洲（非洲）、亞墨利加洲（美洲）、墨瓦臘尼加洲（南極洲）〕、四大洋〔大西洋、大東洋（太平洋）、小西洋（印度洋）、冰海（北冰洋）〕、氣象結構五帶說（熱帶、兩個溫帶、兩個寒帶）〔註 31〕。這些都是當時國人聞所未聞的。

（二）《職方外紀》、《西方問答》

在《山海輿地全圖》之後，艾儒略的《職方外紀》也值得一提，《職方外紀》是第一部以中文寫成的世界地理著作，1623 年刊印，五卷，有李之藻、楊廷筠、葉向高為之作序。卷一為萬國全圖、五大洲全圖；卷二，亞細亞；卷三，歐羅巴；卷四，利未亞；卷五，亞墨利加、墨瓦蠟泥加。各洲除有總說外，尚有具體介紹該洲所屬國家的具體狀況，如歐洲部分介紹莫斯哥未亞，

〔註 31〕曹增友：《傳教士與中國科學》（北京：宗教文化出版社，1999 年月），頁 206。

文云：「亞細亞西北之境有大國曰莫斯哥未亞……其地夜長晝短，冬至日止二時，氣極寒，雪下則堅凝。」〔註 32〕在第五卷中，艾儒略首次介紹了哥倫布發現新大陸和麥哲倫繞地球航行的事迹。卷六爲四海總論，介紹有關海洋的名稱、海產、海狀、海族、海舶、海道等。此書對於掃除山海經式的世界觀有極大的作用，被編入《天學初函》、《四庫全書》、《守山閣叢書》、《外藩輿地叢書》等〔註 33〕。除了《職方外紀》之外，艾儒略還著有《西方問答》上下兩卷。此書刊於 1637 年，分條介紹西方的風土國情，包括疆域、人丁、路程、土產、西學、官職、服飾、法度、商業、醫藥、宮廷、兵備、城鎮、曆法、堪輿、術算等。此書曾產生較大的影響，利類思、安文思、南懷仁曾節錄《西方問答》成《御覽西方要紀》一書，流傳極廣。〔註 34〕

二、數　學

中國數學重應用，罕有系統化的理論論述，習者能知其當然，卻不能知其所以然；西方數學則重概念與推理，習者非但能知其當然，亦能知其所以然。西方數學重概念、推理的傳統，使學者易於審視定理的精粗，在前人的研究基礎上後出轉精。中國數學重應用輕理論，學者只會應用，但卻不了解原理，當然無法精益求精。重實用的趨向使中國數學雖然到宋元時期達到了高峰，卻沒有能夠進一步繼續下去。特別是天元術和四元術，在十四世紀以後逐漸衰退，到了十五世紀明朝的一些數學家就幾乎全然不能理解天元術和四元術了〔註 35〕。爲什麼會產生這一種現象呢？這是因爲天元術、四元術較難應用於生活，而且比較艱深艱懂，所以也就衰退了。相反地，由於社會大眾的需要，珠算卻發展了起來。據推斷，十五世紀初期，珠算方法已經在社會上廣泛應用了。流傳下來的珠算書中，影響最大的是 1592 年程大位所著的《直指算法統宗》〔註 36〕。由此可以看出，中國根深柢固的「重應用」觀念，

〔註 32〕唐錫仁、楊文衡主編：《中國科學技術史——地學卷》（北京：科學出版社，2000 年 1 月），頁 424～425。

〔註 33〕曹增友：《傳教士與中國科學》（北京：宗教文化出版社，1999 年月），頁 208～209。

〔註 34〕曹增友：《傳教士與中國科學》（北京：宗教文化出版社，1999 年月），頁 209。

〔註 35〕張承友、張晉、王淑華：《明末清初中外科技交流研究》（北京：學苑出版社，2002 年 3 月），頁 136。

〔註 36〕張承友、張晉、王淑華：《明末清初中外科技交流研究》（北京：學苑出版社，

範限了中國數學往高等數學發展的方向。珠算固然便於應用，但是並不能保證總是有算盤置於手邊，所以傳教士所傳入的筆算法仍有其存在與應用的必要。十六世紀，除了除法外，歐洲人的筆算已與今日沒有多大的差異〔註37〕。所以只要以具備今日的小學程度，大概就可以了解十六世紀傳教士所傳入的筆算〔註 38〕。傳教士傳入的數學除了筆算之外，更重要的應是各種數學命題的提出及相應的推理、證明，這才是西方數學的精華所在。

（一）《幾何原本》

利瑪竇、徐光啓合譯的《幾何原本》就是西方數學的代表之作。《幾何原本》的翻譯始於 1605 年冬或 1606 年初。至 1607 年春譯完前六卷。《幾何原本》雖說只譯了前六卷，但這六卷基本上可自成體系。前六卷是講平面幾何，大致顯現歐氏幾何學的內容梗概，如定義、定理的確立乃依據定義、定理證明有關直線、角、圓、多邊形、平行等各種命題。在此書中，利、徐二人創造了一套中文幾何名詞系列，其中有許多名詞沿用至今，如：點、線、直線、平面、曲線、三邊形、四邊形、多邊形等等。自《幾何原本》譯出後，中國學者想學算術者，無不以此書爲教本，在演題、釋義、撰述時，都以《原本》的公設、公理爲依據。〔註39〕

（二）《同文算指》

雖然自《幾何原本》譯出之後，中國的學者受到西方數學重定義、命題、推理的影響，但是也有學者嘗試融合西方數學和中國數學於一爐，李之藻《同文算指》就是一個例子。《同文算指》主要是根據克拉維斯《實用算術概論》和程大位的《算法統宗》編譯的，是第一部介紹歐洲筆算的著作。由利瑪竇口授，李之藻筆錄，1613 年刊印發行。內容分爲前編、通編、別編三部分。前編分兩卷，介紹筆算法和定位法，講自然數、小數的四則運算。通編是全書的重點，講述比例、比例分配、級數求和、盈不足、方程、開方等方面的內容。〔註40〕

2002 年 3 月），頁 139。

〔註37〕曹增友：《傳教士與中國科學》（北京：宗教文化出版社，1999 年），頁 96。

〔註38〕前陣子報紙曾報導某些大學生不會分數之加減，這是特例。筆者乃指一般情形而言。

〔註39〕曹增友：《傳教士與中國科學》（北京：宗教文化出版社，1999 年月），頁 112～114。

〔註40〕曹增友：《傳教士與中國科學》（北京：宗教文化出版社，1999 年月），頁 97

對於西方數學的愛好，在明末清初這一段時期形成一股潮流，甚至貴爲君王的康熙皇帝也是愛好者之一，據《耶穌會士中國書簡集——中國回憶錄（上卷）》載：

> 這位君王（康熙）看到他的整個帝國處在太平之中，決定學習歐洲的科學。……他自己選擇了算術、歐幾里得幾何基礎、實用幾何學與哲學。……當他們回去後（授課完畢），皇帝並沒有閒著；他自個兒復習神父們剛給他講解的內容……他對自己想學習的東西若還沒完全搞清楚的話，就不肯罷休。……皇帝曾親自平整了三或四法里（一法里＝四公里）的河坡地。他有時用幾何方法測量距離，山的高度、河流與池塘的寬度。他自己定位，對儀器進行各種各樣的調整並精確地計算。隨後，他再讓人測量距離，當他看到他計算的結果和別人測量的結果完全相符時，就興高采烈。……他高興地接受他們（朝臣）的恭維，但是他幾乎總是向他們誇獎歐洲的科學和教他這些知識的神父們（安多神父、張誠神父、白晉神父）。〔註 41〕

康熙皇帝所學習的西學是較爲全面的，數學、天文、地理、風俗民情他都有相當的了解。但是他卻沒有考慮過改革中國的科舉制度及考試內容，這是極其令人不解的。或許他的考量點在於是否易於統治，而不在思想文化的變革吧。

三、天文學

《尚書・堯典》云：「乃命羲和，欽若昊天，曆象日月星辰，敬授人時」。《易・賁卦・彖辭》：「觀乎天文，以察時變」，《易・繫辭》：「天垂象，見吉凶」。中國傳統天文學所承擔的使命有二：一是制定曆法，敬授人時；二是觀測天象，預測吉凶。敬授人時，主要著重在不失農時，以期豐收。觀測天象預測吉凶則有天人感應的思想在內，如：董仲舒云：「孔子作《春秋》，上揆天之道，下質諸人情，參之於古，考之於今。故《春秋》之所譏，災害之所加也；《春秋》之所惡，怪異之所施也。書邦家之過，兼災異之變，以此見人之所爲，其美惡之極，乃與天地流通而往來相應，此亦言天之一端也。」

～98。

〔註 41〕〔法〕杜赫德編；〔中〕鄭德弟、呂一民、沈堅譯：《耶穌會士中國書簡集——中國回憶錄（上卷）》（鄭州：大象出版社，2005 年 6 月），〈洪若瀚神父致拉雪茲神父的信〉，頁 281。

〔註 42〕即表明人類社會的失德將會導致自然災異頻現。所以傳統的中國社會，天文學並不是純粹的自然科學，它同時也承擔了詮釋政權合理性的任務。明清之際，傳教士東來，帶來了許多的西方學術知識，其中一支就是天文學。西方所傳入的天文學，對於傳統上認爲國君失德所引發的天文現象如日食、月食等提出了科學的解釋，否決了天人感應的信仰。

（一）《乾坤體義》

《乾坤體義》，利瑪竇撰，計三卷。卷上首篇〈天地渾儀說〉，重點在論述地圓說的基本概念，如：地與海合爲地球，地球居天之中；地球大小，每度子午線的長度、五大洲、五大氣候帶；經緯度及緯度與晝夜長短的關係。第二篇〈地球比九重天之星遠而且大幾何〉，介紹亞里斯多德天有九層的水晶球的宇宙體系。所謂九層則指：月亮、二水星、三金星、四太陽、五火星、六木星、七土星、八恆星、九宗動天，而地球居其中心。第三篇〈渾象圖說〉，主要解釋天球各基本環圈，和晝夜長短變化等基本天文現象。第四篇〈四元行論〉，介紹西方的水、火、土、氣四元素。卷中介紹了視差的概念和測量月地距離的相應方法、日月食的成因、大氣折射觀念及其對天體視位置的影響等知識。它以光的直線傳播定律爲基礎的六條幾何光學原理，以闡明日月食的成因，進而證明日大於月。卷下，從幾何學上證明外周長相同的條件下，以圓球體的體積最大〔註 43〕。利瑪竇所介紹的知識，當然是並不完全正確，水晶球的宇宙體系就是最爲明顯的例子。但是他所介紹的地球說、五大洲、五大氣候帶、日月食的成因、日大於月等的知識都有助於打破當時狹隘的地域觀及種族主義，知道除了中國之外，地球上仍有許多國家、種族，同時生存著。

（二）《天問略》

在中國學者周希齡、孔貞時、王應熊、卓爾康等的協助下，陽瑪諾於 1615 年刊印了《天問略》。《天問略》共四篇，以問答形式撰就。第一篇〈天有幾重及七政本位〉，介紹十二重天球同心水晶球宇宙體系。第二篇〈日天本動及日距亦道度分〉，介紹日行黃道、黃道爲偏心圓、黃赤交角、節氣等基本天文觀念。又介紹日食成因，緯度不同所見日食亦各異的原因等等。第三篇〈晝

〔註 42〕〔漢〕董仲舒撰、袁長江校注：《董仲舒集》（北京：學苑出版社，2003 年 7 月），〈天人三策〉，頁 24。

〔註 43〕盧嘉錫主編、陳美東著：《中國科學技術史——天文學卷》（北京：科學出版社，2003 年 1 月），頁 624～625。

夜時刻隨北極出地各有長短〉，論述東西地方時差與地理經度的關係，晝夜長短隨節氣和緯度不同而變化的原因和規律。第四篇〈月天爲第一重天及月本動〉，介紹月亮運動的論題，包括月相的成因，月食原理，關於日月同處於地平上何以得見月食，每次月食見食時間各異的原因。在《天問略》卷末，陽瑪諾更提及了新近天文學的重大進展，介紹伽利略創製了望遠鏡來觀測天體。《天問略》的內容與《乾坤體義》相差不多，最有價值的部分在於介紹伽利略創製望遠鏡來觀測天體。〔註 44〕

（三）《寰有詮》

《寰有詮》於 1628 年由傅汎際譯義、李之藻筆錄而成。卷一討論天主上帝的存在，經六日而造天地萬物；卷二指出組成當今世界的爲火、氣、水、土等四元素；組成天體的基本物質——「形天之有」。卷三、卷四討論「形天之有」是無輕無重、無生無滅、沒有變化的。卷五討論日月星辰的性質，包括其發光原理、天體爲球形、天體的大小、運轉的周期、恆星星等等的論題，有關於日月五星運動不均勻的解釋。卷六討論四大元素的生滅、轉換、輕重、貴賤等性質。論述地球是靜止不動的，處於宇宙的中心，相對於天球而言僅是一小點。提出地圓的七個證據：(1)東方之人比在西方者先見出地之星。(2)各地方相距不同所見日月食之時亦不同。(3)北方所見最北之星，南方不見；南方所見最南之星，北方不見。(4)月食所見之影即圓，則映射其影之地亦圓。(5)地之各分，其因性之情，皆欲下就寰宇之心，若非圜者，奚能愜其情之所向乎？(6)今觀滴水之點、及在塵埃、樹葉之水點，皆自團聚爲圜。(7)從遠海向岸而行者，先見高山之頂〔註 45〕。此書卷一的內容與科學無關而是基督教的宗教信仰；卷二至卷六如四元素、天體之形狀、大小、運轉規律等都是屬當時中國的科學新知，可惜以地球爲靜止不動，則爲落後的「地心說」的宇宙體系。值得一提的是，本書論證地球爲圓形時，所提出的證據頗具說服力。

（四）《崇禎曆書》

朱元璋創立明朝之後，天文學只是少數人的禁臠。由於掌管天文多是世

〔註 44〕盧嘉錫主編、陳美東著：《中國科學技術史——天文學卷》（北京：科學出版社，2003 年 1 月），頁 625～626。

〔註 45〕盧嘉錫主編、陳美東著：《中國科學技術史——天文學卷》（北京：科學出版社，2003 年 1 月），頁 629～630。

代相承，所以欽天監成為一個相對封閉的單位，缺乏外來的挑戰。但是自明末以來，一則由於欽天監觀測天象屢屢失準，一則由於通曉天文學的傳教士入華。華洋相較，崇禎皇帝知西方天文觀測遠較欽天監官員精準，於是命徐光啓主持《崇禎曆書》的修撰工作。傳教士進入曆局之後，引發原先掌管欽天監的官員怨恨，這是往後曆法之爭的主因。《在華耶穌會列傳及書目（上）》云：

> 若望任事之初，曆官嫉西士者眾，因生毀譖。徐光啓等頗左右西士，請命中國曆官與西士各推日蝕，及期，若望等推算毫厘不爽，反對者推算皆差，因是曆官尤恨西士。（湯若望《在華耶穌會傳教區的創建和發展史》，頁 10）〔註 46〕

湯若望和中國曆官的不和，在明末還處於蘊釀階段，雙方發生激烈衝突已是入清之事。曆法之爭的始末，留待後文論述。這裏先概述《崇禎曆書》的修撰及內容。1629 年 6 月 21 日日食，欽天監根據大統曆及回回曆推算初虧和復圓的時刻差兩刻，而徐光啓根據西法推算北京、瓊州、大寧日食，一一驗對，至此明廷決心修曆。……曆局成立後，徐光啓、鄧玉函、龍華民著手翻譯西洋天文學著作。他們很快譯完了《測天約說》、《大測》、《通率立成表》等七卷。在三人中，鄧玉函最為重要，《崇禎曆書》的架構就是他所設計的。曆局開業後不到一年，鄧玉函病逝，徐光啓遂奏請羅雅谷和湯若望到曆局工作。……在曆局他們兩個人分工大致是：羅雅谷負責行星、日躔、月離有關部分，湯若望負責恒星、交食〔註 47〕。《崇禎曆書》與傳統曆法最大的區別是，採取了與傳統曆法的代數學天文學體系完全不同的幾何學天文系。其主要的宇宙體系是採用 1582 年第谷提出的宇宙體系而不是亞里斯多德水晶球體系或者托勒密的地心體系。第谷體系是介於哥白尼日心地動體系及托勒密地心體系之間的一種調和性的宇宙體系。其結構為：地球居於宇宙的中心，太陽、月亮和恆星三者都是以地球中心而繞之作圓周運動，五大行星則是以太陽為中心而繞之作圓周運動。《崇禎曆書》引進了地為球形以及經緯度的概念。在《大測》、《測量全義》、《交食曆指》諸篇中，皆有關於地圓的論證，日食、月食的成因及推算方法。尤有進者，《崇禎曆書》譯用了不為教廷所容

〔註 46〕〔法〕費賴之著、馮承鈞譯：《在華耶穌會列傳及書目（上）》（北京：中華書局，1995 年 11 月），頁 169。

〔註 47〕曹增友：《傳教士與中國科學》（北京：宗教文化出版社，1999 年月），頁 36～38。

的哥白尼《天體運行論》（1543）中八章的內容及哥白尼觀測的十七項記錄，以作爲立法和立數的依據。除了哥白尼的學說之外，《崇禎曆書》也介紹了開普勒《論火星的運動》及伽利略運用望遠鏡所發現的新天文學知識。持平而論，《崇禎曆書》幾乎將當時西洋最先進的天文學知識傳入中國，不過以今日的天文學知識檢視《崇禎曆書》，可以發現《崇禎曆書》也存在許多錯誤。例如：以爲地球與太陽的距離是地球半徑的 1,180 倍，事實上卻是 23,000 倍；以爲太陽的半徑爲地球半徑的 151 倍，事實卻是 109 倍；以爲月亮近地點距離地爲地球半徑的 52 倍，事實卻是 57 倍〔註 48〕。但是這些錯誤乃肇因於科學儀器的落後，這類型的錯誤在各種科學領域都是必然的現象及必經的過程。

（五）《天步真原》

穆尼閣於順治三年（1646）來華，其時，時憲曆（時憲曆就是崇禎曆書）已頒行，成爲新建立的清朝的曆法。但是他認爲《崇禎曆書》的第谷天文體系，並不精確，他比較鍾情於蘭斯玻治的學說。蘭斯玻治是哥白尼學說的捍衛者，1632 年，他依據日心地動說編著成《永恆天體運行表》一書。穆尼閣來華之後，和薛鳳祚致力於編制新法，試圖與《崇禎曆書》一較高下。穆尼閣據《永恆天運運行表》而撰《天步眞原》。《天步眞原》以哥白尼體系爲準，自然要比以第谷體系爲理論基礎的時憲曆先進，可惜當時並不受到重視。《天步眞原》的署名爲穆尼閣撰、薛鳳祚輯，可見該書是他們合作的結果。《曆學會通・正集》則是在《天步眞原》基礎上，薛鳳祚獨立完成的曆法力作。應該說，此二書是繼《崇禎曆書》之後不久出現的、具有重大學術價值與歷史意義的、對西方天文學知識的又一次介紹。《曆學會通・正集》還反映了當時中國學者關於會通中西曆法的理解，它與《崇禎曆書》及經改編的《西洋新法曆書》表明了中國曆法的主流自此發生了由傳統代數天文學體系向幾何學體系的轉變，開始了一個新的發展時期。〔註 49〕

（六）曆法之爭

湯若望任職欽天監後，利用他與上層的密切關係，使清廷政府決定采用

〔註 48〕盧嘉錫主編、陳美東著：《中國科學技術史——天文學卷》（北京：科學出版社，2003 年 1 月），頁 643～648。

〔註 49〕盧嘉錫主編、陳美東著：《中國科學技術史——天文學卷》（北京：科學出版社，2003 年 1 月），頁 655～657。

他提出的西洋曆法——《時憲曆》，但此作法爲朝廷保守勢力所不容。順治十四年（1657）四月，先是由回回科秋官正吳明炟開始發難，上書指摘湯若望新法中的「謬誤」，可是經實測，證明吳明炟所言不實。順治去世後，湯若望失去靠山，又逢輔政大臣鰲拜專權，在其支持下，欽天監以楊光先爲首的保守分子再次向湯若望發難〔註50〕。最後這一場曆法之爭，由康熙皇帝定高下，傳教士獲得最後的勝利。《在華耶穌會列傳及書目（上）》云：

> 先是順治末年有人散布謗書攻擊天主教，諸神甫不以爲意。至是滿、漢、佛、回、儒士合謀欲將天主教名屏絕于中國之外。其首領吳明炟，回回曆官，曾經若望援其死，乃忘恩，受禮部尚書某之嗾使，而與若望爲敵。更有中國人名楊光先者〔註51〕，徽州人，聰明狡詐，一六六四年上疏攻訐天主教與諸傳教人，諸輔政大臣不喜天主教，且有與若望爲敵者，遂可其奏。……其後不久拘捕諸神父問罪，……時在一六六五年一月四日也。……若望被劾之款凡三：(1)邪說惑眾，不合中國忠孝禮法；(2)潛謀造反，聚兵械於澳門；(3)曆法荒謬，采用足爲中國羞。諸人對此三款皆答辯甚詳，而對第三款剖析尤力，然無益也。問官已有主見，案已早定，對於答辯皆若充耳不聞。（杜寧——茨傅特《中國歷史》，1663 年；聶仲遷《中國歷史》，93 頁以下）〔註52〕

根據《明末清初中外科技交流史研究》，楊光先於順治十六年散發《選擇議》，批評湯若望爲夭折之榮親王所擇之葬日不宜。順治十七年，發表《闢邪論》〔註53〕。所以這裏的有人之「人」，可能即是楊光先，可惜杜寧、聶仲遷、費賴之三人似乎不知，否則後文既提及楊光先，於此處不應只云「有人」。這代表著謗書形成之際，神父們警覺性嚴重不足，以至不知順治末年散

〔註50〕曹增友：《傳教士與中國科學》（北京：宗教文化出版社，1999 年），頁 47。

〔註51〕楊光先者，新安人，明末居京師，以劾陳啓新，妄得敢言名，實市儈之魁也。康熙六年，疏言西洋曆法之弊，遂發大難，逐欽天監監正加通政使湯若望而奪其位。然光先實於曆法毫無所解，所言皆舛謬。……光先尋事敗，論大辟。光先刻一書，曰《不得已》，自附於亞聖之闢異端，可謂無忌憚矣。王世禛：《池北偶談（上）》（北京：中華書局，1982 年 1 月），卷四〈停止閏月〉，頁 88。

〔註52〕〔法〕費賴之著、馮承鈞譯：《在華耶穌會列傳及書目（上）》（北京：中華書局，1995 年 11 月），頁 178～179。

〔註53〕張承友、張普、王淑華：《明末清初中外科技交流研究》（北京：學苑出版社，1999 年 10 月），頁 109。

布謗書者爲何人。這種輕忽的態度，導至康熙三年醞釀成爲嚴重的曆法之爭及隨之而成的曆獄。依杜寧、聶仲遷的看法，傳教士被劾的原因主要有三：一爲不合中國禮法，二爲潛謀造反，三爲曆法荒謬。筆者認爲，前二個原因才是中西爭執的關鍵點，曆法荒謬反而是最無關緊要的。於是不管傳教士的曆法如何精確，受到迫害已是必然的結果。杜寧、聶仲遷以爲問官已有主見，判決並不公平。事實是否如此呢？審視當時的庭審紀錄，或許就有清楚的答案。《明末清初中外科技交流研究》載有清康熙四年吏、禮二部審訊曆案的《滿文密檔》，茲摘錄部分內容來看看官員是否已預設立場。

第一部分、伏羲是否為以色列後裔

> 訊李祖白：據爾所著該書（《天學傳概》）載稱，考之史冊，推之曆年，在中國爲伏羲氏，乃中國之初人，實如德亞（以色列）之苗裔。……爾依照中國何史冊而謂伏羲爲如德亞之苗裔？……據西洋教士言，最初人生於如德亞國，後因生齒日繁，遂分布至天下云云。西洋國初人所生時期，即爲中國之伏羲時期，故言伏羲來自如德亞。〔註 54〕

大約在十萬年前有一批非洲人離開了非洲大陸，現在所有非非洲人都是他們的後裔〔註 55〕。根據古人類學家的說法，大約在四萬年前，現代人開始在澳洲內陸定居，年代定在這個時期的化石也在馬來西亞、泰國、越南和菲律賓發現過。到了二萬六千年前左右，現代人聚居最北點可能已經達到北京。現代的東亞和東南亞的人，可能是從澳洲和新幾內亞來的〔註 56〕。以今日 DNA 科技所推論出的人類遷徙史來看，《聖經》的論點固然不對，但這不是重點所在。重點是，上段引文「爾依照中國何史冊而謂伏羲爲如德亞之苗裔」之句，這個句子明顯以中國典籍爲眞理判別之據依，傳教士據《聖經》立論的所有言論自然就毫無權威可言。

第二部分、天主教為真理之依據

> 訊李祖白：每次審訊時，皆言天主教不載中國史冊，而按照天主教

〔註 54〕張承友、張普、王淑華：《明末清初中外科技交流研究》（北京：學苑出版社，1999 年 10 月），頁 112。

〔註 55〕史帝夫・奧森著、霍達文譯：《人類基因的歷史地圖》（台北：聯經出版公司，2004 年 9 月），頁 59。

〔註 56〕史帝夫・奧森著、霍達文譯：《人類基因的歷史地圖》（台北：聯經出版公司，2004 年 9 月），頁 149。

> 內教文記載，或照西洋人所傳而編寫云云。爾明知中國史冊不載，卻又聲言天主教乃全世界之正理，並編寫該書（《天學傳概》），以期全世界之人皆入天主教。豈非此爲異心乎？〔註57〕

審訊者云：「爾明知中國史冊不載，卻又聲言天主教乃全世界之正理」李祖白實可答曰：正理非一，他山之石，可以攻錯。史冊不載，非必歪理；安知史冊所載，非經掌權者之篡亂乎？但是這種答案在當時的情境下是不可能出現的。在審問者眼中，史冊所載即眞理，史冊不載即邪說歪理，倡導史冊不載之歪理即有異心。由所引的二段《滿文密檔》，審問者的確是預設立場，而非全然公平。審訊者立場既已偏頗，傳教士的處境不難想像，《在華耶穌會列傳及書目（上）》載有傳教士的境況：

> 已而仇教之事起，京中諸神甫皆被拘，頭、手、足各帶鎖鏈三具，居獄中凡四月。後各杖四十，擬流關外，會地震及其他天災起，諸神甫皆獲免，然僅許（安）文思及湯若望、南懷仁、利類思四人留京師，餘發遣廣東看管。〔註58〕

諸神父之獲免實乃天幸，而後經康熙親驗中西曆法之優劣，神父的地位才再度鞏固。但是此時傳教士所面臨的挑戰，已由曆法擴張至文化的異質性了，後來發生「禮儀之爭」，傳教士不許在中國傳教，遂中斷了中西交流的管道。

第三節　中西文化的交融及衝突

「文化」本是一個區域內的種族爲了更適應所處的生活環境而產生的制度、儀式、工具與謀生方法等等，能使種族達到最佳的生存狀態就是一個優良的文化。所以一個原始部落拿著長矛、舞著戰舞和先進國家的國防閱兵，意義是相同的，並無高下之分。但是人類易將置身於其中的「文化」視爲眞理，等到離開了慣習的文化環境，才會發覺其他文化也自成一系統，於是產生了所謂的「文化震撼」。明末清初入華的傳教士，不明白文化本身並無優劣之分，他們的宗教信念又使他們認爲天主教教義乃放諸四海皆準之眞理。所以當傳教士們以天主教教義審視中國文化時，發現中國也注重道德、倫理，

〔註57〕張承友、張普、王淑華：《明末清初中外科技交流研究》（北京：學苑出版社，1999年10月），頁115。

〔註58〕〔法〕費賴之著、馮承鈞譯：《在華耶穌會列傳及書目（上）》（北京：中華書局，1995年11月），頁257。

和天主教不甚相遠，所缺乏的是「正確的宗教信仰」，便主觀地認定中國是一個亟待拯救且可拯救（改信天主教）的帝國，於是當時最優秀的歐洲傳教士紛紛進入中國傳教。傳教士進入中國之時，正值王學「東海西海，心同理同」之說盛行：即任何地域之人，皆可掌握眞理。這一思想認知，有助於士大夫接納來自西方深目隆鼻的傳教士及其傳播的理論。除此之外，由於傳教士攜帶而來的世界地圖，所呈現的地理觀念及知識皆是前所未聞的，在學風日趨虛浮之際，士大夫認定西方的科學知識及宗教誡命：是有助儒學而接納了它。

傳教士入華時的優越傳教條件，隨著時光的轉移而日漸流逝。造成這一種轉變的原因固然極其複雜，但是傳教策略的轉變及士大夫更加深入了解天主教教義可能引起的危害，無疑是最關鍵的因素。利瑪竇死於 1610 年（萬曆三十八年），繼任者爲龍華民。龍華民不認同利瑪竇「結交士人以利傳教」及「尊重中國風俗」的看法，決定直接向人民傳教，禁止信眾祭孔、祭祖，並焚毀佛像等偶像。這些舉措令保守派的士大夫起而反對天主教，於是在萬曆至康熙間發生了幾次規模較大的反天主教運動。這些保守士大夫的反教言論見於《辟邪集》、《聖朝破邪集》，這類文獻是理解當時中西衝突的最珍貴的資料。本節將分別敘述前期中西關係融洽及後期衝突的概況，後期衝突的焦點更是本節的重點所在。

一、中西關係融洽期

（一）上帝與天主

社會學家認爲，一切宗教都是社會的產物，這是任何一個宗教的信徒都會忽略的顯著特性。那些影響非宗教制度的社會力量，也會支配和影響宗教，這些力量包括：社會角色、社會階級、民族認同、科技、政治權力和團體動力〔註 59〕。亦即，不同的社會及生存環境會孕育出不同的宗教，「宗教眞理」並非放諸四海皆準的法則〔註 60〕。天主教傳教於中國時，發現《聖經》

〔註 59〕Donald Light, Jr.、Suzanne Keller 著；林義男譯：《社會學（下）》（台北：巨流圖書公司，1995 年 9 月），頁 657。

〔註 60〕安德烈·G·豪德里古爾認爲：中國文明和基督教文明的差異，主要是源於生產方式的不同。基督教文明產生於畜牧的生活方式，牲畜必須在呼喚和棍棒的打擊下才能控制，人類的直接干涉是不可或缺的。相反地，中國文明產生於農業環境之中，人類對待植物唯一能作的就是順應自然規律，設法使植物

之權威性並不被中國人所承認，只得透過《四書》、《五經》等中國權威經典中的某些概念與《聖經》互證，說明二者之共通性，使浸潤於傳統中國文化的知識分子認爲天主教同樣具備了某些眞理，並接受它、信仰它。利瑪竇云：

> 吾天主，乃古經書所稱上帝也。《中庸》引孔子曰：「郊社之禮，以事上帝也。」……《周頌》曰：「執競武王，無競維烈，不顯文王，上帝是皇。」……《易》曰「帝出乎震」。……《禮》云「五者備當，上帝其饗」。……《湯誓》曰「夏氏有罪，予畏上帝，不敢不正」。〔註61〕

利瑪竇斷定，中國古代經書中的「上帝」就是天主教的「天主」。姑且不論中國之「上帝」和天主教之「天主」在內涵上是否等同，但利瑪竇本人似乎深信「上帝」（天帝）、「天主」是相同的，並非純然出於傳教的需要，因爲《利瑪竇中國札記》載：

> 在歐洲所知的所知的所有異教徒教派中，我不知道有什麼民族在其古代的早期是比中國人犯更少錯誤的了。從他們歷史一開始，他們的書面上就記載著他們所承認和崇拜的一位最高的神，他們稱之爲天帝。〔註62〕

由於《利瑪竇中國札記》是以詳實自詡的，且其對象爲歐洲人，所以絕對沒有任何欺瞞的動機及必要。既然「天主」中國古已有之，則必須說明何以今日歐洲傳教士入華傳教仍有其必要？利瑪竇的答案是：古雖有之，今已失傳。他說：

> 原始的宗教概念隨著時間的推移，也會變得非常糊塗，以致當他們放棄那些沒有生命的神靈的迷信時，很少有人能不陷入無神論的更嚴重的錯誤之中。〔註63〕

有最佳的生長條件。生存環境的區別，也產生了教育、倫理、宗教和政權觀念的不同。上述安德烈・G・豪德里古爾的看法乃根據謝和耐的引用，並述以己語。參見〔法〕謝和耐著、耿昇譯：《中國和基督教》（上海：上海古籍出版社，1991年3月），頁224。

〔註61〕朱維錚：《利瑪竇中文著譯集》（香港：城市大學出版社，2001年），《天主實義》，頁25～26。

〔註62〕利瑪竇著、金尼閣著；何高濟、王遵仲、李申譯：《利瑪竇中國札記》（北京：中華書局，1983年3月），頁99。

〔註63〕利瑪竇著、金尼閣著；何高濟、王遵仲、李申譯：《利瑪竇中國札記》（北京：

利瑪竇認爲，隨著時間的推移，中國人失去了原先的宗教觀念而變成無神論者（銘按：中國爲多神信仰，無神論只是指中國無具權威性格的一神信仰）。無正確的宗教信仰必然帶來道德的墮落，於是天主教將其福音傳播於中國使中國恢復先秦的原始宗教概念乃成爲迫切的需要。

（二）倫理道德與科學

傳教士對於其傳播福音使命之認知，固然有助於彼等維持傳教的熱情及更積極的適應中國的國情。然則，國人怎樣看待天主教，毋寧更是傳教成功與否的關鍵所在。法國學者謝和耐曾分析明末知識分子何以同情、認同傳教士的原因，他說：

> 十七世紀初葉，導致大批文人對傳教士們表現出同情的原因除了科學和技術、嚴格的倫理、遏欲、仁慈和敬天都是極好的事之外，那就是由文人傳說宣揚的這一切都被近代人過多地遺忘了。同樣，傳教士們也因爲他們攻擊正確教理敵人們的迷信、佛教和道教而受到了贊揚。〔註64〕

上述引文極易明白，只有「由文人傳說宣揚的這一切都被近代人過多地遺忘了」一句，稍嫌費解。其實他講的就是知識分子對王學盛行天下後，人人以個人良知作爲衡斷是非的標準所導致社會失範現象的憂心。眾所周知，儒家學說成立之時正是禮壞樂崩的春秋、戰國時期，所以整個儒家理論關注的焦點集中於「重整社會秩序」，於是對於世俗的人際網路作了各種的規範，君臣、父子、夫婦、兄弟、朋友之關的互動都有原則性的揭示。隨著秦漢天下一統，君王爲了使臣下更爲效忠，手下一群御用學者僞造了《孝經》，將屬於社會關係的「君臣」擬於血緣關係的「父子」，於是君臣之間的關係轉化成無所逃於天地之間的自然關係。心理學學者楊國樞於〈華人社會取向的理論分析〉也指出，中國人在非家族性團體中表現出「泛家族主義」。也就是將家族內的結構形態與運作原則，概化到家族外的團體，將非家族性團體家人化，將家族生活經驗直接運用於家族外之團體。透過「泛家族主義」的歷程概化到地方官、皇帝，使官吏與君主在人民心中也擁有如父的絕對權威。就這一意義而言，父權可以說是官權與君權的張本。易言之，官權、君權二者與父權是異

中華書局，1983年3月），頁100。

〔註64〕〔法〕謝和耐著、耿昇譯：《中國和基督教》（上海：上海古籍出版社，1991年3月），頁59。

涵而同構的；亦即，權威的內涵是互異的，權力的結構是相同的〔註 65〕。既然中國人有將家族關係概化到社會關係的傾向，社會關係的官權與君權的權力結構與血緣關係的父權相同，一旦任何一倫的對待模式有了轉變，勢必會牽動其他相應的倫理關係，這是統治者所不容許的。或許，這也就是爲何泰州學派的何心隱提倡將朋友的相處模式應用於其他四倫時會被視爲異端而處死。傳教士的「三父說」「君臣相友說」受到反教文人攻擊的根本原因，正在於它可能引起權力結構的崩解及社會失範。但是傳教士同時也提出了較爲抽象而無具體針對對象的道德德目如：謙讓、仁愛、捨財、淡泊。這些德目似乎有於助於社會控制，使各階層的人安於其分，國家長治久安。於是，若不細究傳教士對於各別倫理的種種規定，並將注意力集中於所傳入的科學知識，將會得出傳教士足以補儒的結論；若將注意力集中於各種倫理的規定，則傳教士的諸種議論將顯得極其危險。採友好立場的中國文人，若非強調傳教士所倡之遏欲、全仁、悔過有助於修德，便是強調科學、宗教應分別看待，不可一概抹殺。馮應京、李之藻傾向於前一種主張，張爾岐則屬後一種主張。馮應京《天主實錄·序》云：

> 天主何？上帝也。實云者，不空也。吾國六經四子，聖聖賢賢，曰「畏上帝」，曰「事上帝」，曰「格上帝」，夫誰以爲空？……是書（天主實義）也，歷引吾六經之語，以證其實，而深詆譚空之誤，以西政西，以中化中。……語性則人大異于禽獸，語學則歸于爲仁，而始于去欲。時亦或有吾國之素所未聞；而所嘗聞而未用力者，十居九矣。〔註 66〕

利瑪竇將天主教之「天主」和中國六經之「上帝」等同起來，就其內涵言是頗有爭議的，馮應京非但沒有任何的辯駁，反而大力稱許《天主實義》能深詆譚空之誤，實踐雖知卻不曾踐履的道德行爲。對於素所未聞的說法，則輕輕帶過。李之藻的態度也與馮應京相近，他說：

> 利先生學術，一本事天，譚天之所以爲天，甚晰；睹世之褻天佞佛者，而昌言排之；原本師說，演爲《天主實義》十篇，用以訓善坊

〔註 65〕上述文字僅取其意而以己言代之，並非楊國樞之原文。欲知原文之詳，請參見楊國樞〈華人社會取向的理論分析〉，收錄於楊國樞、黃光國、楊中芳主編：《華人本土心理學（上）》（台北：遠流出版社，2005 年 2 月）。

〔註 66〕朱維錚：《利瑪竇中文著譯集》（香港：香港城市大學，2001 年），頁 133～134。

惡。……而尤懃懇于善惡之辯，祥殃之應。……大約使人悔過徙義，遏欲全仁。……獨是天堂地獄，拘者未信。要於福善禍淫，儒者恆言，……嘗讀其書，往往不類近儒，而與上古《素問》、《周髀》、《考工》、《漆園》諸編，默相勘印，顧粹然不詭於正。至其檢身事心，嚴翼匪懈，則世所謂皋比而儒者，未之或先。信哉！東海西海，心同理同。所不同者，特言語文字之際。〔註67〕

李之藻認爲天主教之宗教精神在於「使人悔過徙義，遏欲全仁」。雖然「天堂地獄」的說法，不能被保守的士大夫所接受。但是強調「福善禍淫」卻與士大夫相同，他們的著作不類似近儒，而與上古《素問》、《周髀》、《考工》、《漆園》相類。傳教士在修養身心方面，態度嚴正不敢懈怠，絲毫不亞於第一流的理學家。李氏對於《天主實義》中引發爭議的「天堂地獄」說，只是說「拘者未信」，又接著說福善禍淫也是儒者常常談到的。這與馮應京刻意強調儒耶二者之同而略其異的做法是相似的。另有一派，是只希望保留傳教士所帶來的科學，而拒絕天主教及西方哲學觀念。張爾歧云：

所言較佛氏差爲平實，大指歸之敬天主、修人道、寡欲勤學，不禁殺牲，專以辟佛爲事。……然其言天主，殊失無聲無臭之旨。且言天堂地獄，無以大異於佛，而荒唐悠謬殆過之。甲申後，其徒爲耶穌教會者，男女猥雜，幾與白蓮、無爲等，大非利氏之舊矣。以此爲辟佛助儒，何異於召外兵而靖內難乎？要之，曆象器算是其所長，君子固當節取。若論道術，吾自守吾家法可也。〔註68〕

張爾歧注意到了天主教之「天主」和中國之「上帝」是全然不同的，因爲中國的「上帝」雖亦有意志，但是更像是一個虛化了的道德，其降禍的對象僅及於國君；天主教的「天主」則更顯威福，降禍懲罰的對象及於平民。《舊約・出埃及記》云：「因爲我耶和華你的上帝是忌邪的上帝。恨我的、我必追討他的罪，自父及子，直到三四代。愛我守誡命的，我必向他們發慈愛，直到千代。」「天主」懲誡人民，以人民是否愛它爲憑據，而非人民自身之善惡，這種觀念恐怕是中國人所不能接受的。更何況，天堂地獄的說法與佛教相近，實在看不出何以中國需要這樣的一個外來宗教。又，天主教在舉行宗教儀式

〔註67〕朱維錚：《利瑪竇中文著譯集》（香港：香港城市大學，2001 年），頁 136～137。

〔註68〕張爾歧：《蒿庵閑話》（台北：新文豐出版公司印行，1985 年，叢書集成新編（第十三冊）），卷一，頁 14（總 392）。

時，男女雜處，與中國男女授受不親的風俗教化相違。其教義不能勝於中國固有之宗教，其教儀不能見容固有之風俗。天主教之價值僅在於傳教士所引進的科學知識。謝和耐云：

> 但隨著天主教教義和基本啓示更好地爲人所知和理解，……出現了這種奇怪的局面，耶穌會士們希望通過歐洲科學的威望來加強宗教的權威，中國人則拒絕了宗教而僅希望保留科學。〔註 69〕

葛兆光云：像中國這樣一個擁有相當悠久歷史傳統與主體性格的文明，對待異文明的進入，通常有兩種反應，一是採取表面的普遍主義的態度，雖然歡迎這些似乎不容置疑的知識、思想和技術，卻在特別的解釋中使這些新知轉化爲舊學，從而以一種天下一家的心態，漸漸使自已融入世界，一是採取特殊主義的態度，堅決拒絕這些會瓦解和動搖固有知識、思想和信仰的東西，激起激烈的民族主義和保守主義〔註 70〕。葛氏所云「表面的普遍主義」，後來發展成了西學中源說，這種說法在康熙朝成爲最主流的論述。這種說法反映了中國文化絕對優於其他文化的優越心態，利瑪竇初入中國時就觀察到：

> 中國人認爲所有各國中只有中國值得稱羨。就國家的偉大、政治制度和學術的名氣而論，他們不僅把所有的民族都看成野蠻人，而且看成沒有理性的動物。（在）他們看來，世上沒有其他地方的國王、朝代或者文化是值得誇耀的。〔註 71〕

由於這一種優越的心態作祟，所以一旦發覺西學會瓦解和動搖固有知識、思想、信仰，就會毫不遲疑地排斥西學，這也是反教運動產生的最主要原因。

二、中西關係衝突期

儒家學說成立之時正是禮壞樂崩的春秋、戰國時期，所以整個儒家理論關注的焦點集中於「重整社會秩序」。「重整社會秩序」其實就是強調「社會控制」〔註 72〕社會控制方式可以透過習俗、道德、宗教、政權、法律、紀律、

〔註 69〕〔法〕謝和耐著、耿昇譯：《中國和基督教》（上海：上海古籍出版社，1991 年 3 月），頁 88。

〔註 70〕葛兆光：《中國思想史（第二卷）》（上海：復旦大學出版社，2002 年 8 月），頁 333。

〔註 71〕利瑪竇、金尼閣著，何高濟、王遵仲、李申譯，何兆武校：《利瑪竇中國札記》（北京：中華書局，1983 年 3 月），頁 181。

〔註 72〕社會控制可定義爲：各類社會群體用以強制或鼓勵從眾和處置違反公認規範之行爲的措施。〔英〕David Jary、Julia Jary 著；周業謙、周光淦譯：《社會學

輿論、群體意識等途徑以達成其目的〔註 73〕。利瑪竇對於儒家重社會秩序的特點，也極其敏銳的察覺到了，他說：

> 儒家這一教派的最終目的和總的意圖是國內的太平和秩序。……他們利用五對不同的組合（五倫）來構成人與人的全部關係。……他們不贊成獨身而允許多妻制。……他們十分重視子女尊敬和順從父母，奴僕對主人忠誠，青年人效忠長輩。〔註 74〕

最終目的和總的意圖，其實就是所謂的終極關懷或學派的思想核心。凡是不同的學派、思想、文化接觸時，最先交融、接納的部分總是較爲次級的概念，最核心的概念與關懷是不易改變的。一旦改變，就象徵著學派的瓦解或質變。所以在明代保守派的士大夫眼中，任何使五倫間上下宰制關係產生變化的學說，都是離經叛道且極其危險的。Greeley 曾提出宗教的功能及意義是由三個要素組成的：歸屬、意義和慰藉。「歸屬」它提供社會面向內外威脅時的團結、提供和諧。「意義」宗教對於難以解釋的現象給予意義。因爲人類的世界觀是由宗教形成，所以它也影響其他制度的特性和方向（例如：經濟）。最後，宗教提供「慰藉」、平靜和安心。它支持存在的制度和提供社會安定〔註 75〕。若以歸屬、意義、慰藉這三個要素考察天主教是否爲中國社會所不可或缺的宗教，答案是否定的。在以農業生產爲主要生活方式的明清兩代，家族聚居一處的情況極爲普遍，家族幾成半獨立的單位，宗教歸屬、慰藉的功能，在家族中並不難得到滿足，至於「意義」功能，佛、道、民間宗教也足以承擔起相同的功能。於是純就宗教的角度言，天主教傳入與否，顯得無關緊要。要緊的反倒是，傳教士所攜入的天文學、地理學、哲學等有益國計民生的自然科學。基於這一種認知，一旦士大夫認爲天主教教義將危及社會秩序，且自然科學無法與宗教脫鈎（傳播者皆爲傳教士），只得拒絕與西方的往來。同樣的，自然科學不過是傳教士爲其最終目的——傳教的手段。若拒絕了天主教，傳播學術也就多此一舉。最好的狀況是，讓上帝的歸上帝，亞里斯多德的歸

辭典》（台北：貓頭鷹出版社，2005 年 1 月），頁 613。

〔註 73〕王思斌：《社會學教程（第二版）》（北京：北京大學出版社，2005 年 6 月），頁 237～243。

〔註 74〕利瑪竇著、金尼閣著；何高濟、王遵仲、李申譯：《利瑪竇中國札記》（北京：中華書局，1983 年 3 月），頁 104。

〔註 75〕Judsonr. Landis 著，王淑女、侯崇文等譯：《社會學的概念與特色》（台北：洪葉文化事業有限公司，2002 年 10 月），頁 366～367。

亞里斯多德，文化、學術充分交流，各取所需，截長補短。然則衡諸當時的政教一體的中國，最好的狀況是無由實現的。且讓我們看看利瑪竇死後中西關係由友好而趨惡的原因及雙方衝突的徵結所在。謝和耐認爲，中西友好的氣氛在利瑪竇死後的二十年間有了變化，他說：

> 在利瑪竇死後的二十年間，總的氣氛已逐漸起了變化。……當他們（文人、官吏）更爲清楚地了解到了天主教的內容以及當他們比較清楚地看到了傳教士們追求的目的時，他們的態度也就改變了。（銘按：指由同情變得敵視）〔註 76〕

又說：

> 事實上是約在 1620 年之後，耶穌會士們不再于大文豪和高級官吏中進行歸化活動了。……知識階層全部變成仇視傳教士及其教理的人士了。……傳教士們當然會最終將其努力轉向了民間階層，如農民和城市小職業主階層。〔註 77〕

依謝氏之看法，當中國士大夫明白傳教士來華的目的是爲了傳播天主教，改變全中國的宗教信仰，態度也就變得敵視了。復以龍華民主持教務之後，傳教策略改舷易轍，傳教的對象由士大夫轉變爲市井小民，所以士大夫對於傳教士也少了一份直接接觸所產生的情誼〔註 78〕。自然也不願意爲傳教士說好話了。中西衝突的原因固然很多，但是最根本的原因乃在於文化性質的差異。以下只舉幾個比較重要議題來說明中西文化的不同。

（一）太極是否為生化之源

對傳教士們來說，傳教是宗旨，但如果耶儒完全相同，那何苦要引進天主教呢？因而他們必然要同中國文化劃出界線，以彰明天主教來華之必要。這樣對理學的批評就是題中應有之義〔註 79〕。傳教士對理學的批評，以批評

〔註 76〕〔法〕謝和耐著、耿昇譯：《中國和基督教》（上海：上海古籍出版社，1991 年 3 月），頁 66。

〔註 77〕〔法〕謝和耐著、耿昇譯：《中國和基督教》（上海：上海古籍出版社，1991 年 3 月），頁 67。

〔註 78〕根據社會認知神經科學家的研究，能夠面對面溝通的小組，合作的意願就比不曾面過面的小組高很多。道斯和他的同事都認爲，這高程度的合作來自人類的社會性。史蒂芬・奎茲、泰倫斯・索諾斯基著；洪蘭譯：《騙子？情人？英雄——看大腦如何揭露：你是怎樣變成這個你》（台北：遠流出版社，2007 年 5 月），頁 244。

〔註 79〕樓宇烈、張西平主編：《中外哲學交流史》（長沙：湖南教育出版社，1998 年

太極最爲人所熟知。《天主實義》云：

第一段

中士曰：太極非他物，乃理而已。如以全理爲無理，尚有何理之可謂？

西士曰：……吾今先判物之宗品，以置理於本品，然後明其太極之說，不能爲萬物本原也。

夫物之宗品有二，有自立者，有依賴者。物之不恃別體以爲物，而自能成立，如天地、鬼神、人、鳥獸……是也。斯屬自立之品者。物之不能立，而託他體以爲物，如五常、五色、五音、五味、七情等，是也。斯屬依賴之品者。且以白馬觀之，曰白曰馬，馬乃自立者，白乃依賴者。雖無其白，猶有其馬，如無其馬，必無其白，故以爲依賴也。……若太極者，止解之以所謂理，則不能爲天地萬物之原矣。蓋理亦依賴之類，自不能立，曷立他物哉？中國文人學士，講論理者，只謂有二端，或在人心，或在事物。事物之情，合乎人心之理，則事物方謂眞實焉。人心能窮彼在物之理，而盡其知，則謂之格物焉。據此兩端，理固依賴，奚得爲物原乎？二者皆在物後，而後豈先者之原？且其初無一物之先，渠言必有理存焉，夫理在何處，依屬何物乎？依賴之情，不能自立，故無自立者以爲之託，則依賴了無矣。〔註 80〕

中士認爲，太極是萬物生化之理（全理），是不可否認的。西士（利瑪竇）則指出，物有自立及依賴二種類別。屬於自立者：不依賴他物而能自立如天地、人、鳥獸等都是實體。屬於依賴者：爲了規定、形容自立獨存的實體而產生的。如白馬之「白」仍是爲了規定馬之顏色而產生的，若無「馬」這一實體，則白馬之「白」將無所附麗，所以「馬」爲自立者、「白」爲依賴者。若將「太極」定義爲「理」，則「太極」不能爲天地萬物之原，「理」亦是依賴之類，無立自立，更何況是立他物呢？中國的文人學士講論理，不外由「人心」、「事物」談起。事物之規則合於人的認知，則此事物才是眞實的；人能體認事物之理，才是格物。這兩者皆是先有物之存在，才有理之產生，所以

---

7 月）第四章，頁 197。

〔註 80〕 朱維錚：《利瑪竇中文著譯集》（香港：香港城市大學，2001 年），《天主實義》，頁 21～22。

「理」是依賴於「物」的依賴者，不可能先物而存在。第二段其實和第一段同爲論太極之文字，但因爲文章過長，分而述之又不會妨礙理解，所以姑且析而分之。

第二段

> 中士曰：無其理則無其物，是故我周子信理爲物之原也。
>
> 西士曰：無子則無父，而誰言子爲父之原乎？相須者之物，情恆如此，本相爲有無者也。有君則有臣，無君則無臣。有物則有物之理，無此物之實，即無此理之實。〔註 81〕

中士：無其理則無其物，理爲萬物化生之源。西士（利瑪竇）則以父子、君臣爲喻，一個男人必先生了兒子才會被稱爲「父」，亦即「父」這個名詞產生於「子」這個實體之後。但是我們不能因而就說「子」這個實體產生了「父」這個實體，君、臣之間的關係也是如此。總而言之，先有實體才會有規定這一實體性質的原則產生（理）。沒有實體，則無此理。利瑪竇這一段話，讓人不禁聯想到了王夫之《周易外傳》:「天下惟器而已矣，道者，器之道；器者，不可謂之道之器也。」之語，不知王夫之此說，是否是曾受《天主實義》的啓發。

（二）倫常差序與平等

宗教一般也強調以愛心爲生活準則，但是宗教要求人們彼此相愛是與對神的愛與敬畏聯繫在一起的。儒家所強調的是人與人之間的愛，而且是有等差的或是不平等的〔註 82〕。孟子曾批評墨子的「兼愛」是「無父」。「愛」幾乎是各種文化都強調的，何以孟子會有這般強烈的批評呢？問題不在「愛」，而在「兼」。「兼」是一種平等的愛，即「愛無等差」——對自己的親人的愛與對陌生人的愛是一樣的。這種主張在強調「老吾老，以及人之老；幼吾幼，以及人之幼。」儒者眼中，自然是「無父」了。聖經所呈現的「倫理」，完全與儒家不同，〈馬太福音〉云：

> 又有一個門徒對耶穌說：「主啊！容我先回去埋葬我的父親。」耶穌說：「任憑死人埋葬他們的死人；你跟從我吧！」（語意不明，原文

〔註 81〕朱維錚：《利瑪竇中文著譯集》（香港：香港城市大學，2001 年），《天主實義》，頁 22。

〔註 82〕陳詠明：《儒學與中國宗教傳統》（台灣：商務印書館，2004 年 1 月），頁 175。

爲：Follow me, and let the dead bury their own dead）〔註 83〕

又云：

> 你們不要想，我來是叫地上太平；我來並不是叫地上太平，乃是叫地上動刀兵。因爲我來是叫人與父親生疏，女兒與母親生疏，媳婦與婆婆生疏。人的仇敵就是自己家裏的人。愛父母過於愛我的，不配作我的門徒；愛兒女過於愛我的，不配作我的門徒。〔註 84〕

父死不許埋骨，離間骨肉之親，只許信徒追隨自己，這在中國人看來是不可思議且無法接受的。但是就天主教而言，聖、凡之高下有如雲泥，耶穌、耶和華高於人間的父母、兄弟，毫無可議之處。《天主實義》云：

> 欲定孝之説，先定父子之説。凡人在宇內有三父，一謂天主，一謂國君，一謂家君也。逆三父之旨者，爲不孝子矣。天下有道，三父之旨無相悖。蓋下父者，命己子奉事上父者也，而爲子者順乎一，即兼孝三焉。天下無道，三父之令相反，則下父不順其上父，而私子以奉己，弗顧其上；其爲之子者，聽其上命，雖犯其下者，不害其爲孝也，若從其下者逆其上者，固大爲不孝者也。國主於我相爲君臣，家君於我相爲父子，若使比乎天主之公父乎，世人雖君臣父子，平爲兄弟耳焉。此倫不可不明矣！〔註 85〕

基督（天主）教的倫理則是平均主義和抽象的，認爲所有的人在上帝面前都平等〔註 86〕。這一種平均主義若普遍實施於明末之中國，將會崩解整個社會，因爲中國自道德、宗教、法律、家庭各個層面，都是以上下等級來維持的。其實，當時的社會環境也不可能產生人人平等的觀念。因爲在農業社會中，所面臨的生產環境可能數百年不變，耕作經驗足以決定收穫之豐欠，年長者經驗豐富自易受到尊重；再者，當時家族聚族而居的現象極爲常見，若不嚴守上下等級之別，將會導致衝突不斷而毀了整個家族。中國的社會結構，就是家庭結構的直接擴大，家人之間的相處模式被直接應用於家庭外的

〔註 83〕《新約聖經》（台北：中華民國聖經公會，2005 年），〈馬太福音〉第八章二十一至二十二條，頁 22。

〔註 84〕《新約聖經》（台北：中華民國聖經公會，2005 年），〈馬太福音〉第十章三十四至三十六條，頁 30。

〔註 85〕朱維錚：《利瑪竇中文著譯集》（香港：城市大學出版社，2001 年），《天主實義》，頁 125～126。

〔註 86〕〔法〕謝和耐著、耿昇譯：《中國和基督教》（上海：上海古籍出版社，1991 年 3 月），頁 238。

領域中。中國社會的這種特色的好處是，所有的人際網路被擬親化，可以感受濃厚的情味。壞處則是，凡是疏遠與己無關者，其權益常受損害。林端云：

> 理想上，吾道一以貫之，五倫應能放諸四海皆準；但實際上，一般人只能在自己有限的生命、生活能力所能及的範圍：家族、宗族、鄰里……建立起親屬般的自然關係，而彼此尋求認同。因此其認同的我群，大抵以宗族、鄉黨、行郊爲主，這些團體以外的人，便是陌生的路人，屬於被排斥的他群。客觀意義的普遍主義無法一波波推展開來，社會中人深深束縛在鄉土社會的宗族、鄉黨與行郊裏，對內道德與對外道德的二元論無法加以超越。〔註87〕

若比較中國有差等的倫理及天主教平等的倫理，在境界上似以中國爲高，人人利他又充滿情味。但是這種以個人爲情感爲基礎向外推擴的過程中，是缺乏客觀的準則的；反之，天主教認爲「天主之前人人平等」，人我之相與不以情感爲基礎，而訴諸一種普遍的原則，均等之愛、客觀之法，少了情味，多了公正。二者調合，可能才是最理想的境界。

（三）行善與報應

中國古代的教育並不普及，能夠粗通文理就不錯了。「蒙學」，就其字義來看，教育的對象似乎只限於兒童，但是事實上知識水準不高的成人也是蒙學教育的對象。於是明清之際，就人口比例而言，僅受過蒙學教育者，可能占了絕大多數。由於教學內容之難易必須適應學習者本身的資質及觀念，所以蒙學所反映的思想必定符合庶民大眾的思想。《增廣賢文》云：

> 善惡到頭終有報，只爭來早與來遲。〔註88〕

又云：

> 善必壽考，惡必早亡。〔註89〕

不論是「善惡到頭終有報」或者「善必壽考，惡必早亡」，都是在強調天之賞罰（人之遭遇）與人的善惡必然一致的信念。但是《聖經》卻說：

〔註87〕林端：《儒家倫理與法律文化——社會學觀點的探索》（北京：中國政法大學出版社，2002年4月），頁98～99。

〔註88〕陳才俊注譯：《中華蒙學精粹（上冊）》（蘭州：蘭州大學出版社，2003年3月），頁298。

〔註89〕陳才俊注譯：《中華蒙學精粹（上冊）》（蘭州：蘭州大學出版社，2003年3月），頁310。

> 凡臨到眾人的事，都是一樣。義人和惡人，都遭遇一樣的事。〔註 90〕

又說：

> 智慧的未必得糧食，明哲的未必得貲財，靈巧的未必得喜悅。所臨到眾人的，是在乎當時的機會。原來人也不知道自己的定期，魚被惡網圈住，鳥被網羅捉住，禍患忽然臨到的時候，世人陷在其中，也是如此。〔註 91〕

《聖經》所言「義人和惡人，都遭遇一樣的事」，人之善惡與天之賞罰（人之遭遇）未必一致，人的遭遇與行善爲惡無關，卻與當時的外在環境有關。這種觀念是無法爲中國人所接受的。社會心理學有一個名詞稱爲「公平世界的信念」。

> 所謂「公平世界的信念」指相信「善有善報，惡有惡報」。這種信念是一種防衛歸因，可以使人覺得生活是安全的、規律的、可預測的。如果一個社會中的大多數人都相信世界是公平的，則經濟和社會的不公就會被視爲是公平的。因此公平世界的歸因方式，可能會被拿來作爲無公義的解釋與藉口。〔註 92〕

「善有善報，惡有惡報」易使人將不公平、不合理的事，歸因於人的不善（不修德才會有如此的遭遇），而忽略了制度是否合理，加惡之人是否合法。更嚴重的是，對於先天殘疾之人，將會失去同情並懷疑其道德。就此而言，天主教善惡與遭遇無關的觀念，雖然可能使人失卻安全感，但也能迫人面對社會的不公與不義，進而建立較爲公義的社會。

（四）無後與姦淫

在中國傳統社會中，婚姻是家庭直至宗族的大事，因爲娶來的媳婦要主蘋蘩，司中饋，誕子孫，以承百世宗祧〔註 93〕。有些家族以「重後嗣」爲名，強調三十無子就應納妾。如果妻子妒忌，妻黨阻擾，通族必須「斷令擇娶」（《醴邑、上湘、中湘樂氏四修支譜》）。也有些尊長認爲，無子納妾，情有可原；

〔註 90〕《新約聖經》（台北：中華民國聖經公會，2005 年），頁 801～802。

〔註 91〕《新約聖經》（台北：中華民國聖經公會，2005 年），頁 802。

〔註 92〕上述引文並非原文，乃筆者摘其意而成。〔美〕Elliot Aronson、Timothy D. Wilson、Robin M. Akert 著、余伯泉、李茂興譯：《社會心理學》（台北：弘智文化，2003 年 6 月），頁 161～162。

〔註 93〕費成康：《中國的家法族規》（上海：上海社會科學院出版社，1998 年 8 月），頁 64。

有了子嗣還要納妾，旨在遂其一身之私欲，於是規定只有在喪妻後才可以續弦；四十以上沒有子嗣，也無侄子可作繼子者，才可納妾（《毗陵徐氏宗譜》卷首〈徐家家規十則〉）〔註 94〕。上述宗譜對於納妾的規定，雖不完全相同，但不論是繼弦或是納妾，都反映了中國人將承宗接嗣看得極為重要。天主教的婚姻制度是「一夫一妻」制，夫妻只屬於彼此，因無後而另娶就是犯了姦淫。《新約聖經．馬可福音》云：

> 但是從起初創造的時候，神造人是造男造女。因此人要離開父母，與妻子連合，二人成為一體。既然如此，夫妻不再是兩個人，乃是一體的了。所以神配合的，人不可分開。……耶穌對他說：凡休妻另娶的，就是犯姦淫，辜負他的妻子；妻子若離棄丈夫另嫁，也是犯姦淫了。〔註 95〕

天主教以為，神造男女乃是為了使男女結合以建立家庭，一旦結為夫妻之後不可離婚，否則就是犯了姦淫的戒律。男女結婚以後，應為對方守貞，身體只屬於對方。《新約聖經．哥林多人前書》云：

> 論到你們信上所提的事，我說男不近女倒好。但要免淫亂的事，男子當各有自己的妻子；女子也當各有自己的丈夫。丈夫當用合宜之分待妻子；妻子待丈夫也要如此。妻子沒有權柄主張自己的身子，乃在丈夫；丈夫也沒有權柄主張自己的身子，乃在妻子。〔註 96〕

利瑪竇《天主實義》曾針對「不孝有三，無後為大」這一命題提出了他的看法。他反對不孝有三，無後為大，所持的理由主要有二：(1)孔子讚美伯夷、叔齊、比干，許之為聖賢，此三人皆無後，若無後為不孝，定不能獲得孔子之讚美，故知無後與孝無關。(2)孝順與否在個人的內在情意及外在表現，得不得子有其定命〔註 97〕。天主教（天主教）一夫一妻的婚姻觀和中國一夫多妻（為方便稱呼，妾在此也算妻）的觀念相違，致使若信教必然面臨對中國古來聖賢的否定，黃貞云：

〔註 94〕費成康：《中國的家法族規》（上海：上海社會科學院出版社，1998 年 8 月），頁 66。

〔註 95〕《新約聖經》（台北：中華民國聖經公會，2005 年），〈馬可福音〉第十章六至十二條，頁 136。

〔註 96〕《新約聖經》（台北：中華民國聖經公會，2005 年），〈哥林多人前書〉第七章一至四條，頁 511。

〔註 97〕朱維錚：《利瑪竇中文著譯集》（香港：香港城市大學，2001 年），《天主實義》，頁 124～125。

> 彼教中有十誡，謂無子娶妾，乃犯天主大戒，必入地獄，是舉中國歷來聖帝明王有妃嬪者，皆脫不得天主地獄矣。〔註 98〕

其實，當時有許多士大夫本有意入教，但是卻因有妾而不得不放棄。根據黃一農的研究，不少東林中人對西學和西教頗感興趣，他們之所以未考慮受洗，很可能是因原本有妾，且不願全然放棄不被天主教接受的禮俗和信仰〔註 99〕。既然許多東林黨的人因有妾而不得不打消入教之念頭，可見不許有妾是當時天主教極爲重視且堅持的一個入教條件。一夫多妻即是姦淫，也是不可妥協的戒律。

（五）天堂與地獄

上帝爲人類立伊甸園及人類最終被逐出伊甸園記載於舊約聖經之〈創世記〉之立伊甸園、爲男人造配偶、始祖被誘惑、違背主命、逐出伊甸園諸節文字中。諸節內容可概述如下：上帝將亞當安置於伊甸園中並吩咐分別善惡樹上的果子不可以吃，鑑於亞當獨居不好，於是又造了夏娃，此時二人赤身露體，但不覺得羞恥。其後夏娃受了蛇的誘惑，和亞當吃了可以明目有智慧的果子，此時二人知道了羞恥。上帝爲了懲罰亞當與夏娃，令男子終身勞苦、女子懷胎苦楚，男女變成世仇。由於亞當和夏娃已知善惡有了智慧，上帝怕二人又摘了生命樹之果實，於是將二人趕出了伊甸園〔註 100〕。亞當、夏娃受了蛇的誘惑不顧上帝的誡命吃下了智慧之果，這就是人類原罪的來源。值得注意的是〈逐出伊甸〉云：「耶和華上帝說：那人已經與我們相似，能知道善惡，現在恐怕他伸手又摘生命樹的果子喫，就永遠活著。耶和華上帝便打發他出伊甸園去，耕種他所自出之土。」〔註 101〕這一段文字有二點值得留意。首先，依文義上帝與亞當夏娃之別只在於一永生、一有死亡之時，上帝與亞當、夏娃二人在智慧上已無二致。其次，上帝害怕亞當、夏娃二人也得永生一如自己，所以才將二人逐出伊甸園。耶和華上帝對於亞當夏娃二人的防範，實在很難令人相信亞當夏娃的後裔可以因信仰上帝而上天堂。但是不論如

〔註 98〕〔明〕黃貞：〈請顏壯其先生闢天主教書〉，《聖朝破邪集》，卷三，頁 9 上（總 258）。收錄於藍吉富主編：《大藏經補編（二十八）》（台北：華宇出版社，1986 年 2 月）。

〔註 99〕黃一農：《兩頭蛇——明末清初的第一代天主教徒》（上海：上海古籍出版社，2006 年 8 月），頁 127。

〔註 100〕《新舊約全書》（香港：聖經公會印行，1961 年），〈創世記〉，頁 2～4。

〔註 101〕《新舊約全書》（香港：聖經公會印行，1961 年），〈創世記〉，頁 4。

何，宗教信仰本來就不是人類理智的對象。

天堂、地獄這一議題，所涉及的層面極廣，舉凡人死後靈魂存滅、報的原則、信仰與天堂，中西的立場都顯現極大的差異。

1. 靈魂存滅與否

關於靈魂，利瑪竇以爲：靈魂常在不滅。草木之魂爲生魂，禽獸之魂爲覺魂，人爲靈魂。靈魂兼生魂、覺魂二者，身雖死而魂不滅。靈魂並不依恃身體，故能守義而不爲身所役。更何況，世界之物之所以殘滅，乃因萬物皆由火氣水土四行組成，四行相悖故不免於亡。靈魂爲神，與四行無關，是以長存〔註 102〕。《天主教要》云：

> 其五要信人之靈魂爲天主所賦。既賦之後，永無滅時。其所有罪過，惟天主爲能赦之。人若只恃自己之力，必不能勝誘惑，必不能立功勞，必不能遷善改過。〔註 103〕

儒家在靈魂滅與不滅的問題上，一般表現爲三種態度：一是形謝神滅；二是死後必滅，但有遲速之分；三是存而不論。這三種態度都與宗教不同，實際都是對靈魂的否定〔註 104〕。利瑪竇曾以中國祭祀祖先來反駁「形謝神滅」之說法，他說：

> 彼孝子慈孫，中國之古禮，四季修其祖廟，設其裳衣，薦其時食，以說考妣。使其形神盡亡，不能聽吾告哀，視吾稽顙，知吾事死如事生、事亡如事存之心，則固非自國君至於庶人大禮，乃童子空戲耳。〔註 105〕

利瑪竇以爲，若眞的是「形謝神滅」，則祭祀祖先之禮，不可能通行各階層。但是《荀子・禮論》卻說：

> 祭者，志意思慕之情也。忠信愛敬之至矣；禮節文貌之盛矣，苟非聖人，莫之能知也。聖人明知之，士君子安行之，官人以爲守，百姓

〔註 102〕朱維錚：《利瑪竇中文著譯集》（香港：香港城市大學，2001 年），《天主實義》，頁 34～35。

〔註 103〕〔意〕利瑪竇編譯：《天主教要》，參見鍾鳴旦（Nicolas Standaert）、杜鼎克（Adrian Dudink）編：《耶穌會羅馬檔案館明清天主教文獻》第一冊，頁 327～328。

〔註 104〕陳詠明：《儒學與中國宗教傳統》（台灣：商務印書館，2004 年 1 月），頁 401。

〔註 105〕朱維錚：《利瑪竇中文著譯集》（香港：香港城市大學，2001 年），《天主實義》，頁 39。

以成俗。其在君子，以爲人道也；其在百姓，以爲鬼事也。〔註 106〕

上述引文，強調祭祀祖先的原始設計，是要使人發抒思慕亡者之情，藉由儀式使人忠信愛敬之情得以表達，而非奢求祖先之庇祐。執政者著重在其社會功能，百姓則視其具有宗教功能。《說苑・辨物》有一則更爲淺白的說法，文云：

> 子貢問孔子，死人有知？無知也？孔子曰：吾欲言死者有知也，恐孝子順孫妨生以送死也。欲言無知，恐不孝子孫棄而不葬也。〔註 107〕

孔子不願明確回答子貢人死是否仍能感通的問題，因爲孔子擔心若言死者有知，子孫爲求庇祐，恐將投入過多資源於祭祀之上；若言死而無知，則人死後如灰飛煙滅，祭祀將成爲浪費資源之舉。因此，不廢祭祀，是讓執政者與人民各遂其欲的最佳方式。

2. 懲戒的對象

在傳統的中國社會，個人從小就被教導家族之利益優先於個人之利益，家族是否繁盛，也影響著個人的社會地位，個人與家族，互相交融而爲一個整體。家族成員交融爲一整體，所以上天的懲戒，以一個家族爲單位，是絲毫不奇怪的。但是對西方傳教士而言，我自爲我，犯了錯由自己承擔，與子孫無關。《天主實義》云：

> 中士曰：善惡有報，但云必在本世，或不於本身，必於子孫耳。不必言天堂地獄。
>
> 西士曰：……夫世之仁者不仁者，皆屢有無嗣者，其善惡何如報也？我自爲我，子孫自爲子孫。夫我所親行善惡，盡以還之子孫，其可爲公乎？且問天主既能報人善惡，何有能報其子孫，而不能報及其躬？苟能報及其躬，何以捨此而遠俟其子孫乎？……爾爲善，子孫爲惡，則將舉爾所當享之賞，而盡加諸其爲惡之身乎？可謂義乎？爾爲惡，子孫爲善，則將舉爾所當受之刑，而盡置諸其爲善之躬乎？可爲仁乎？非但王者，即霸者之法，罪不及胄。〔註 108〕

〔註 106〕〔清〕王先謙撰；沈嘯寰、王星賢點校：《荀子集解》（北京：中華書局，1988 年 9 月），卷十三，頁 376。

〔註 107〕〔漢〕劉向：《說苑》（台北：中國子學名著集成編印基金會，1978 年，（珍本初編本）據〔清〕王謨刊漢魏叢書本），頁 594～595。

〔註 108〕朱維錚：《利瑪竇中文著譯集》（香港：香港城市大學，2001 年），《天主實

中士認爲要處理善惡報應，不必另立一天堂地獄，人世間自可使爲善爲惡之人各得其報。就算爲善爲惡之果不及於本身，也會及於後世子孫，這種懲戒及警惕效果就足以使人三思而後行了。西士則認爲，(1)人不論善惡皆可能無後，爲惡之無嗣者，若報不及身，如何報其惡？爲善之無嗣者，若報不及身，如何報其善？都是大有問題的。(2)我爲我，子孫自爲子孫，我爲惡、子孫承之，完全不符公義。(3)天主既能報其子孫，何不報及自身？(4)若己身子孫一爲善一爲惡，或一爲惡一爲善，如何報都是不公義的。在上述中西二士之爭議中，其主要的區別，或許是中士以家族爲一體、西士以個人爲獨立，所以中國報在家族無異於報在自身，西方則認爲任何人之善惡報應不能及於他人。

3. 信仰與天堂

中國人認爲若天堂、地獄乃爲獎善懲惡而設，則爲善之君子必登天堂，爲惡之小人必下地獄，信與不信天堂地獄之說，是無關緊要的。但是利瑪竇認爲信仰天主教「天堂地獄」之說，是能否稱爲君子的必要條件。《天主實義》云：

> 中士曰：……如有天堂，君子必登之；如有地獄，小心（人）必入之。……。
>
> 西士曰：……有天堂，君子登之必也。但弗信天堂地獄之理，決非君子。〔註 109〕

信仰天主教與否成爲分判君子小人之依據，這是中國人所不能接受的觀念。在中國人的觀念中，君子小人之別，完全是以其德性來論斷的，無關地位、家世、宗教信仰等等的外在因素。所以《誅夷論略》云

> 所作善惡，俱聽天主審判。而善惡無他分判，只是從天主教者爲善。雖侮天地、慢鬼神、悖君親，亦受天主庇而登天堂。〔註 110〕

在中國人眼中，善惡之分判無與於宗教信仰，若以信教者爲善不信教者爲惡，則此宗教本身是否可以稱爲正教就極有問題了。《誅夷論略》之論天主教是否

義》，頁 88～89。

〔註 109〕朱維錚：《利瑪竇中文著譯集》（香港：香港城市大學，2001 年），《天主實義》，頁 94。

〔註 110〕林啓陸、履夫甫：〈誅夷論略〉，《聖朝破邪集》卷六，頁 119（總 310）。收錄於藍吉富主編：《大藏經補編（二十八）》（台北：華宇出版社，1986 年 2 月）。

有所誤解？《舊約聖經・出埃及記》云：

> 上帝吩咐這一切的話，說：我是耶和華，你們的上帝……除了我以外，你不可有別的神；不可為自己雕刻偶像；也不可作甚麼形像……不可跪拜那些像，也可事奉他、……恨我的、我必追討他的罪，自父及子，直到三四代。愛我守誡命的，我必向他們發慈愛，直到千代。〔註 111〕

上述引文中「恨我的、我必追討他的罪」及「愛我守誡命的，我必向他們發慈愛」二句，若改成「不信我的、我必追其罪」、「信我守誡命的、我必向他們發慈愛」，在文義上應是相似的。以此可證《誅夷論略》所理解的天主教教義，並無任何誤解。信仰天主教成為入天堂的門票，中國自古以來的先聖先賢，自然只有下地獄的份了。〈誅左集緣起〉云：

> 姦盜詐僞之徒，一造其室，遂登永樂之天。堯、舜、周、孔之聖，不得其門，永錮煉清之獄。〔註 112〕

若連堯、舜、周公、孔子等傳統所公認的聖人都不能登天堂，中國人還有誰可登天堂？信教之小人能登天堂，如何服億萬中國人之心？都是有疑問的。

總而言之，天主教教義和中國儒家思想有著根本的歧異，雖然二者所提倡的德目在表面上有著相似性，但是背後所依恃的思想卻是大不相同的。天主教上帝之前人人平等的概念，其實有助於瓦解君權神授的神話，進而使民主社會早日實現；同時人人平等的概念，也有助於建立一個客觀的法律，有效減少社會互動的成本（諺語云：知人知面不知心；逢人且說三分話，都是因為缺乏客觀公正的法律，致使一但離開了家族、鄉黨，環境將難以掌握），這些對於當時的中國都是迫切需要的。但是由於這些哲學思想和神學糾纏不清，所以保守之士大夫不能進一步的釐出有利於中國社會的因素，近代化的時程可能因此晚了三百年。

〔註 111〕《舊約全書》第二十一章〈出埃及記〉，頁 92～93。

〔註 112〕釋善潤：〈誅左集緣起〉，《破邪集》，卷八，頁 22（總 352）。收錄於藍吉富主編：《大藏經補編（二十八）》（台北：華宇出版社，1986 年 2 月）。

第五章　東林黨的經世致用之道
——以顧憲成、高攀龍、李三才爲主

溝口雄三（1932～）指出，《明夷待訪錄》係以明末（原注：特別是神宗、熹宗時代）君主專橫的歷史體驗爲基礎，而在黃宗羲（原注：其父黃遵素由於與君主專橫對立抗爭，即由於所謂的「東林黨禍」，以致最後死於獄中）筆下完成的著作。基於這個因緣，這部書亦可視爲東林系人士言論的結集。例如，批判君主的貪財（雒于仁、馮琦、李三才等人）、批判宦官（楊漣等人）、主張天下之是非和公論（顧憲成、繆昌期等人）、主張強化宰相權限（葉向高等人）、主張保障土地的所有（錢士升等人）、要求分治（陳龍正、劉宗周等人）的這些主張，都是東林系人士早已提出的見解。雖然如此，這部書卻不能單純地視爲基於個人因緣而成。而應視爲黃宗羲集結了歷史的呼聲，將這些個別的、片斷的、乃至局部的見解，經過有條理地整理後的集大成之作〔註 1〕。其實，總結東林士人意見的又何止《明夷待訪錄》？《日知錄》、《宋論》、《讀通鑑論》的性質與《明夷待訪錄》又有何不同？史學界向來有「明之亡，實亡於神宗。」的說法，這種說法主要著眼於神宗的怠政荒唐，使得明朝國勢急驟衰弱。但是相對的，由於神宗的怠政及荒唐，透過立國本、三王並封、礦稅等事件，也加重當時部分儒者的迫切感並開始反思政治制度之合理性。所以可以說「明之亡，實亡於神宗。」亦可以說，「明清之際的政治反思，實始於神宗」。若將明清之際的政治反思分爲：政治制度、經

〔註 1〕〔日〕溝口雄三著、林右崇譯：《中國前近代思想的演變》（台北：國立編譯館，1994 年 12 月），頁 332。

濟制度、軍事制度及社會控制等幾個範疇。可以發現不論是萬曆朝的立國本、爭礦稅、梃擊案，或光宗、熹宗時的紅丸案、移宮案，臣僚們都將焦點放在君位繼承、君王德性上。東林派重國本、三案等「宮中瑣事」，無非是想把君主權作爲王朝國家的一個機關，把它從君主個人的恣意中解放出來〔註 2〕。換言之，使君主之權納入規範中。東林諸君子爭國本、爭礦稅等奏疏，已反映出君王不能有私情及君王無權剝削百姓之思想，此實爲明末清初如黃宗羲、唐甄揭露君主醜陋面目及主限制君權之先聲。

據唐力行及小野和子的研究，東林黨、復社之成員，出身於商業發達地區的比例極高〔註 3〕。小野和子指出，東林會約中論及講學的部分有幾點值得注意：〔註 4〕

> 第一，講學的內容，包括有庶民性的內容，極爲開放。
>
> 第二，極爲重視朋友關係。
>
> 第三，講學的學問必須和躬行實踐連繫。
>
> 第四，他們不僅在東林書院講學，而且和近鄰的書院間形成一種網絡，相互自由地進行學問交流。

筆者以爲，上述四點與「商業文化」極其相關。首先，由於商人在經商致富

〔註 2〕〔日〕小野和子：《明季黨社考》（上海：上海古籍出版社，2006 年 1 月），頁 374。

〔註 3〕唐力行云：東林黨人及清初三大思想家的早期啓蒙思想應該納入商人文化的範疇。東林黨人雖爲在野在朝的士人組成，但從其成員的籍里分布來看，主要是集中在江南和山陝。據李棪《東林黨人考》所錄 309 人中（其中缺籍者二十五人），山陝籍合爲五十七人，占 18.6%，江浙籍 101 人，占 31.9%。東林黨人籍里分布於十三個省，而山陝、江浙即占一半強，這不是偶然的。江浙爲徽商、江蘇商和浙商活動的區域，江浙東林黨與商人的關係已爲我們所熟知。……萬曆年間山陝東林黨人當中，有的是鹽商出身，有的是官僚地主兼營工商業，有的雖是地主出身，但卻出生在山陝商人集中的故鄉，其社會關係與山陝商人有著千絲萬縷的聯繫。唐力行：《商人與中國近世社會》（台北：台灣商務印書館，1997 年 7 月），頁 225～226。小野和子云：這些地區，其大致的中心就是太湖，其東部、北部的蘇州府到松江府的丘陵地區，棉花栽培與棉織品；南部的杭州府、嘉興府、湖州府一帶，以養蠶、絲織品爲中心，都是急速發展的區域，……可以認爲，復社就是以這樣的太湖周圍經濟發展爲背景，不斷吸收由此產生的新興勢力而擴大的。〔日〕小野和子：《明季黨社考》（上海：上海古籍出版社，2006 年 1 月），頁 259。

〔註 4〕〔日〕小野和子著；李慶、張榮湄譯：《明季黨社考》（上海：上海古籍出版社，2006 年 1 月），頁 145～149。

後有了更強的文化需求，這除了反映在戲曲、小說外，商人對於哲學義理亦有強烈的需求，所以講學的對象已擴及士人以外之階層。其次，在商業發達的地區，人口不斷地遷入移出成爲一個常態，周遭的鄰里及來往的人們可能與自己沒有任何的血緣關係，所以只能以朋友模式對待，在這種環境下交流，彼此間的關係少了上下的宰制，多了志同道合的平等，自然會想把其他四倫的關係加入一些平等協同的因素（天主教的倫理思想可能也有影響，但因思想家們皆不曾言及，故於此不能妄加揣測）。再者，在商業繁盛的區域成長，耳濡目染成本效益（當時未有成本效益的名詞）的觀念，自然會講躬行與實踐而不會滿足於僅有觀念而無實踐之理論。最後，商業因網絡繁密、訊息流通快速而繁盛，書院間的交流模式與商業模式相似，二者的差異僅僅是交流的內容，一爲商業資訊一爲學術思想罷了。在上述四點東林講學特色中，對傳統社會結構破壞力最大的無疑是「重視朋友關係」這一點。所謂「同門曰朋，同志曰友」，「朋友」本是五倫之中最爲平等的一倫。朋友多因興趣、思想相近而結合，也就是同「道」。在「道」底下，各人本著虛心的態度，求教請益於眾人，並提升自我。誰擁有「道」？貴賤不是指標、議論高明與否才是指標。在道底下，身分的區隔打破了，階級的藩籬撤消了。顧憲成〈東林會約〉云：

> 一人之見聞有限，眾人之見聞無限，於是或參身心密功，或叩詩書要義，或考古今人物，或商經濟實事，或究鄉井利害。蓋有精研累日夕而不得，反覆累歲月而不得，旁搜六合之表而不得，逖求千古之上而不得。一旦舉而質諸大眾之中，投機遘會、片言立契，相悅以解者矣，六也。〔註5〕

若將講學的經驗帶到朝廷，會是怎樣的一番面貌？在國家的層次上，君聖、臣賢、百姓樂，所謂的三代之治（最理想的國家治理），無疑就是道。爲達到道（三代之治），君臣皆需各盡所能，虛己以從公議（集思廣益下的智慧結晶）以使國家的政策、決議能在最大的程度上符合人民的利益。若臣僚普遍有公議之下的政策最能符合國家利益認知，君臣的上下階級，雖然仍能維持。但是君主聖哲的形象必然會有相當程度的除魅，也等於削弱君主命令的權威性，這種發展必是君主所不樂見的。但是東林、復社重視講學、朋友，力求

〔註5〕顧憲成：《顧端文公遺書・東林會約》（上海：上海古籍出版社，2002年，《續修四庫全書》本），〈九益〉，頁10。

一種更平等的五倫關係，在當時並非全國的共識。在當時的中國，講究血緣、地緣、業緣等關係，毋寧更是主要的潮流、趨向。於是明末的黨爭，除了可由正邪對抗、君子、小人鬥爭的角度來看。其實也可視爲兩種絕然不同的價值觀在對抗——一種較爲接近部落倫理，講究血緣、地緣之相近，將人親、土親之重要性，置於國家的利益之上。一種雖然也不廢人親、土親等血緣、地緣因素之考量，但是國家利益的考量（道，三代之治）卻優先於血緣與地緣。茲以萬曆二十一年的京察爲例：

> 二十一年大計京朝官，力杜請謁。文選員外郎呂胤昌，（孫）鑨甥也，首斥之。考功郎中趙南星亦自斥其姻。一時公論所不予者貶黜殆盡，大學士趙志皋弟預焉。由是執政皆不悅。王錫爵方以首輔還朝，欲有所庇。比至而察疏已上，庇者在黜中，亦不能無憾。〔註6〕

萬曆二十一年京察，孫鑨斥其甥呂胤昌，趙南星亦斥其姻親，當時風評不佳的官員都在貶黜的名單之中。大學士趙志皋之弟，王錫爵之私人也都在貶黜的名單之內。所以趙、王二人，對孫鑨、趙南星極爲不悅。高攀龍〈儕鶴趙先生小傳〉亦載有趙南星萬曆二十一年京察之事，但是多了一段趙南星心理的轉變過程。文云：

> 以功郎司癸巳內計，所訪必擇其人，所聞必考其自。先生（趙南星）有姻親爲公論不容，客問先生何以處之？先生頻顣曰：「此官在長安暫耳，此身在鄉井常也，異日作何面目相向。」客曰：「君愛其親，誰不愛其親者？」先生謝曰：「然。此國事也」於是先生黜其姻而冢宰一人在吏部者；黜首揆一弟在太常者；黜當路私人，無一得免。國論大快，謂二百年計典絕調。而政府恚甚，尋謀逐先生。〔註7〕

趙南星在京察時——「所訪必擇其人，所聞必考其自。」也就是說，每個官員之升黜，必先經過詳密的訪察及確認的工作，務使升黜與其表現相符。趙南星有個姻親爲公論不容，即風評不佳。本來趙南星欲徇私，因爲當官是一時的（此官在長安暫耳），退休後面對親人卻是永久的（此身在鄉井常也）。言外之意是：爲了將來退休可以面對親戚，所以有意徇私放過。但是客人反

〔註6〕〔清〕張廷玉：《明史》（北京：中華書局，1997年11月，二十四史縮印本），卷二二四，頁5894。

〔註7〕〔明〕高攀龍：《高子遺書》（台北：臺灣商務印書館，1983年，四庫全書本），卷十〈儕鶴趙先生小傳〉，頁11。

問：「君愛其親，誰不愛其親者？」（人人都有親戚，若不循公辦理，如何有賢人皆在朝之可能？）於是趙南星慚而謝其罪曰：「然，此國事也」（是啊！這是國事，不容徇私。我錯了）經過這番心理轉折，才有號稱明朝開國二百年以來察典空前絕後之作。上述趙南星與客人之間的對話，可以看出當時血緣、地緣等鄉土關係所展現出的強大力量。但是在最後關頭趙南星終究將國家利益置於個人私情之上。萬曆二十一年的京察，雖然趙南星、孫鑨持公辦理，也黜落了自己的親戚，但是卻也惱怒了王錫爵、趙志皋。王錫爵、趙志皋之所以恚甚，主要是他們的親戚、私黨被黜落，他們所代表的是一種重鄉土血緣、地緣的部落倫理，慣於由血緣、地緣分別我群／他群（自己人／別人）。凡是我群都是與自己利益一致的，他群則是危險的、不懷好意的，即所謂的「非我族類其心必異」。可以這麼說，東林諸子代表的是一群能超脫鄉土血緣、地緣羈絆的知識分子。他們眼中有比血緣、地緣更重要的「道」。在「道」之下，朋友互相切磋以增德業、以利鄉梓，才是孔子的信徒。

第一節　政治領域

東林黨是一個人數極多的士人集團，若要詳述每一個人的政治思想，實非筆者之學力及精力所能負擔，所以本節的討論範圍將以顧憲成、高攀龍及李三才三人爲主。在顧憲成及高攀龍的觀念中，道德、學術、政治是一體而不可分割的。尤其是顧、高二人的文集中，討論道德的篇幅占了全書的相當大比例，筆者並非否認道德在政治層面的重要性，但是不可否認的是：在政治領域中，道德若無相應的制度規範做後盾，要求道德自律將會顯得可笑而不切實際。基於這樣的認知，本節只將重點放在三人對政治制度主張，並選擇其中富於新的時代精神的部分來論述。李三才的奏疏《撫淮小草》國內尚無藏本，所以本節所引之《撫淮小草》，絕大部分都是首次出現在讀者面前的（按：小野和子《明季黨社考》有引用部分《撫淮小草》之內容）。

一、論君主

（一）君主的責任

在傳統中國，除了君主集權制以外，不曾出現其他形式的政治制度，所以現代的民主制度——人民有權力選擇國君（總統），並依其施政表現決定其去留，這在傳統中國是不可想像的事。除了歷代創業之君外，所有的君主之所以有其君位，與能力無關，也與是否得民心無關，僅與是否有一個開國的祖先有關。鑑於無任何法律制度可以約束漫無節制的君權，於是儒者一方面將君主推到了天之子（天子）的絕對尊榮的地位，另一方面又以天命靡常等來節制君主。李三才〈第一停罷礦稅疏〉云：

> 夫皇上之位，上天所托之位。皇上之天下，祖宗所授之天下也。天以大位托之皇上，豈以崇高富貴獨厚一人，蓋付以億萬生民之命，使司牧之也。故曰天子，言代天子萬民也。則凡寒者衣之，飢者食之，一民不得其所，則子民者之責也。祖宗以大統傳之皇上，亦豈以崇高富貴私其所親？蓋授以億萬生民之命，使安養之也。故曰嗣君，言繼祖宗爲民主也。則凡寒者衣之，飢者食之，一民不得其所，皆主民者之責也。〔註8〕

李三才先指出，皇帝之位來自於天、來自於祖宗。但是上天與祖宗將帝位傳統現任的皇帝，並不是要他享受無盡的富貴的，而是要他治理、安養眾多的百姓，使之衣食無虞，萬民各得其所。以上是曉喻君主所負有的責任，乃說之以理。接下來是動之以情。李三才又說：

> 夫民心之離叛，臣今不暇論；社稷之安危，臣今不敢論。獨念皇上天託以司牧之任，而乃甘爲此掊克之舉；祖宗傳以安養之眾，而顧使罹此流亡之禍。清宮靜夜，試一思之。聖心忍乎？不忍乎？安乎？不安乎？臣知其決不忍且安。且一人之心，千萬人之心也。皇上愛珠玉，人亦愛溫飽。皇上憂萬世，人亦戀妻孥。奈何皇上欲黃金高于北斗之儲，而不使民有糠粃之儲？皇上欲爲子孫千年萬年之計，而不使百姓有一朝一計。試觀往籍，朝廷有如此政令，天下有如此景象，而有不亂者哉？〔註9〕

〔註8〕〔明〕李三才：《撫淮小草》（東京：東京大學綜合圖書館藏明萬曆刊本），卷三〈第一停罷礦稅疏〉，頁39下～40下。本書僅見於東京大學綜合圖書館，爲海外孤本。承蒙賴貴三師之協助，才得以擁有《撫淮小草》之完整印本。

〔註9〕〔明〕李三才：《撫淮小草》（東京：東京大學綜合圖書館藏明萬曆刊本），卷三〈第一停罷礦稅疏〉，頁42下～43下。談遷《國榷》，卷七十八亦載有此疏，惟文字小有異同，其文云：且一人之心，千萬人之心也，皇上愛珠玉，人亦愛溫飽；皇上憂萬世，世人亦戀妻孥。奈何皇上欲黃金高于北斗，而不使民有糠粃之儲？皇上欲爲子孫千萬年，而不使百姓有一朝一夕之安？試觀往籍，朝廷有如此政令，天下有如此景象，而有不亂者哉？〔明〕談遷：《國榷》

民心之離叛、社稷之安危，非不暇論、不敢論，而是不待論。因為控訴萬曆皇帝掊克百姓，使百姓飽受流亡之苦，已說明了一切。說之以理既然沒有功用（甘為此掊克之舉、使罹此流亡之禍），只能訴諸萬曆皇帝的良心（聖心忍乎？不忍乎？安乎？不安乎？）及恐嚇以行為的後果（朝廷有如此政令，天下有如此景象，而有不亂者哉？）上述引文有一段頗值得注意的文字，即「且一人之心……人亦戀妻孥。」這一段。這一段反映出一種普遍人性的需求是無關貴賤，人人都希望滿足，且不可剝奪的思想。亦即，權貴者無剝奪人民生理需求（愛溫飽）及愛與歸屬的需求（戀妻孥）的權力，一旦權力之施作損及人民的這兩項基本需求，則此權力便失去了正當性。

（二）君主的品格與國家之存亡

在傳統中國，權源來自於君主，所以君主的品格格外的重要。理想的君主是：既不偏私又能自制，絕不因好惡而破壞制度，並能一眼覷破小人的奸計。然而，理想的君主極其罕見，君主也是人，亦有其性格上的弱點，所以常被奸臣、佞臣所利用。李三才云：

> 佞人之言，其甘如飴；佞人之情，其深如海。或微以浸之，或怒以激之，或陽救而陰擠之，或明諍而暗謏之。言在東而意在西，貌在彼而心在此。……蓋彼患得患失之心勝，故如鬼如蜮之術工。朝夕祈求，惟願皇上不視朝講，不下章疏，不罷礦稅，不起廢棄，不用科道，彼方得以揚揚肆志，竊上威福。〔註10〕

君王有喜怒哀樂，本亦常事。但是因為君王是權源所在，其喜怒往往以賞罰或政令表現，有心之臣僚便可運用挑撥、激怒各種方法，藉由君王之手以間接的方式達到自己的目的。那麼，君王不理朝政總可以吧！不！君王也不能全然不理朝政，因為君王之勤惰是姦臣能否上下其手，貪污舞弊的重要指標，所以一個理想的君王應是勤政又有判斷力的。但是國君面對繁冗複雜的政務，要及時做出適切的回應，絕對不是一件容易的事。所以必須廣納眾言，藉由臣僚的討論而形成共識，即所謂的「輿論」、「公議」，以保證政策的施行能符合大多數人的利益。若君王剛愎自用，將會造成可怕的後果，李三才云：

（台北：鼎文書局，1978年7月），卷七十八，頁4854。

〔註10〕〔明〕李三才〈聖政通而忽滯請破機關以終聖政疏〉，收於吳亮《萬曆疏鈔》，頁109～110。

> 夫天下之患，莫大於忌諱而不敢言，尤莫大於固拒而不受言。忌諱不敢言，罪在下，猶可說也。固拒而不敢受言，責在上，不可說也。〔註 11〕

明清時期，君主專制臻於顛峰，君臣之地位不啻霄壤之別，這使臣子進諫必得有極大的勇氣。臣僚忌諱不敢言的原因大抵有二：(1)勸諫君主，違逆君王之意志相違，絕不討喜。(2)勸諫之代價太高，極可能使身家性命不保。所以一旦臣僚上諫君王，必然是君王的施政已悖離常道太遠，極可能危及國家安全及穩定。萬曆的國本案、三王並封案，屬皇位繼承問題，沒有處理好將可能導致篡位弒君、天下大亂的局面。所以不能將「立國本」視為皇帝自家之事。至於「礦稅」，表面上是為了補充國家日益困窘的財政。但是事實上卻是為了滿足萬曆皇帝自己對珠玉金銀的貪欲，這會使人民陷入無以為生的困境，這也是朝臣強烈反對「礦稅」的最主要原因。由於「礦稅」得不到外廷諸臣的支持，萬曆皇帝便將地方開礦事宜委任宦官進行。宦官本是宮中服雜役之人，能夠遠離皇宮並享有大權，自然不會放過中飽私囊的機會，這也更添人民的困苦。李三才之奏停礦稅之疏在萬曆朝中是極著名的，他在〈第二停罷礦稅疏〉云：

> 皇上毋謂民可下也。天佑下民，作之君，君固民之主也；得乎丘民而為天子，則民又君之主也，故省刑薄斂，視之如傷，愛之如子。人主能為百姓之主，然後奔走禦侮，尊為元后，戴為父母；百姓亦長為人主之主，若休戚不關，威力是憑。劫奪之已耳，斬刈之已耳，孤人之子，寡人之妻，拆人之屋，掘人之墓，奸貪殘賊，若近日秦、楚等處所奏。即在敵國讎人，猶所不忍，況吾衽席之赤子，無辜之齊民哉？……奸雄乘機遂生窺竊……介焉之身塊然獨處，即有黃金過斗，明珠填海，誰為守之？而又誰為運之？……實以此曹（人民）至弱至強，至微至危，亦不敢殘虐之耳。……民心一去，天命隨之，歷代相傳之業，斬焉絕矣。〔註 12〕

李三才認為，若依君王產生之根源來看，君主固然可以稱為民之主。但是就獲得民心才夠格稱天子來看，人民亦可稱為君之主，所以君主及人民是互為

〔註 11〕〔明〕李三才：《撫淮小草》（東京：東京大學綜合圖書館藏明萬曆刊本），卷三〈第二停罷礦稅疏〉，頁 62。

〔註 12〕〔明〕李三才：《撫淮小草》（東京：東京大學綜合圖書館藏明萬曆刊本），卷三〈第二停罷礦稅疏〉，頁 63 下～65 上。

其主的。人君要成爲名副其實的「百姓之主」，必得先省刑薄斂，視之如傷，愛之如子——使百姓能夠擁有一個容易達到生理需求（薄斂：衣食易足）、安全需求（省刑：不濫刑）的生存環境。若人君能做到上述的要求，人民就會對國家及國君產生認同感，將國君視之如父母，眞心誠意爲國家效力禦侮。反之，若國君劫奪、斬刈人民，孤人之子，寡人之妻，拆人之屋，掘人之墓，就不免有人起而反抗。人民雖似至弱、至微，實則至強、至危，一旦民心不再依附，國祚也將斷絕，這時縱有無數的黃金、明珠，能守得住、能運得了嗎？

二、論官僚

（一）官職乃為民而設

論及君臣之間的關係，很難讓人忽略黃宗羲的《明夷待訪錄》。〈原臣〉云：「緣天下之大，非一人之所能治，而分治之以群工。故我之出而仕也，爲天下，非爲君也；爲萬民，非爲一姓也」；〈原君〉亦云：「夫治天下，猶曳大木然，前者唱邪、後者唱許；君與臣，共曳木之人也。」上述兩段引文，一則強調設置官僚乃起於治理天下的實際需要；一則強調君臣的夥伴式的關係。所以「臣」並不是「君」的私人，臣必須站在天下、萬民的利益著想。其實早於黃宗羲數十年的李三才，亦有類似上述〈原君〉、〈原臣〉的說法。李三才云：

> 一人之身不能獨治，一人之力不能獨運，於是設官分理，凡以爲民。所謂巡撫者，安撫此一方之民也。所謂巡按者，按察此一方之民，恐有害之者也。所謂知府、知州、知縣者，知此一府、一州、一縣之民之事，不令之失所也。〔註 13〕

李三才所云：「一人之身不能獨治，一人之力不能獨運，於是設官分理，凡以爲民。」即黃宗羲所云：「緣天下之大，非一人之所能治，而分治之以群工。」而「巡撫者，安撫此一方之民也……不令之失所也。」亦與「我之出而仕也，爲天下，非爲君也；爲萬民，非爲一姓也。」同。所以，省思君臣關係及官僚職責，早在黃宗羲《明夷待訪錄》成書之前數十年就有了，只不過是黃宗羲有更多的理論闡述罷了。

〔註 13〕〔明〕李三才：《撫淮小草》（東京：東京大學綜合圖書館），卷三〈第一停罷礦稅疏〉，頁 44 下～45 上。

（二）官員的考察與職責

《明史‧選舉三》云：「考滿、考察，二者相輔而行。考滿，論一身所歷之俸，其目有三：曰稱職，曰平常，曰不稱職，爲上、中、下三等。考察，通天下內外官計之，其目有八：曰貪，曰酷，曰浮躁，曰不及，曰老，曰病，曰罷，曰不謹。」〔註 14〕考滿之稱職、平常、不稱職三等評比，尚稱具體；考察之貪、酷、浮躁、不及、老、病、罷、不謹，則失之籠統，且極可能不公。茲以萬曆六年王用汲之上疏爲例。文云：

> 如昨歲星變考察，將以弭災也，而所挫抑者，半不附宰臣之人。如翰林習孔教，則以鄒元標之故；禮部張程，則劉臺之故；刑部浮躁獨多於他部，則以艾穆、沈思孝而推戈；考後劣轉趙志皋，又以吳中行、趙用賢而遷怒。蓋能得輔臣（張居正）之心，則雖屢經論列之潘晟，且得以不次蒙恩；茍失輔臣之心，則雖素負才名之張岳，難免以不及論調。臣不意陛下（神宗）省災塞咎之舉，僅爲宰臣酬恩報怨之私。且凡附宰臣者，亦各藉以酬其私，可不爲太息矣哉！〔註 15〕

依上述引文可知，考察之權若掌握於某人之手，則浮躁、不及等抽象的考察名目，極可能會變成排除異己的工具。改革的方法是，在抽象的考察名目之下，條述具體事證。李三才云：

> 大小官員不分在任、陞遷、丁憂、任滿、降調、聽勘等項，逐一細加體訪，秉公塡報。正官多不過四句，其餘不過二句，但心術、才守、年貌俱要括盡。各於考語之下酌定賢、不肖才品，定擬應去、應留，或貪酷、或不謹、罷軟、或老疾、才力不及等項，俱要明白開註，不許含糊兩可。仍將訪來實事，條開于後，如：廉於何事見其廉，能於何事見其能，貪取何項之財，酷傷何人之命。其罷軟、老疾、不及等項，有何事情狀態徵驗于內。……毋以毀譽爲愛憎，毋以同事同鄉而容隱曲庇，毋以巨室巨族而忌諱阿承。〔註 16〕

〔註 14〕〔清〕張廷玉：《明史》（北京：中華書局，1997 年 11 月，二十四史縮印本），卷七十一，頁 1721。

〔註 15〕〔清〕張廷玉：《明史》（北京：中華書局，1997 年 11 月，二十四史縮印本），卷二二九，頁 5996。

〔註 16〕〔明〕李三才：《撫淮小草》（東京：東京大學綜合圖書館），卷十三〈取大察賢否〉，頁 22 上～23 上。

李三才要求在考察官員時要「逐一細加體訪，秉公塡報」，要「俱要明白開註，不許含糊兩可」，並於所擬定之項目下明列實事，如：廉於何事見其廉，能於何事見其能——即講求精確、證據。若此種考察方式能夠被徹底執行，同事同鄉容隱曲庇的現象必然會大大地減少。畢竟將貪賄、殘酷之事實，變造爲廉潔、愛民之政績，是相當不易的。筆者以爲，上述引文之「毋以毀譽爲愛憎，毋以同事同鄉而容隱曲庇，毋以巨室巨族而忌諱阿承。」呈顯出一種新的時代精神。即共同的利益或者國家的利益高於鄉土的情感及私人的好惡〔註 17〕；以客觀公正的制度，負責細心的態度，取代因循苟且、循私阿諛的心態。

高攀龍〈申嚴憲約責成州縣疏〉指出——州縣長官賢不賢，關係著人民安不安。大抵而言，州縣的長官可以分爲賢者、中人、民賊三個類別。政府的職責在於：拔才賢，除民賊，約中人〔註 18〕。就整體比率而言，才賢與民賊只佔了少數，絕大部分的州縣長官都屬中人。中人只要約之以法，給予明確的規範使其按圖索驥，亦可成就治道。他要州縣官重視：課農桑、興教化、育人才、行鄉約、修學宮、足積貯、造社倉、墾荒蕪，其他如：錢糧、獄政、保甲、武備、溺嬰等等的問題亦無不述及，其內容與《福惠全書》、《學治臆說》相當類似〔註 19〕。李三才任關西道時，亦告示云：

> 一、徵收錢糧，平兑平收，不許廒頭户吏掯勒火耗。一、條鞭之法既立，則里甲管支、管庫供應等役盡革，不許仍前僉派里甲。一、舖行貨物，不許官票徑取，不給價值。及指稱官價虧損小民，與夫

〔註 17〕梁啓超《新民説》云：今試以中國舊倫理與泰西新倫理相比較：舊倫理之分類，曰君臣、曰父子、曰兄弟、曰夫婦、曰朋友。新倫理之分類，曰家族倫理、曰社會倫理、曰國家倫理。舊倫理所重者，則一私人對於一私人之事也；新倫理所重者，則一私人對於一團體之事也。

〔註 18〕文云：臣觀天下之治，端本澄源，必自上而率下；奉法守職，必自下而奉上。故朝廷膏澤，至州縣始致之民。州縣者，奉法守職之權輿也，州縣賢則民安，州縣不賢則民不安。顧天下之爲州者，凡二百二十有一；爲縣者凡一千一百六十有六。豈能盡得賢者而用之？賢者視君爲天，不敢欺也；視民爲子，不忍傷也。奉法修職，出於心所不容已，非有所爲也。其次則有所慕而勉於爲善，有所畏而不敢不爲善。其下則不知職業爲何事，法度爲何物，恣其欲而已，是民之賊也。故爲政者拔才賢，除民賊，約中人。〔明〕高攀龍：《高子遺書》（台北：臺灣商務印書館，1983 年，四庫全書本），卷七〈申嚴憲約責成州縣疏〉（擬未上），頁 27 下～28 上。

〔註 19〕〔明〕高攀龍：《高子遺書》（台北：臺灣商務印書館，1983 年，四庫全書本），卷七〈申嚴憲約責成州縣疏〉（擬未上），頁 28 下～40 上。

僉派鋪户輪流答應。一、各處民間房屋派定總甲、小甲，原屬防禦火盜而設，並不許令出辦修理衙門。一、州縣有正額課税，或解京或充餉，不許擅立小税衙門私用。〔註20〕

上述引文所論及之火耗、里甲問題，是明朝地方政治常見的弊端。首論火耗，顧炎武認爲，火耗起於徵銀，合理的火耗約爲百分之二左右，超過這個比率就是變相加稅，只會中飽縣官及吏胥之私囊。李三才要求平兌平收，不許徵收火耗，用意即在斷官吏貪墨之源。再論里甲，《明史・食貨二》云：

一條鞭法者，總括一州縣之賦，量地計丁，丁糧畢輸於官。一歲之役，官爲僉募。力差，則計其工食之費，量爲增減；銀差，則計其交納之費，加以增耗。凡額辦、派辦、京庫歲需與存留、供億諸費，以及土貢方物，悉併爲一條，皆計畝徵銀，折辦於官，故謂之一條鞭。〔註21〕

依上文，一條鞭法已將力差、銀差與額辦、派辦、京庫歲需與存留、供億諸費，納入土地稅中，官方得銀自行募差，人民得以從力役中解放出來。由於人民已支付額外的稅賦以供政府募差，所以李三才會嚴令禁止官員濫用民力。火耗、里甲還可辯稱相沿陋規而不察，但是由徑取舖行貨物而不給價值，強令人民修理衙門及擅立小稅等情事看來，實在令人極度懷疑種種弊政是刻意施行的，目的在中飽私囊。李三才一條一條規定不許做什麼，是消極的除弊；上述高攀龍〈申嚴憲約責成州縣疏〉指出州縣官要做什麼，則是積極的興利。顧炎武更進一步將州縣官所應興之利化爲具體的考覈的指標，他說：

何謂稱職？曰：土地闢、田野治、樹林蕃、溝洫修、城郭固、倉廩實、學校興、盜賊屏、戎器完。而其大者則人民樂業而已。〔註22〕

由李三才、高攀龍至顧炎武，可以看出官員考覈有日益確實化、目標導向化的趨向。若眞能落實李、高、顧三人的主張，應能改變因循苟且、貪賄橫行的風氣，人民也會活得更好。

〔註20〕上述引文僅取前五條。〔明〕李三才：《撫淮小草》（東京：東京大學綜合圖書館），卷十四〈禁約有司營衛條件〉，頁1下～2上。

〔註21〕〔清〕張廷玉：《明史》（北京：中華書局，1997年11月，二十四史縮印本），卷七十八，頁1902。

〔註22〕〔明〕顧炎武：《亭林文集》（台北：漢京文化事業有限公司，1984年3月，四部刊要本），卷一〈郡縣論三〉，頁13。

三、公民意識與輿論

呂坤（1536～1618）《呻吟語》有一段話論及理與勢，與以下所要討論的「輿論」有相當的關係，今錄之於下。文云：

> 公卿爭議於朝，曰：「天子有命。」則屏然不敢屈直矣。師儒相辯于學，曰：「孔子有言。」則寂然不敢異同矣。故天地間，惟理與勢最尊。雖然，理又尊之尊也。廟堂之上言理，則天子不得以勢相奪，即相奪焉，而理則常伸於天下萬世。故勢者，帝王之權也；理者，聖人之權也。帝王無聖人之理，則其權有時而屈。然則理也者，又勢之所恃以爲存亡者也。以莫大之權，無僭竊之禁，此儒者之所不敢辭而敢于任期道之南面也。〔註23〕

在傳統君主專制下的中國，僅有理想化的三代之君如堯、舜才同時集「道統」、「治統」於一身。三代之後，儒者多認爲「道統」與「治統」已分離而不統於一。君王所代表的是「治統」，是「勢」；講究修齊治平的儒者，代表的是「道統」，是「理」。君王之「勢」雖可屈儒者之「理」於一時，但是因爲「理」是儒家教化長期積澱而成的共同價値觀，所以必然會得到天下萬世的支持。表面上，「勢」常凌駕於「理」之上，但事實卻是「理」決定「勢」之存亡。「理」代表眞理，「勢」代表國家之強力。國家強力若違背眞理，政權的合理性便受到質疑，君王就變成了人人得而誅之的「一夫」或「獨夫」了。因此，擁有眞理（理）詮釋權的儒者，應該挺立起來，勇於任道而不妥協。

自有科舉制度以來，文官多精熟儒家典籍。但是熟讀四書五經的目的，在絕大多數的學子心中，早已異化爲獵取功名富貴，而不再是修養道德。換言之，在朝官員之道德是無法保證的。基於上述理由，縱有朝臣利欲薰心，他們也可以藉由扭曲來遂其貪婪。但是在最黑暗的時代總還是有一些守正不阿，遵行儒家道德的儒者。問題來了，正邪兩派的官員都熟悉儒家典籍，也都擅長詮釋經典爲自己辯護。於是正邪相爭最後就要訴諸於「輿論」。邱雯惠曾定義明朝的輿論，他說：

> 明人所定義的輿論，乃朝野清流之士對朝廷所提出的批評和壓力；如果朝中出現重大的決策或事件，士人往往希望執政者能考量輿

〔註23〕〔明〕呂坤：《呻吟語》（新店：志一出版社，1994年7月），卷一〈談道〉，頁64。

> 情、參考公論，使決策或事件受到輿論的監督或裁量，甚至是改變方向。其功能在於維持國家正常的運作，避免皇權過度擴張，逾越權責，造成官僚體制的弱化或腐化。〔註 24〕

邱雯惠上述定義，有幾個重點：(1)輿論的提出者是朝野清流。(2)提出輿論的用意在使重大決策受到監督裁量。(3)輿論的功能在於維持國家正常運作及限制皇權。三王並封事件，或許是一個極佳的輿論運作的例子。《明史・王錫爵傳》有一段記載三王並封過程的文字。文云：

> 先是有旨，是年春（萬曆二十一年）舉冊立大典，戒廷臣毋瀆陳。廷臣鑒張有德事，咸默默。及是，錫爵密請帝決大計。帝遣內侍以手詔示錫爵，欲待嫡子，令元子與兩弟且並封爲王。錫爵懼失上指，立奉詔擬諭旨。而又外慮公論，因言「漢明帝馬后、唐明皇王后、宋眞宗劉后皆養諸妃子爲子，請令皇后撫育元子，則元子即嫡子，而生母不必崇位號以上壓皇貴妃」，亦擬諭以進。同列趙志皐、張位咸不預聞。帝竟以前諭下禮官，令即具儀。於是舉朝大譁。給事中史孟麟、禮部尚書羅萬化等，群詣錫爵第力爭。廷臣諫者，章日數上。錫爵偕志皐、位力請追還前詔，帝不從。已而諫者益多，而岳元聲、顧允成、張納陛、陳泰來、于孔兼、李啓美、曾鳳儀、鍾化民、項德禎等遮錫爵於朝房，面爭之。李騰芳亦上書錫爵。錫爵請下廷議，不許。請面對，不報。乃自劾三悞，乞罷斥。帝亦迫公議，追寢前命，命少俟二三年議行。〔註 25〕

神宗遲遲不肯冊立太子，藉口二十一年春將舉行冊立大典，要群臣於冊立日期來臨前不許再奏陳「冊立太子」之事。眼見冊立之期將至，萬曆皇帝又改變主意，想要「三王並封」，以待皇后生下嫡子。王錫爵一方面怕忤逆神宗之意，另一方面又害怕外廷之輿論。於是擬了二旨，其一即「三王並封」。另一則依「元子即嫡子」之意而擬。神宗以「三王並封」之諭下禮部，要禮部及早準備並封的儀式。這個消息傳開之後，群臣至王錫爵之住處與之力爭是非。王錫爵迫於壓力，請求神宗將「三王並封」以廷議的方式決定，神宗不許；請求與神宗見面，宦官不報。於是王錫爵不得不以「自乞罷斥」的手段

〔註 24〕邱雯惠：《晚明的輿論——李三才個案之研究》（桃園：國立中央大學歷史研究所碩士論文，2005 年 1 月），頁 29。

〔註 25〕〔清〕張廷玉：《明史》（北京：中華書局，1997 年 11 月，二十四史縮印本），卷二一八，頁 5752。

來明志。神宗亦迫於公議而暫緩「三王並封」。由群臣反對「三王並封」迫使王錫爵「自乞罷斥」，神宗暫緩三王並封看來，朝野清流輿論的批評與壓力是能發揮相當的監督及改變政策的功能的。或許有人會有這樣的疑問，明朝不是有都察院監察御史與六科給事中等具諫官性質的臺省官嗎？的確，明代確有諫官，但是明代諫官的公正性及獨立性是頗有問題的。《明史．沈一貫傳》云：

> 三十一年，楚府鎮國將軍華越訐楚王華奎爲假王。一貫納王重賄，令通政司格其疏月餘，先上華奎劾華越欺罔四罪疏。正域，楚人，頗聞假王事有狀，請行勘虛實以定罪案。一貫持之。正域以楚王饋遺書上，帝不省。及撫按臣會勘並廷臣集議疏入，一貫力右王，嗾給事中錢夢皋、楊應文劾正域，勒歸聽勘，華越等皆得罪。正域甫登舟，未行，而「妖書」事起。〔註26〕

萬曆三十一年華越訐楚王華奎不具備宗室血統。沈一貫因受了楚王華奎之賄賂，所以將華越之疏擱置而先上華奎之疏。楚王曾試圖賄賂郭正域，但爲郭正域所拒。郭正域並將楚王表明賄賂之意的書信上給神宗，但神宗卻不明其中的用意。眞假楚王的事件，後來決定以大臣廷議的方式勘察眞假。由於沈一貫受了楚王之賄賂，必然擔心東窗事發，於是教唆錢夢皋、楊應文彈劾郭正域，要讓郭正域丟官，以免自己有性命之憂。當郭正域要離京時，又有「妖書案」。妖書的內容主要是神宗要換掉太子，背後的策動者爲鄭貴妃。沈一貫眼見機不可失，於是想以「妖書案」來陷害郭正域。《明史．唐文獻傳》云：

> 沈一貫以「妖書」事傾尚書郭正域，持之急。(唐）文獻偕其僚楊道賓、周如砥、陶望齡往見一貫曰：「郭公將不免，人謂公有意殺之。」一貫跼蹐，酹地若爲誓者。文獻曰：「亦知公無意殺之也，第臺省承風下石，而公不早訖此獄，何辭以謝天下。」一貫斂容謝之。望齡見朱賡不爲救，亦正色責以大義，願棄官與正域同死。獄得稍解。然（唐）文獻等以是失政府意。久之，拜禮部右郎，掌翰林院事。〔註27〕

〔註26〕〔清〕張廷玉：《明史》(北京：中華書局，1997年11月，二十四史縮印本)，卷二一八，頁5758。

〔註27〕〔清〕張廷玉：《明史》(北京：中華書局，1997年11月，二十四史縮印本)，卷二一六，頁5711～5712。

〈山西布政司右布政使中嵩王公行狀〉亦載：

> 司寇直以囑公（王中嵩）欲榜掠化，令化指妖書出郭正域以及歸德（沈鯉）。公正色曰：若是則分宜江陵再見今日。司寇曰：不然，此公論也。公曰：誰爲公論？曰：公論出臺省。公曰：臺省何人？曰：某某。公曰：天下有公論，未必臺省；臺省有公論，未必諸公。〔註28〕

由上述兩則引文判斷，沈一貫欲以「妖書案」陷郭正域於罪應是可以確定的。值得注意的是第一則引文有「臺省承風下石」、第二則引文有「公論出臺省。公曰：臺省何人？曰：某某。」之語。就所述及之「臺省」看來，諫官可說毫無獨立性及公正性可言。王中嵩所言「天下有公論，未必臺省；臺省有公論，未必諸公。」已明白地將「公論」（公正具眞理性的言論）由諫官中解放出來。諫官再也不是公理正義的裁決者及詮釋者了。最根本的原因可能是政府官員（尤其是諫官）失去了公正性，並異化成爲掌權者排除異己的工具。所以官員間彼此的彈劾、疏辯已經無法取信於人。於是「輿論」或「公議」所在，不在朝宁之上，而在學校、書院及人民身上。李三才因有望以外僚之身分入閣，引發了眾小的畏懼，彈劾李三才之疏不斷湧現。顧憲成爲李三才之政績做了辯護，他說：

> 與其取徵於縉紳之口，不若取徵於細民之口。與其取徵於長安之人，不若取徵於地方之人。吾願言者，試就淮揚數百里間，一致詢焉。其於漕撫（李三才）果載之如父母耶，抑疾之如仇者耶？……即大內，亦以錢買矣。乃漕撫發淮之日，諸父老群呼隊擁，相與頂輿號哭不得行。……將長安有公論，地方無公論耶？抑縉紳之風聞是實錄，細民之口碑是虛飾耶？〔註29〕

縉紳／細民、長安／地方，是什麼概念？在明清時期，人數眾多的縉紳階級對於地方事務有著一定的影響力。縉紳階級因爲本身或親戚曾在朝爲官，所以可以透過人脈與官員互通聲氣，這是他們能左右地方事務的憑藉。但是也因爲縉紳階級與在朝官員有著千絲萬縷的利害關係，所以他們的意見是否公正就值得存疑了。但是一般的百姓卻不一樣，他們無權又無勢，評價官員的

〔註28〕〔明〕高攀龍：《高子遺書》（台北：臺灣商務印書館，1983年，四庫全書本），卷十一〈山西布政司右布政使中嵩王公行狀〉，頁35上。

〔註29〕〔明〕顧憲成：《顧端文公遺書．自反錄》（上海：上海古籍出版社，2002年，《續修四庫全書》本），頁8。

好壞主要來自於自己生活的感受。如：衣食是否無虞？財產是否有保障？長官接觸人民時的態度等等，所以受人民愛載之官員應該就是一個好官員。況且，相較於縉紳階級，官員面對一般百姓時不必有任何的顧忌，也最容易顯現出權力的傲慢。若此時官員還能夠愛民、親民，幾乎就可以肯定是一個好官員。就此而言，「與其取徵於縉紳之口，不若取徵於細民之口」是有一定道理的。長安，不一定是西安，在這裏指的是北京，即中央政府。明代中後期以後，隨著大航海時代的來臨，中國的絲、瓷、棉布外銷，也賺進了大量的白銀。商人富了，以建築亭園華屋、收藏字畫骨董、欣賞戲曲小說，來誇示其財富與品味。相較之下，官員的社會地位雖然遠高於商人，但是官俸之收入卻遠遠不如商人，大多僅能維持三、五口之家的溫飽。更令人官員沮喪的是：除卻貪污一途，他們別無改善收入的方法。於是明朝的官員爲官之初就面臨了一個重要的抉擇：清廉無愧，家人面有饑色；貪惏蒙羞，家人錦衣玉食。《明史》中大多數的小人，選擇了後者；大多數的君子，選擇了前者。所以明代黨爭或君子小人的互相傾軋，表面上是政治理念的不同，實質上卻是小人爲免貪污事發的保命戰爭。基於這個理由，讓正人、君子掌權，無異於自掘墳墓，眾小之極力參劾李三才，與李三才之政績無關，而與保命求生有關。相較於中央政府之官員，地方百姓與官員無任何的利益糾葛，他們「群呼隊擁」、「相與頂輿號哭」，並不能得到任何的好處、甚至有損自身的利益（少賺了一天的錢、車馬費……）。必然是官員在任職期間有許多的善政，使百姓認爲歡送所得到的情感慰藉，遠遠比損失一天的收入來得重要。總之，由於平民與官員無利害關係，所以地方之公論、細民之口碑，其眞實度必遠高於中央之公論及縉紳之風聞。

四、變通行政救民生

明朝中後期以後，邸報成爲官員仕紳在第一時間獲得政治訊息的管道。據《明史・本紀・神宗二》：

> 三十年春正月己未，以四方災異，敕修省。二月己卯（1602 年 3 月 9 日），不豫，召大學士沈一貫於啓祥宮，命罷礦稅，停織造，釋逮繫，復建言諸臣職。翼日（1602 年 3 月 10 日），疾瘳，寢前詔。〔註 30〕

〔註 30〕〔清〕張廷玉：《明史》（北京：中華書局，1997 年 11 月，二十四史縮印本），卷二十一，頁 283。

神宗皇帝於萬曆三十年二月己卯身體不適，於是召沈一貫至啓祥宮，要他擬罷礦稅，停織造之旨。第二天，神宗皇帝的身體好轉，便反悔罷礦稅、停織造的決定，而命太監將沈一貫所擬之旨追回。高攀龍〈毘陵歐陽守紀略〉云：

> 朝廷忽下罷税之旨，邸報以已刻到府，公不白當路，即以已刻撤所部關税。當路來詰，何以不俟明文。公（歐陽東鳳）對曰：大哉王言，何明文之，救民水火，寧緩須臾耶。後旨不果行，而常郡之税獨得浹月之惠。〔註31〕

將上述《明史》之文與〈毘陵歐陽守紀略〉對照參看，可由其中得到幾個訊息。首先，邸報傳抄及送達皆極快速：神宗於三月九日命沈一貫擬罷礦稅之旨，三月十日反悔，但三月九日的決定已被抄傳爲邸報，可見當見的政令當日就會以邸報的形式傳布。再由歐陽東鳳接到邸報便撤關稅，及一個月後才復礦稅看來（按：復礦税之決定只晚罷礦税一天，復礦税之旨及邸報應該也是在最短時間內擬妥並傳抄），但是歐陽東鳳刻意以接到邸報訊息時罷關稅，接到正式公文時復關稅，使常郡之民得以一個月免除關稅之剝削。由此可見邸報傳播速度遠較公文爲快。其次，官員雖可以最短的時間內由邸報獲知朝廷之政令，但一切仍以正式的公文爲準，邸報不具法律效力。這可由「當路來詰，何以不俟明文」看得很清楚。最後，邸報雖不具法律效力，但是官員們依邸報之訊息而便宜行事，似乎也得到默許與縱容，否則歐陽東鳳必不敢講出「大哉王言，何明文之，救民水火，寧緩須臾耶」的話來。上述的分析可能並不是高攀龍〈毘陵歐陽守紀略〉的要旨所在，高攀龍這一篇文章主要在贊揚歐陽東鳳能以最靈活的施政手段，爲人民爭取最大的利益。高攀龍罷官歸鄉後，仍利用其東林黨宗主的身分，影響地方政治。試圖爲人民謀求最大的利益。他在〈與李大司農〉云：

> 敝鄉田中一無所出，欲其出本色之米，並其折色之銀而無之，空激萬姓怨恨而已。今年照災輕重改折，督其明春輕齎而來，則可以救明年之急。明年回空早兑，督其後年先秋而至，則可以救後年之急。不損國家之賦而大得民心之和，此其利害較然，知翁臺之仁明，不待其詞之繁也。〔註32〕

〔註31〕〔明〕高攀龍：《高子遺書》（台北：臺灣商務印書館，1983年，四庫全書本），卷十〈毘陵歐陽守紀略〉，頁69下。

〔註32〕〔明〕高攀龍：《高子遺書》（台北：臺灣商務印書館，1983年，四庫全書本），

高攀龍劈頭就講「敝鄉田中一無所出，欲其出本色之米，並其折色之銀而無之，空激萬姓怨恨而已。」頗有沒糧、沒銀，官員若要徵稅不但不能遂其願望，只會引發民怨的警告意味。高攀龍站在官員的立場爲官員設想了一個不損國家之賦又能大得民心的兩全之策，希望官員能在職權範圍內盡量照顧人民的需求，試圖讓僵化呆滯的官僚體系增加一些靈活性及應變突發事物的能力。

第二節　經濟領域

李三才、高攀龍主要活動的區域都在江南地區，所以他們所關注的經濟問題焦點也多是江南所特有的問題。但是由於明代的江南乃是全國的經濟命脈所在，故江南的經濟問題自有其重要性。他們關注點主要在：逋賦、改折、糧長、解役、商稅等問題。

一、逋賦與改折

（一）免除逋賦

「逋賦」有兩種情形，一是富家勢族刻意拖欠，以圖賴掉稅賦。一是地方蒙受天災，無力納賦而逋賦。面對地方因災害而無力納賦的情況，國君多會採取免除逋賦的措施。但是對於勢家大族的拖欠，則有採取強硬及姑息兩種截然不同的態度者。張居正是前一種的代表，高攀龍則傾向於姑息。《明史・張居正》

> （張）居正以江南貴豪怙勢及諸奸猾吏民善逋賦，選大吏精悍者嚴行督責。賦以時輸，國藏日益充，而豪猾率怨居正。〔註33〕

「逋賦」就是拖欠稅賦，即今日的逃稅。政府在惡意「逋賦」尚未形成風氣時，必須以最嚴格的手段令逋賦者補納，否則將會形成連鎖效應，屆時將更難處理。何以言之？納稅，是人人厭惡的，有人刻意「逋賦」，必然會引起眾人的密切注意。若「逋賦者」竟安然無事，大眾自會群起效尤，從而使國庫大失血，最後繳稅者都是收入有限的貧苦小民。既然如此，高攀龍爲何會傾

卷八下〈與李大司農〉，頁14下。

〔註33〕〔清〕張廷玉：《明史》（北京：中華書局，1997年11月，二十四史縮印本），卷二一三，頁5649。

向於免除「逋賦」的立場？他說：

> 每見官府出一番牌票，吏胥得一番牌錢。皁快持牌到民間，但索牌錢，不索逋賦。即官府嚴拏欠户，欠户亦但出杖錢雇人受杖耳。民間費無限之錢，國家何曾得錙銖之賦？此而不蠲，上受虛名，民受實禍者也。〔註 34〕

由於追收「逋賦」是一件極吃力的事，敢逋賦者多是勢家豪族，收稅之吏胥雖有牌票，但是卻絕對不敢嚴格執行，最後就演變爲以牌票收取牌錢，索逋賦的事就不了了之。即便是官府拿捕欠戶，所杖之人也不是眞的欠戶，而是拿人錢財代人受杖的人，由此可見追索逋賦是毫無實際效益的。既然如此，蠲免逋賦才是最爲實際的做法。張居正、高攀龍的主張都有一定的道理，或許可以這樣說：當國家的管制力強大、稅務人員多時，追索逋賦應是較好的選擇；當國家吏治不修，或因稅賦太重而逋賦時，應該免除逋賦，使人民能夠生存下去。

（二）改折與逋賦

「改折」是將實物交納以一定之比率折換爲貨幣交納。高攀龍認爲「改折」有益於民無損於國，是惠而不費的善政。他說：

> 至於改折之款，但省民間之浮費，不虧國家之正額。當此民窮財盡之時，正是救焚拯溺之計。惟布折少求量免，國家毫毛之損，實小民丘山之惠。若白粳、糙粳，菉豆、稻草四項南糧，名曰民解，實多爲積猾包攬，私侵入橐。累年拖欠，動至幾萬，習爲慣常。民實無緩徵之利，而國有逋賦之害。……若竟得爲改折，委官解京，既得年年足額，一洗宿蠹。〔註 35〕

高攀龍認爲，將白粳、糙粳，菉豆、稻草改折爲納銀，不論是對國家或對人民都有利而無害。最主要的原因在於，白粳、糙粳，菉豆、稻草等四項南糧，表面上是民解，但實際上卻是有專人包攬負責。這些包攬的人，常將上述四項南糧侵吞入自己的私囊，然後拖欠國稅。這樣一來，人民已納糧，但是國家欲收不到稅糧，所有的利益都被包攬者所攫奪了。在這樣的現實之

〔註 34〕〔明〕高攀龍：《高子遺書》（台北：臺灣商務印書館，1983 年，四庫全書本），卷八下〈四府公啓汪澄翁大司農〉，頁 13 上。

〔註 35〕〔明〕高攀龍：《高子遺書》（台北：臺灣商務印書館，1983 年，四庫全書本），卷八下〈四府公啓汪澄翁大司農〉，頁 13～14 上。

下，改革的方法是將四項南糧改折為納銀，並且由官方派人解銀至京，這樣就可避免「逋賦」。高攀龍除了注意到糧解之外，也注意到了其他繁重的解役。他說：

> 或問解頭之役。曰：江南自糧解而外，解役之最重者有四：一、硃漆解也；一、茶蠟解也；一、皇墲解也；一、胖襖解也。四者皆足以破民家而殺其身。曰：若是其甚與？曰：民趨役於三千里外而受命於宦豎。宦豎之視富民，虎之視肉也，何厭之有？曰：然則將奈何？曰：民辦物，官為解。民厚出解綱給之，使解官有利無害，斯善矣。〔註36〕

不論是硃漆、茶蠟、皇墲、胖襖，都有共同的特色即：它們都是實物，且品質之好壞缺乏客觀的評定標準。更可怕的是，人民將硃漆、茶蠟、皇墲、胖襖運到三千里之外的皇宮時，驗證點收者卻是宦官。由於低級宦官收入微薄，所以他們絕不會放過索賄的機會，亦即若有相當數量的賄款，則品質、數量是否合乎標準並不是重點。但是若不肯納賄，縱使所納之實物品質精良、數量充足，宦官們也必然吹毛求疵，讓解頭無法交差、無法回鄉，最後滯留京師淪為乞丐。那麼要如何解決上述的問題呢？高攀龍認為，既然這四者是江南的特產，所以不能以銀代替，但是可以讓押解的人由民間改為官方。民間厚出押解之資讓官方押解，使官員有利可圖。並且由於官員執行公務，有法律之保障，宦官不敢刁難官員，官員既達成任務人民也可免除宦官的剝削。與上述問題相似的是「糧長」的問題。高攀龍云：

> 吳中重役，糧長為甚。然常鎮二府，原與蘇松不同。蘇松官户之田浮於民户，民户懼役，爭詭入官户。避役者蓋多，受役者蓋少，勢極重而不得不變。常鎮民户之田浮於官户，可役者既多，受役者累少，上下原自相安。向年徐老公祖均蘇松之役，并及常鎮。敝府自役官户以來，但見其害不見其利，何者？官户受役，勢不得不托之親戚家人，親戚家人豈能盡主人之意，小户輸糧嘖有怨讟，其勢然也。王老公祖以役官户，不若加役米；加役米則畝畝出米，不必清花詭，人人出米，不必役官户。官户多出役米，是無役而役也。富民多得役米，是有役而無役也。……令各郡約糧長每年所費多寡，

〔註36〕〔明〕高攀龍：《高子遺書》（台北：臺灣商務印書館，1983年，四庫全書本），卷七〈解頭問〉，頁46下。

> 加派役米。但是役米既行之處，即免官户之役。役米處處得行，則糧長處處無累。官户處處得免，則小户處處無累，永賴之澤也。〔註37〕

江南雖然常常被視爲一個共同的區域，但是事實上各地不論在自然環境或人文環境上都有著或顯或微的差別。如蘇州、松江地區官戶多於民戶，民戶之耕作者爲了避免繁重的傜役，所以不得不詭寄於官戶。但是常熟、鎮江地區的民戶較多，人民不怕承擔勞役，也就無詭寄於官戶的必要。但是自從蘇松、常鎮皆役官戶以後，常鎮耕種官田者，負擔就更重了。最好的方法是將加役米來取代勞役。若由田地加徵役米，則不分官戶、民戶皆無力役，人民不必詭寄於官戶；人人出役米，則不必役官戶。官戶出了役米，以代力役，是無力役之實而有力役之功。富民多得役米，雖有解糧之役（糧長），但是卻無傾家破產之虞，這是所謂的有役而無役。最後，高攀龍點出了具體的做法，各郡先粗估糧長解糧所需之費用多少，以此爲加派役米之額度。官戶既加徵役米，則可免除力役。徵收役米，可使糧長處處無累，即無傾家破產之危險。官戶沒有力役，最弱勢的官戶承租者也可不爲力役所苦，這是可行之久遠的良策。其實，一條鞭法早在萬曆九年已盡行於天下。照理說原來「糧長」的任務，應由官方找人執行才對。高攀龍建議的加徵役米以免除力役，其實就是一條鞭法。高攀龍生於嘉靖四十一年，主要活躍於萬曆朝，所以他寫〈與胡撫臺〉必然已經施行一條鞭法。換言之，高攀龍應該了解他們所納的稅賦早已包括了支付力役的役米了。若再加徵役米，等於是重復徵收役米稅。但是他仍提出「徵役米以除役」的主張，這可能與當時雖有一條鞭法，但是力役卻未隨之免除的既成事實有關。《明史・食貨二》云：

> 凡役民，自里甲正辨外，如糧長、解户、馬船頭、館夫……爲常役。……嘉、隆後，行一條鞭法，通計一省丁糧，均派一省徭役。於是均徭、里甲與兩稅爲一，小民得無擾，而事亦易集。然糧長、里長，名罷實存，諸役卒至，復僉農氓。條鞭法行十餘年，規制頓紊，不能盡遵也。〔註38〕

一條鞭法就是將傜役納入田賦之中，政府徵銀另雇他人來代替原先應役之

〔註37〕〔明〕高攀龍：《高子遺書》（台北：臺灣商務印書館，1983年，四庫全書本），卷八下〈與胡撫臺〉，頁15～16上。

〔註38〕〔清〕張廷玉：《明史》（北京：中華書局，1997年11月，二十四史縮印本），卷七十八，頁1905～1906。

人。如此一來，使人民免除了徭役之苦，同時也能由土地的束縛掙脫而出。但是政府卻做半套，即收了免除徭役所需的額外費用，但是糧長、里長諸役卻沒有解除。所謂的規制頓紊，不能盡遵就是指此而言。高攀龍以平民的身分面對巡撫，自然不能直指糧長之役已含括在現有的稅中，運糧是政府的事。只能委婉地陳述加徵役米供給糧長路途所需之經費，可以解除人民的痛苦。

二、商人與救災

明朝自萬曆至崇禎這一段期間，水災、旱災、蝗災等相繼不斷，救災賑饑成為當時最急迫要做好的事，這在功過格之類的善書可以看得一清二楚。此外，地方的庫藏自正德以後即不斷地有將地方庫藏輸入京師的舉措，這也使地方的財力日益窘迫〔註 39〕。所以當發生水災時，由政府來官買官兌，效率往往不如民間。高攀龍云：

> 三吳者異常水災，拯民饑者急目前，慮國儲者念日後。弟謂天下事皆當顧日後，不當狗目前，惟救荒只宜顧目前，不宜慮日後。……至於官買官兑，許霞老所駁司農之疏者，不知其出鄭玄老也。此實其作外吏時已試良法，但行之者難其人耳。懋遷有無化居即大禹救荒之法，如劉晏等善理財者，不脱有無轉輸。台臺幸與有識者孰講之，此法行，改折更便矣。陳筠塘湖州救荒，見於朱平老之疏者，民間轉輸也。民間易而官府難，何者？官府謀國之心，不能如大户謀利之眞也。〔註 40〕

在水災發生時，有關心饑荒者，但也有擔心儲糧者。高攀龍認為，任何事都應考慮長遠之計，獨救荒這件事例外。因為救荒所涉及的是人民的性命，常人幾日不食即可殞命，人死了還談什麼長遠計劃呢？但是救荒的任務是要由

〔註 39〕至劉瑾用事，遂令各省庫藏盡輸京師。世宗時，閩、廣進羨餘，户部請責他省巡按，歲一奏獻如例。又以太倉庫匱，運南户部庫銀八十萬兩實之。而户部條上理財事宜，臨、德二倉積銀二十萬兩，錄以歸太倉。隆慶初，遣四御史分行天下，搜括庫銀。神宗時，御史蕭重望請覈府縣歲額銀進部，未報上。千户何其賢乞敕内官與己督之，帝竟從其請，由是外儲日就耗。至天啓中，用操江巡撫范濟世策，下敕督歲進，收括靡有遺矣。南京内庫頗藏金銀珍寶，魏忠賢矯旨取進，盜竊一空。内外匱竭，遂至於亡。同上註，卷七十九，頁1929。

〔註 40〕〔明〕高攀龍：《高子遺書》（台北：臺灣商務印書館，1983 年，四庫全書本），卷八下〈答周來玉〉，頁 28 下～29 上。

政府主導一切呢？或是由商人依市場需求來轉輸呢？這又是可以討論的。若由官買官兌，一定要有適當的執行者。俾使糴米時，價格合宜，有人願意將米賣給官方；糶米時，價格合宜，百姓有能力購買，這一切都有賴於對商情的精確掌握，所以說「行之者難其人」。若將糴米的任務交給民間的商人，商人必精算成本，使糴米的價格及數量能夠適符人民之需求。商人轉輸之所以能較政府有效率及更符合實際之需求，一則因爲他們的經驗豐富，但是最主要的原因在於：事關利潤，所以必需精確有效率。基於這個理由，高攀龍傾向於讓民間之商人來負責轉輸外地穀物的任務。

三、商稅與民生

在明代，加徵於內陸商業交通水道的稅收有三種，船鈔向運輸者徵稅，由船主付給，由戶部徵收，它基於船的寬度進行評估。商稅向所有由陸路和水路運輸的商品徵收，由商人付給，由各省官員管理。竹木抽分僅向造船原料徵稅，由工部管理〔註41〕。根據黃仁宇的研究，明代鈔關的稅率介於0.2%～3%之間，事實上是不高的，但是卻有通行費重覆徵收的問題。李三才即注意到通行費重覆徵收的問題，他說：

> 近據淮揚二府并正陽關巢縣申報。稅監徑自委官抽取船料，遺稅商民阻激等，……俱奉旨公同會議奏行：不許侵越鈔關疆界，重疊徵收。見（現）今本院已會題停止，爲此牌。仰淮、揚、潁三兵備道，即便速刊大字告示，分發張掛，安撫商民，俱聽候候明旨處分，不得惶懼逃匿及抗違生事。〔註42〕

所謂「不許侵越鈔關疆界，重疊徵收」，即不許通行費一徵再徵。這個命令對於商人而言是有利而無害的，應無「惶懼逃匿及抗違生事」之可能。高攀龍也注意到「商稅」，但是他關注的焦點在於課徵商稅將使物價高漲。他說：

> 夫神祖朝群臣敝舌禿穎，請罷稅而不可得。光考一朝罷之，海內歡呼，有若更生。光考一月仁政千秋令名，此事最大。……今日定亂以人心爲本，舉朝方惴惴憂加派之失人心，而商稅之失人心倍蓰於

〔註41〕黃仁宇：《十六世紀明代中國之財政與稅收》（台北：聯經出版公司，2001年1月），頁262。

〔註42〕〔明〕李三才：《撫淮小草》（東京：東京大學綜合圖書館），卷十三〈侵越鈔關會題停免〉，頁4。

> 加派。加派之害以歲計，商稅之害以日計。商稅非困商也，困民也；商以貴買，決不賤賣。民間物物皆貴，皆由商算稅錢。今撤稅而價不減者，實由鑛（礦）稅流禍，四海困窮，加以水旱頻仍，干戈載道。稅撤而物且踊貴，況稅復而寧知底極乎？〔註43〕

高攀龍指出光宗朝最大的善政就是罷礦稅及商稅。商稅相較於加派，是更大的禍害，因爲加派是增加每年的稅糧，一年受害一次；商稅課徵的商品，是天天流通於水路、陸路的，所以說「商稅之害以日計」。況且，徵收商稅的最終受害者是消費之平民。商人絕對不做虧本之生意，必然會將商稅之成本反映在物價上，在今日四海困窮之時，人民已無法再負擔更高的日用消費，恢復商稅將使人民無以爲生。高攀龍對商業的運作模式有精確的觀察，反對恢復商稅的終極關懷並不在商人之負擔而在於人民之苦樂。

明代採稅收定額制，每個地方所要上納的稅糧都有一定的限額。若有水旱等天災再行蠲免等調節措施。每年的稅銀徵收對縣令而言是最重大的縣政，因爲這關係著考績升遷。睢寧縣前任知縣熊知縣，爲了達成額賦完足的任務，於是新增了一些稅目。李三才持反對的立場，他說：

> 據睢寧縣申稱：本縣因黃堌口決，水渰民逃，致虧額賦。該前任熊知縣議將芹溝、養田等湖出產魚鮮，船隻網斷，徵收水面魚課；又各鄉土產豆麥、醃切魚肉等項貨物，四外客商來集收買者報納商稅。俱抵民逃水占田地錢糧，盡被經收衙積浸漁。近蒙本院訪拿張志孟發問，但查前稅原爲抵補正項錢糧，既歸積蠹私囊，無濟實用。即今又被抽稅人等攔關疊徵之苦，且魚船人户皆本地貧民，詳乞革除等。因據此除批行淮安府通查禁革。〔註44〕

李三才反對睢寧縣前任知縣因爲「黃堌口決」的理由，新徵商稅以補虧欠之額賦。反對的理由不外兩點：其一、新增的商稅盡被衙役所侵呑，無助於補足虧欠之額賦。再者，課稅的對象本是經濟上最弱勢的人，實不忍再加剝奪。關於第一個理由，筆者有些疑惑，既然新增商稅之目的在補足所虧之額賦，前知縣應該極關心商稅之收納狀況，不太可能有盡被經收衙積浸漁的情事。若商稅盡被浸漁，則熊知縣有藉此理由以中飽私囊之嫌疑。

〔註43〕〔明〕高攀龍：《高子遺書》（台北：臺灣商務印書館，1983年，四庫全書本），卷七〈罷商稅揭〉，頁42。

〔註44〕〔明〕李三才：《撫淮小草》（東京：東京大學綜合圖書館），卷十三〈禁立私稅〉，頁12。

第三節　軍事制度與社會控制

李三才與高攀龍都非常關心軍事，但是兩個人所關心的面向並不完全相同。李三才身為淮撫，所以他所關注的都是他在軍營中所親見或所認為最迫切之處。如：軍事訓練、兵餉之隨時支給、常備兵餉與緊急兵餉分離乃至於長官扣餉的問題，無一不是由最切近著手；高攀龍則看到了事權不一、財源不足致使喪失先機的弊端，主張設防禦大臣並讓邊臣能夠自籌財源。

一、軍事制度

一個國家軍事力量的強弱，取決於幾個要素：兵制、軍紀（訓練）、資源、戰略、事權等。李三才、高攀龍關注的焦點主要在訓練、資源、事權三方面。李三才《撫淮小草・刊刷練兵書冊發營習練》云：

> 據狼山王副總兵呈送《練兵說》書冊到院。看得該總留心戎政，加意職掌戰陣之法，刊刻成帙，預為教練。如人人習熟，足稱有制之兵。所據書冊合行頒發。〔註 45〕

在槍炮等現代武器尚未普及時，爭戰雙方之勇怯及戰陣之運用往往就成為勝敗的關鍵。《明史》載：「浙江參將戚繼光以善教士聞，……繼光嘗著《練兵實紀》以訓士。一曰練伍，首騎，次步，次車，次輜重；先選伍，次較藝，總之以合營。二曰練膽氣，使明作止進退及上下統屬、相友相助之義。三曰練耳目，使明號令。四曰練手足，使熟技藝。五曰練營陣，詳布陣起行、結營及交鋒之正變。終之以練將。後多遵用之。」〔註 46〕狼山副總兵所呈的《練兵說》若內容與戚繼光《練兵實紀》類同，則對軍紀之整肅與陣法之習熟，確有莫大的助益。

> 據揚州海防道呈：詳各營新兵選補，解道驗中，發營，類詳軍門，方許支糧。但營兵事故無常，隨補隨呈，未免煩瀆，必類詳允，方准開支。則發營隨操之後，豈容枵腹？及事故兵糧扣支下月，然方存即散，稽考何從？名有實無，書識為奸，但一遇營中緊急公用，又費區處。請乞詳示。（李三才）解驗新兵准以本道驗中發營之日為

〔註 45〕〔明〕李三才：《撫淮小草》（東京：東京大學綜合圖書館），卷十二〈刊刷練兵書冊發營習練〉，頁 21 下。

〔註 46〕〔清〕張廷玉：《明史》（北京：中華書局，1997 年 11 月，二十四史縮印本），卷九十二，頁 2260。

> 始，造支口糧。……事故兵糧當月扣除，有司貯庫，聽營中緊急公用，請詳動支，不必扣作下月餉銀。〔註47〕

揚州海防道呈李三才，請示如何解決新兵發營之後支糧滯後以及事故兵糧動用的的問題。李三才指示，新兵以本道驗證過後就開始計糧，免除由道至營的過程無糧可支，枵腹從軍的不人道。至於常備糧及急備糧的問題，李三才不許急備糧當常備糧使用，要求急備糧自常備糧中分離出來，這樣處理是極有道理的。因爲一旦有緊急狀況，軍糧之運輸是否能保證及時且充足，的確是難以預料的。再者，若戰況危急，客軍來援也需有額外的軍糧以供給。樊樹志《崇禎傳》記載崇禎二年己巳之變耿如杞入援的過程及結果，可以說明軍餉與軍紀之間的關聯。文云：

> 山西巡撫耿如杞率五千兵入援，兵部在三天之內將他連調三地：由通州調昌平再調良鄉，故意用這種方法逃避發餉。因爲軍令規定：部隊到達駐地後第二天才給餉。士兵連調三日都不准開餉，遂沿路搶劫。〔註48〕

兵部爲了節省兵餉，故意鑽軍法規定的漏洞，讓耿如杞的部隊無糧可支、可食，最後導至士兵沿路搶劫。由上述這一段引文看來，明末軍紀不佳，其實不可全然怪罪士兵訓練不佳。因爲任何一個軍隊的糧餉供給不足都必然無法維持軍紀。兵餉不足的原因，除了源自朝廷兵部外，也有源自軍隊長官扣尅餉銀的。〈撫淮小草・參狼山水陸將領疏〉：

> 通州所指揮僉事秦希武，心本奸貪，性尤悍毒。以營兵爲奇貨，百出科斂之方，借月餉爲利囮，屢肆谿壑之欲。領兵一千三百餘名，共隊什一百五十餘目。指到任賀禮，即索每兵一錢，頭目三錢，總計一百七十餘兩。……假母壽祝禮，需每兵一錢，隊十銀五錢，共約銀二百一十有奇。……中秋科概營兵節禮一百兩，作何公用？元旦歛隊什長節禮四十餘，成何體統？〔註49〕

李三才所參之通州所指揮僉事秦希武，到任、母壽、中秋、新年都索禮金，所入自四十餘兩至兩百一十兩不等，兵士以各種名目被扣之餉銀不知凡幾，

〔註47〕〔明〕李三才：《撫淮小草》（東京：東京大學綜合圖書館），卷十二〈選補新兵驗中開糧事故糧銀扣解貯庫〉，頁27。

〔註48〕樊樹志：《崇禎傳》（北京：人民出版社，1997年11月），頁232。

〔註49〕〔明〕李三才：《撫淮小草》（東京：東京大學綜合圖書館），卷七〈參狼山水陸將領疏〉，頁51下～52上。

這使原來就已不足的軍餉問題益形嚴重，不斷的軍變、叛逃、搶奪民間財物，都和與上述原因有關。明代的軍政問題除了訓練不佳、資源不足（兵餉）外，更嚴重的是事權不一，高攀龍就注意到了這個問題，他說：

> 臣以爲，宜設一防禦大臣，專理守戰，招豪傑。如協理詹事府事禮部右侍郎孫承宗其選也。臣不識承宗，見其言論忠義懇切，絕無瞻避；詢之賢士大夫，皆謂豪傑之士、有爲之才。又素留心軍事，果其用之，當以學士兼尚書都御史職銜，如在外總督之任。於京師開府行事與部院名位相並，職事相通，庶幾行無窒礙。更別發帑金數萬，令其修舉庶務，不至支用各部，擔延歲月。〔註50〕

高攀龍於天啓二年上疏熹宗皇帝，主張專設一防禦大臣，負責戰守之事務。非旦如此，防禦大臣在京師有專門的辦公處所及經費，位階與六部等同，使其能夠以最有效率的方式處理瞬息萬變的軍務。在內由防禦大臣統籌軍務，在外則由前線的將領負責。明代軍務最棘手的問題就是兵餉不足及斷續不常。高攀龍云：

> 以弟愚見，今天下節鉞諸賢，必假以便宜，使得多方生財以自足用。若必待司農，司農已告罄；必待內帑，內帑將不繼。一旦有急，無論呼而不應，即應亦後時，其禍可忍言哉！〔註51〕

明代中後期兵餉皆由千里之遙的地方運來，這在戰爭時期極無保障。若要依賴戶部之供給，則戶部之財源時常告匱，極不可靠；若要依賴皇帝之內帑，內帑也必然無法承擔偌大的軍餉費用。只有授權邊境將領，使他們有權運用各種方法以獲得軍事費用，以自給自給爲目標，否則一旦戰事緊急，糧餉不繼後果就不堪設想了。

高攀龍、李三才二人，在軍事方面的注意焦點放在軍事訓練、兵餉供給、將領清廉、事權統一等方面，而不及於衛所兵制及募兵等兵制的問題，這是與明末清初的思想家略有不同的。但是這或許也由於萬曆、天啓年間明朝尚未面臨全面的、急迫的軍事威脅，所以衛所兵制及募兵制之優劣尚不在思索的視野之內吧。

〔註50〕〔明〕高攀龍：《高子遺書》（台北：臺灣商務印書館，1983年，文淵閣四庫全書本），卷七〈破格用人疏〉（天啓二年），頁16下～17上。

〔註51〕〔明〕高攀龍：《高子遺書》（台北：臺灣商務印書館，1983年，文淵閣四庫全書本），卷八下〈答袁節寰中丞二〉，頁40上。

二、社會控制

一個社會要正常運作，需要一定程度的社會秩序。在社會變遷急遽的社會，社會問題增加、社會風險也隨之加大。爲了降低社會問題所引發的社會風險，社會需要一種機制，這個機制可以運用輿論、宗族、法律、信仰等手段來達成，這就是社會控制。明代自正德、嘉靖以後，中國的商業已納入了世界商業體系的一環，這也是歷史學家所習稱的大航海時期。這對中國社會有何影響呢？筆者以爲，影響不外下列幾點：第一，大量的財富流入江南，使江南成爲當時最富庶的地區。第二，因富庶而導至市鎮的急遽興起，外來人口大量移入，治安及安貧成爲急迫的問題。第三，社會價值觀開始改變：擁有財富的人受到重視、羨慕。這使得商人的社會地位提高，但也使得官員貪污情形日益普遍（明代官俸極低）。第四，爲了因應大量移入的陌生人，朋友模式的互動模式受到了重視，並連帶影響其他四倫的宰制關係。李三才、高攀龍所提出的社會控制，有宗教的、有家族的、有價值觀的，但是都與上述江南的社會環境息息相關。

（一）宗教方面的社會控制

明末三教合一，道同教別之論甚囂塵上。同時因爲人民生活困苦，亟需宗教的撫慰，民間宗教也有蓬勃發展之勢。李三才、高攀龍等將佛、道二教及各種民間宗教視爲對現有制度及價值規範的破壞者。在他們眼中，依儒家思想所建立的制度及價值觀才是眞理。

元朝時白蓮教號稱「彌勒佛下生」、「明王出世」，明太祖朱元璋曾依附明教的韓山童，明教其實亦爲白蓮教之一支。朱元璋創建明朝之後，深知白蓮教等民間宗教的號召力及對國家的潛在性威脅。在所頒的《大明律》規定：

> 凡師巫假降邪神，書符咒水，扶鸞禱聖，自號端公、太保、師婆，及妄稱彌勒佛、白蓮社、明尊教、白雲宗等會，一應左道亂正之術，或隱藏圖像，燒香集眾，夜聚曉散，佯修善事，扇惑人民，爲首者，絞；爲從者，各杖一百，流三千里。〔註52〕

筆者以爲，上文觸犯當政者之禁忌主要在於「燒香集眾，夜聚曉散，佯修善事，扇惑人民」。集眾，代表一股群眾力量；夜聚曉散，代表此種集會可能

〔註52〕懷效鋒點校：《大明律》（北京：法律出版社，1998年12月），卷十一〈禁止師巫邪術〉，頁89。

有特定的目的。一個聚集群眾的團體，有著不明的目的，怎能令朝廷放心。在《大明律》中有上述引文的規定，或許更源於朱元璋自身的經歷。《明史》載：

> 元末，林兒父山童鼓妖言，謂「天下當大亂，彌勒佛下生」。河南、江、淮間愚民多信之。潁州人劉福通與其黨杜遵道、羅文素、盛文郁等復言「山童，宋徽宗八世孫，當主中國」。乃殺白馬黑牛，誓告天地，謀起兵，以紅巾爲號。至正十一年五月，事覺，福通等遽入潁州反，而山童爲吏所捕誅。林兒與母楊氏逃武安山中。〔註53〕

朱元璋當初依附韓山童時，韓山童即宣稱「天下當大亂，彌勒佛下生」。韓山童宣稱「天下當大亂，彌勒佛下生」，代表什麼意義呢？這代表者元朝皇帝已失去了「卡里斯瑪」〔註54〕，天命已經轉移。天命轉移於何人身上？自然是轉移至降生於世間的彌勒佛身上，也就是韓山童的身上。藉由宗教的信仰巧妙地轉移地上的權威（皇帝），這是皇帝絕對不能容忍的事情。所以李三才云：

> 照得江北地方習俗信佛，如白蓮、無爲等教，建會燒香、男女混襍，而徐碭穎亳之間尤甚。愚民被其鼓惑，倡爲亂階，自昔可爲殷鑒。……凡有白蓮、無爲等教，燒香做會、集徒講經念佛、夜聚曉散、搖惑人心者，許地方保甲、鄰佑舉首到官，照例究遣。如知而不舉，許諸人首告，一體重究。〔註55〕

李三才〈禁白蓮無爲等教〉顯然是依《大明律・禁止師巫邪術》而來。最重要的目的在於防止有人利用宗教的降世理論自稱擁有天命並進而推翻朝廷。這當然可以解讀爲維護皇權，但是由於改朝換代必然會有大大小小的戰爭，所以這也可視爲維護社會秩序，降低社會可能付出的成本。白蓮教、無爲教之活動可能導致改朝換代的嚴重後果。佛教則可能使人疏離社會，逃避應有的社會責任。高攀龍云：

〔註53〕〔清〕張廷玉：《明史》（北京：中華書局，1997年11月，二十四史縮印本），卷一二二，頁3682。

〔註54〕卡里斯瑪（Charisma）指某種人格特質，使人認爲他是具有超凡的、超自然、超人的力量或品質。對中國君王來說，君王若具「卡里斯瑪」或許可以就可以說他擁有天命。

〔註55〕〔明〕李三才：《撫淮小草》（東京：東京大學綜合圖書館），卷十三〈禁白蓮無爲等教〉，頁17。

佛說多端，約其大義，只「無聲無臭」四字足以蔽之。聖人在人倫庶物中，物還其則，而我無與焉。終日酬酢萬變，實無一事也。畏天命、悲人窮，汲汲皇皇，那有閒工夫在深山浚谷，大家團圞頭共說無生話也。……吾以爲孔孟道及處，學佛者不能知；其不肯道及處，學佛者不能知；其不屑道及處，學佛者不能知。〔註 56〕

儒家以入世的態度面對世務，終極的關懷不落在死後的彼岸，也不貪慕肉身之長存，而在於自身在此世中如何正德修業、如何淑世養民。這就是所謂的「畏天命、悲人窮」。儒家這種「先天下之憂而憂，後天下之樂而樂」的胸襟氣度，固然令人佩服，但是在君昏、臣貪、災疫作的時代，這種承擔、氣度不是每個人都能夠的。孔孟所道及、不肯道及、不屑道及之處，學佛者未必不能知，只不過他們選擇了另一個使其心境安舒的管道罷了。

（二）學術思想方面的社會控制

學佛者「在深山浚谷，大家團圞頭共說無生話」，危害世道尚淺。危害更深者，是含渾兩可，予爲惡者做惡的理論基礎。顧憲成云：

人亦有言，凡說之不正而久流于世者，必其投小人之私心，而又可以附於君子之大道者也。愚竊謂惟「無善無惡」四字當之。何者？見以爲心之本體原是無善無惡也，合下便成一箇空；見以爲無善無惡，只是心之不著于有也，究竟成一個混。空則一切解脫，無復罣礙，高明者入而悅之。且從而爲之辭曰：理障之害甚於欲障，於是乎委有如所云「以仁義爲桎梏，以禮法爲土苴，以日用爲塵緣，以操持爲把捉……」。混則一切含糊，無復揀擇，圓融者便而趨之。且從而爲之辭曰：行于非道乃成於道。于是乎委有如所云：以任情爲率性，以隨俗襲非爲中庸，以閹然媚世爲萬物一體。〔註 57〕

顧憲成認爲四句教中的「無善無惡」這四個字，是最害人的邪說。因爲這四個字可做多種詮釋，君子可由其中領會心體至善，善惡皆在意念之層次上，所以必須在「意」中下大功夫。但是「無善無惡」亦可被理解爲「空」或「混」。「空」就是將「無善無惡」理解爲：「性」不能以善惡言。那麼以性善

〔註 56〕〔明〕高攀龍：《高子遺書》（台北：臺灣商務印書館，1983 年，文淵閣四庫全書本），卷三〈正誤集內一條辨佛書多才人所作曰云云〉，頁 54。

〔註 57〕〔明〕顧憲成：《顧端文公遺書》（上海：上海古籍出版社，2002 年，續修四庫全書本），頁 309～310。

為先驗條件所建立起的價值規範如「仁義」、「禮法」是否仍然有效就不無疑問〔註 58〕。換言之，以年齡、輩分所規定仁義、禮法是否仍具眞理性。社會地位、財富多寡是否可以從新改寫禮法之序階？若否定了以年齡、輩分所規定的仁義、禮法，而傾向認同以權力、財富決定禮法位階，這大概就是顧憲成所謂的「以仁義為桎梏，以禮法為土苴」吧。「混」就是將「無善無惡」理解為：「性」中善惡交雜，善未必眞善，惡未必眞惡。善惡的標準在世俗大眾，所謂的「隨俗襲非」、「闇然媚世」，只不過是放棄了自己的道德判斷，而以大眾認同的價值為價值的同義語罷了。筆者實在懷疑「無善無惡」是否有這樣大的禍患？更根本的原因是否出在社會崇拜金錢、權力而不問手段是否正當。而造成拜金、崇權的價值觀，又可能與缺乏客觀公正的競爭管道及公正的法律規定有關。有權者以權易錢，有錢者以錢易權，幾番錢權交換之後，住華屋擁巨款，眾人皆知其權、錢以非法手段獲得，卻莫可奈何。始而厭惡其貪，中而欣羨其能（按：法律莫奈他何之能），最後終不免於改變其志（按：貪也可以，不要貪得太難看）。將「無善無惡」理解為「空」、「混」，當然不能排除文字理解力不佳的因素，但更可能是刻意的誤讀，以緩解內心在面對混淆的社會觀所產生的緊張感，及降低隨俗悖德的罪惡感。

（三）家族、價值觀方面的社會控制

1. 士人守廉不貪非分之財

一個人的社會化始於家庭，價值觀之初步形成也始於家庭。一個重視道德，講究清廉、正直的家庭，所培育出來的成員，比較容易清廉、正直。原因很簡單，若貪污將不見容於家人，所付出的成本太高。同樣的，在一個不以貪污為恥而以貧窮為恥的家庭，當其有機會攫取非分之財時，他就會毫不猶豫，因為父、兄以此為能，妻孥以此為能。所貪愈多，愈獲接納、讚賞。所以家庭教育對於一個人貪廉與否是極重要的。高攀龍云：

> 今也不然，士幼而誦聖賢之言，十倍於古，乃其父兄所責成，師友之勸勉，止於一第而已。入官之後，俛仰以隨俗，積金拓產以裕其

〔註 58〕孟子曰：人之所不學而能者，其良能也；所不慮而知者，其良知也。孩提之童，無不知愛其親者。及其長也，無不知敬其兄也。親親，仁也；敬長，義也。（孟子・盡心上）孟子以為，仁義根於良知良能，也就是性善。愛親是仁，敬長是義，後儒將這種愛親敬長之說擴充，上下之間的關係不再平等，而是充滿著宰制的色彩。

子孫而已。簿書期會之餘，計俸待遷，嘆老嗟卑而已。……士之以行黜者，卿大夫以墨敗也，恬焉安之，而人不以爲辱。〔註59〕

高攀龍感嘆當時家庭將教育的終極目的設在登第仕宦、積金拓產之上，對於在官職上有何方法淑世濟民，漠不關心。民間的價值觀也極其扭曲，因道德及貪墨問題而被黜免罷官者，官員不會感到羞愧，人民也不會認爲官員因道德及貪墨因素下野爲恥辱。換言之，人民已認爲當官發財是合理的，貪墨下臺只能說是時運不濟或者手段不佳。俗語所說的「三年清知府，十萬雪花銀」，其實也代表著人民容忍或者合理化有限度的貪污。對於民間扭曲價值觀，高攀龍極爲憂心，所以他在〈家訓〉中，再三強調「臨財毋苟得，臨色毋苟取」的家規。他說：

世間惟財色二者最迷惑人，最敗壞人。故自妻妾而外，皆爲非己之色。……古人甚禍非分之得，故貨悖而入亦悖而出。吾見世人非分得財，非得財也，得禍也。積財愈多，積禍愈大，往往生出異常不肖子孫，作出無限醜事。〔註60〕

金錢、女色，一可滿足人類的物質欲望，一可滿足人類的生理欲望。所以財、色在前仍能「見得思義」，並不是一件容易的事。但是也正由於不易，所以種種不法情事才會藉由財、色來衝破法律的網羅（法律仍需由人來執行）。「非分得財」，通常代表著要爲不法者護航、違法，得財、辦事，是一種對價關係。既然違法得財，自有東窗事發的可能。依人性，違法得財之事若不爲人知，必然會接二連三，貪取不已。依常理，貪取不已必會有百密一疏之處，終究不免事發得禍，「積財愈多，積禍愈大」就是這個道理。

2. 庶民重諭守律

既然高攀龍寫的是〈家訓〉，自然要設想到族人有識字亦有不識字者，前文告誡勿貪非分之財、色，對象可能是士人。因爲能貪非分之財與色，本身必然也得有相當的資源可以與人交換，文盲的庶民是絕對辦不到的〔註61〕。

〔註59〕〔明〕高攀龍：《高子遺書》（台北：臺灣商務印書館，1983年，文淵閣四庫全書本），卷九上〈無錫縣學筆記序〉，頁36。

〔註60〕〔明〕高攀龍：《高子遺書》（台北：臺灣商務印書館，1983年，文淵閣四庫全書本），卷十〈家訓二十一條〉，頁91。

〔註61〕常常聽到一種理論：「官位越大，越貪，道德越差。」「官位越大，越貪」這種講法當然符合社會實情，但是百姓的道德眞的就比官員好嗎？這是值得存疑的。居高官者可能每天面臨的是數億、數十億元的誘惑，只要有一天他動

那麼失學之庶民要如何呢？高攀龍說：

人失學不讀書者，但守太祖高皇帝聖諭六言：孝順父母、尊敬長上、和睦鄉里、教訓子孫、各安生理、毋作非爲。時時在心上轉一過、口中念一過，勝於誦經，自然生長善根，消沉罪過。〔註 62〕

古代識字率遠不如今日，整個社會識字者仍屬少數。所以朱元璋頒布六諭，希望能夠起著安定社會的作用。朱元璋的「孝順父母、尊敬長上、和睦鄉里、教訓子孫、各安生理、毋作非爲」聖諭六言，大約可歸納爲家庭倫理及社會倫理。家庭倫理：孝順父母、尊敬長上、教訓子孫；社會倫理：和睦鄉里、各安生理、毋作非爲。事實上，以上所講的四字六組聖諭，在一個較爲安定的社會中，是不難於實現的。但是羅近溪卻對聖諭六言有高度的評價。他說：

子（近溪）之第三孫懷智問道，子曰：聖諭六言盡之。問功夫，子曰：聖諭六言行之。請益，曰：聖諭六言達之天下。如斯而已乎？曰：六言行之天下，堯舜孔孟其病諸。〔註 63〕

羅近溪將聖諭六言等同於「道」之全部內涵及「功夫」之盡境，可說將聖諭六言推崇到無以復加的地步。但是若客觀分析聖諭六言的內容，可以發現它是典型的農業社會道德規範。《大明律》及聖言六諭都在洪武三十年頒布，所以不妨將《大明律》之〈罵祖父母、父母〉條及〈罵尊長〉條與聖言六諭對照。〈罵祖父母、父母〉、〈罵尊長〉條，明白規定：罵尊長之刑可由笞五十至杖一百，罵父母更可處以絞刑〔註 64〕。在農業社會，族人聚集而居，共同在土地之上勞動，所以嚴格的上下關係，才能使族人不致因利害不一而衝突，從而損害家族利益。基於這樣的考量，嚴分上下、尊卑，才成爲民俗並成爲法律。筆者以爲，「聖諭六言」與《大明律》都是因應明太祖嚴格控制社會的

了貪念，就會成爲震驚世人的貪瀆案。百姓可能會信誓旦旦地宣稱，若有機會當官絕對不會貪取非分之財。但是他們是否曾面臨條件嚴苛的道德考驗？答案極可能是：沒有。那麼，在批評貪官之時，是否能略作保留呢？或許在義憤填膺，破口痛罵之後，更重要的是如何建立一個更完密的制度，使貪瀆更易現形，犯罪代價提高而不敢犯罪。

〔註 62〕〔明〕高攀龍：《高子遺書》（台北：臺灣商務印書館，1983 年，文淵閣四庫全書本），卷十〈家訓二十一條〉，頁 94 上。

〔註 63〕羅汝芳：《盱壇直詮》（台北：廣文書局，1991 年 11 月），卷下，頁 173。

〔註 64〕懷效鋒點校：《大明律》（北京：法律出版社，1998 年 12 月），卷二十一，頁 172～173。

需求而產生的，只不過一爲原則的揭示，一爲詳密的規定。其他如和睦鄉里、各安生理、毋作非爲等，皆可做如是觀。但是知道聖諭六言，就足以遠離刑罰嗎？《大明律·夜無故入人家》條云：「凡夜無故入人家者，杖八十。」〔註 65〕試問，夜無故入人家，違背了聖言六諭那一條？答案是沒有。但是爲何夜無故入人家犯了法呢？說穿了只不過是因爲朝廷無法掌握無故入人家者的企圖、動機，便將其視爲可能危害國家而施以刑罰罷了。

3. 去私刑重公法

傳統的中國社會，自宋朝以後地方的縉紳就接管了權力處於中空狀態的鄉、村。所以家族勢力在鄉村等行政區域有著極大的影響力。更何況勢家大族多半有家人、族人、姻親在朝爲官，所以縣令對於勢家大族只能以「縱容」二字來形容。了解這樣的時空背景，才能夠理解高攀龍下面這一段話。他說：

> 捉人打人，最是惡事、最是險事，未必便至於死，但一捉一打，或其人不幸遘病死，或因別事死，便不能脫然無累，保身保家，戒此爲要。極不堪者，自有官法，自有公論，何苦自蹈危險耶？況自家人而外，鄉黨中與我平等，豈可以貴賤、貧富、強弱之故，妄凌辱人乎？〔註 66〕

高攀龍提出了一個在當時是極可貴的看法，即「極不堪者，自有官法，自有公論」及「自家人而外，鄉黨中與我平等」。「極不堪者，自有官法，自有公論」，象徵著尊重客觀的法律，不以家族之權勢來欺壓他人。換句話說，就是用坐下來講道理來取代比拳頭大小。若眞能重官法與公論，應該能立即減少不同家族之間的械鬥及報復。但是一個社會能尊重法律，減少私刑（捉人打人），是有先決條件的。首先，法律的內容及執行過程必先讓人信任是公正無私的。其次，對於犯法者能夠有極高的比率使其伏法。再者，動用私刑者處以重刑。這三者缺一不可。以明末鄉紳之橫行無忌，讓法律客觀公正地被執行，是否可能？實在不無疑問。若兩家族衝突：一家族遵守法律，另一家族卻以權勢影響司法，並動用私刑。爲了生存，守法之家族勢必也要採取與不

〔註 65〕懷效鋒點校：《大明律》（北京：法律出版社，1998 年 12 月），卷十八，頁 146。

〔註 66〕〔明〕高攀龍：《高子遺書》（台北：臺灣商務印書館，1983 年，文淵閣四庫全書本），卷十〈家訓二十一條〉，頁 94 上。

守法之家族相同的策略才行。「自家人而外，鄉黨中與我平等」，這句話代表著家庭倫理與社會倫理是不同的，在家中有長幼尊卑；但是在鄉黨中，人人皆大明帝國之子民，納稅、納糧人人有分，他人與我有何不同？以貴凌賤，以富欺貧，以強暴弱，是不義的。高攀龍上述引文，放在今日之社會也完全適用，不會格格不入，可說完全超前於當時之思想水準。

（四）社會救濟方面的社會控制

明朝自嘉靖以後，江南市鎮的數量急遽增加，市鎮規模也不斷增大。這代表者有許多外來人口移入江南，做著發財大夢。在江南經商致富者固然不少，但是失敗者也不少。於是總是有些人無法在江南找到安身立命的方法，亦即江南有爲數不少的無業遊民。除了無業遊民之外，明末天災不斷，或水、或旱使得人民無法維持生存。基於上述的原因，明末的儒者有緊急及長期的應變措施。緊急的應變措施最主要的就是煮粥賑饑。平常的應變措施就是育嬰堂、清節堂、養老堂等安養機構的設立。先來看看高攀龍對賑饑的看法。他說：

> 前奉教造荒冊之法甚美。顧荒之與饑自是兩事，荒者田而饑者民。勘荒可一覽而百畝千畝，審饑則一日止可三村、四村，必急乘此風和日暖之候，了審饑一事，則饑民可計數而知，賑糶可相時而發耳。夫賑饑不難於饑者必賑，而難於賑者必饑；賑者未必饑，則饑者未必活。何者？以有限之財當無窮之冒，必不繼也。惟是隨門逐户，什伍相稽，當時給票據給米，自無中間輾轉弊竇，民受實惠，喫緊在此。望仁臺亟給賑票及文簿，先就興道鄉四河口爲始，蓋以此鄉爲最低、最低。且搢紳則有葉玄室兄之賢住居此鄉，可相參酌。謹以票式及簿式呈覽，幸仁臺裁之。其餘勘荒勘圩則可一舉兩得，待荒造成，行之未遲也。〔註 67〕

高攀龍認爲，審饑遠比造荒冊來得重要，因爲審饑的進度慢且難，只有於平日就勘察明白何處地勢低窪，易於受災的戶數有多少，這樣才能在災時達到賑者必饑，使每一分資源都得到最有效的利用。此外要隨門逐戶確實稽察，給受災戶票據，使其依票據取米，免除中間轉手侵吞的弊端。總之，要使有限的資源送到最需要的人的手中。審饑送米是災後之急務，但是在平常時有

〔註 67〕〔明〕高攀龍：《高子遺書》（台北：臺灣商務印書館，1983 年，文淵閣四庫全書本），卷八下〈與許同生父母〉，頁 1。

一些人縱然沒有災荒仍無以自存，高攀龍就非常贊賞佛教團建養老堂的做法。他說：

> 無錫有保安寺，在邑之南郭，四方僧徒過於此者，得小憩焉。寺僧某欲建養老堂以處其老且病者，欲余爲引其疏。余既悲夫養老者歸之浮屠氏，而復憮然曰：以天地言之，皆人也；以老者言之，皆養也。是宜亟與之而亟勸之，且勸四方之賢者亟助而成之。古之聖人曰：一夫不獲，是余之辜。吾儕當曰：一夫而獲亦余之幸，可謂仁之方也。〔註68〕

保安寺之寺僧欲建養老堂，求高攀龍爲文以贊之。高攀龍他反對佛教的「無聲無臭，不理世務」，但是眼前養老堂卻是由佛教的保安寺所倡建的，這對高攀龍這樣一個儒者而言實在是一個刺激。但是他跳脫儒者任道的框架，以老人及人道關懷的立場來思考。養老堂確實能養護老人，所以實在不必管它是創建於儒、釋、道何者之手，放棄成見各出其力而助成之，才是正確的態度。尤其「一夫而獲亦余之幸」更充分展現了超脫紛爭，專注人道的人道關懷。

〔註68〕〔明〕高攀龍：《高子遺書》（台北：臺灣商務印書館，1983年，文淵閣四庫全書本），卷十二〈保安寺建養老堂疏引〉，頁9。

第六章　黃宗羲的經世致用之道

在中國古代，「政治」被理解爲治理國家。孔子：「政者，正也。子帥以正，孰敢不正？」（《論語・顏淵》）又云：「道之以政，齊之以刑，民免而無恥；道之以德，齊之以禮，有恥且格」（《論語・爲政》）也就是說，政治領袖的職責爲：修養道德，以德治民，爲人民之表率。中國古代之「君主」也稱爲天子，其意即：受「天命」而爲「天」在人間之代理者。天子一詞代表著，君主治理天下萬民的合理性，來自於價值根源所在的「天」。「君主」之位置，具有其神聖性。但是這種神聖性並非永不改變，《尚書・周書・泰誓中》云：「天視自我民視，天聽自我民聽」，意味著天命之所在，端視民心之所向。依政治學的觀點，中國古代的人民並無政權，權源集中於「君主」一身，人民只是被治理的對象。不過，民心向背在傳統中國向來都被視爲衡量政權合法性的指標，一旦君主之施政違反民心，君主即不再擁有天命，人民起而革命就被視爲是合乎天理的。

據上所述，理論上人民雖無政權，卻有推翻暴政之權利。君主必須維持其政權的合法性，國祚才能長久。但是何以三代以後聖明之君主百不一二見之，而凡庸貪暴之主觸目皆是？這與君主掌握了軍隊及警察有關，軍隊與警察本爲維持社會秩序及國家安全而設，但在專制君主手中，卻成爲脅迫人民服從暴政的工具。只有當受苦的人民數量多到無法以軍隊鎮壓時，暴君才會下台。這也就是君主敢於損害人民利益以滿足私慾的最根本原因。中國傳統君主專制下之君主，其權力既不受節制，其流弊又是如此嚴重，但是回顧中國幾千年來的歷史，沒有出現過君主專制以外的制度，不像西方在希臘時期就出現了君主制、民主制及貴族等等不同的制度。何以中國的知識分子不曾思考君主專制以外的其他制度？史華慈〈中國政治思想的深層結構〉以為，這也許是因為傳統士人慣於把這個深層結構（君主制）的替代面想成就是「亂」，故不敢去改變它〔註 1〕。既然「君主制」在傳統士人眼中是不可改之制度，君王的品德、能力就成為治亂的關鍵及起源。

第一節　政治領域

黃宗羲以為，「三代以前」及「三代以後」，是截然不同的兩個境界。而三代前、後的不同，最主要展現於君主、臣僚是為己或為民？為公或為私？之上的。所以他痛斥君主「以我之大私為天下之大公」、臣僚「以君臣之義無所逃於天地之間」。他要求制度之設計要以人民的利益為考量、分權於宰相大臣、改變選才方法、學校反映輿論。這些主張背後的原則與精神，一言以蔽之，「為民從公」而已。

一、論君臣

（一）君　主

盧梭《社會契約論》認為，當人在自然狀態中，所面臨的生存障礙已非每個個人所能承受，為了生存，不得不改變原有的生活方式。但是，人類既不能產生新的力量，只能結合個別力量並形成一種力量總和來圖謀生存。其結合形式，要能使「全部共同的力量來衛護和保障每個結合者的人身和財富，並且由於這一結合而使每一個與全體相聯合的個人又只不過是在服從自己本人，並且仍然像以往一樣地自由。」解決辦法就是形成一個約定，使每個人都把自身的權力轉讓給國家，由國家保障人民的利益〔註 2〕。盧梭認為，人類在自然狀態下固然能各取所需以維護自身的生存，但是卻無法保障其人身安全及所有權，所以才會締結契約以形成國家，有了首領。首領治理國家的回報就是由發號施令所得到的樂趣。黃宗羲《明夷待訪錄‧原君》：「有生之初，人各自私也，人各自利也」〔註 3〕即相當於上文之「自然狀態」，這種自然狀

〔註 1〕史華慈：〈中國政治思想的深層結構〉《中國歷史轉型時期的知識分子》（台北：聯經出版公司，1992 年 9 月），頁 26。

〔註 2〕〔法〕盧梭著、何兆武譯：《社會契約論》（北京：商務印書館，2003 年 3 月），頁 18～23。

〔註 3〕朱曉鵬云：黃宗羲認為，在人類原初狀態中，人類都是自私自利的，也可以

態使人類在謀求生存時效率低落。吾人可以假設一個場景：遠古時期，國家制度尚未形成，張三、李四、王五、趙六、黃七、顧八……為了飲水、食物，各自尋找來源。有一天，他們各自找到了食物，卻發現大象太大、虎太猛，單憑自己的力量，非但無法獲取獵物，更有可能使自身淪為獵物。尤有甚者，辛苦獲取的獵物又常被他人所奪。又有一天，這些人聚在一起了，大家交流著生存所面臨的困境。緊接著，有人提議了，大家聚在一起，通力合作，製作武器共同狩獵，大象、老虎就可以成為我們的獵物了，所獲取的獵物也不會被他人奪走。於是幾個家族，形成了一個小團體。後來，加入的家族漸漸增多，人與人的溝通變得困難了，於是最有溝通能力及組織管理能力的人成為首領，形成最原始的國家組織〔註 4〕。「天下有公利而莫或興之，有公害而莫或除之」興公利可以想像為共同生產食物、尋找水源等等謀生之活動；除公害則可想像為共同禦外侮、防天災等相關的活動。國家組織初形成之時，人類可能還處於狩獵或農耕初期的歷史階段，物質條件不佳，剩餘物資極其有限。身為君王或首領，無法由其職位得到豐富的物質報酬，他所能得到的報酬就是聲望及他人的尊敬。獲得聲望及尊敬的方法，則在於是否能「使天下受其利」、「使天下釋其害」，中國古代的聖王堯、舜就相當是這一個時期的君王。政治學論及政治權力時，提出了政治權力具有(1)支配性、(2)強制性、(3)擴張性、(4)排他性等特點。其中，擴張性指政治權力具有自我擴張和膨脹的能力，應用邊際直到遇到阻力反彈而不能前進為止。而且，有權力的人總是傾向於濫用權力，所以「絕對的權力意味著絕對的腐化」。排他性指政治

說，每個人天生都是一個「自私自利」的存在，甚至連帝王也往往利用天下萬民所賦予的社會公共權力而為一己謀取私利：「屠毒天下之肝腦，離散天下之子女，以博我一人之產業……」。筆者完全不同意朱氏將「自私自利」詮釋為損人利己的看法，黃宗義所云的「有生之初，人各自私也，人各自利也」指的是各人為自己的生存努力奮鬥。筆者也不認同朱氏將黃宗義所云：後之人君「屠毒天下之肝腦，離散天下之子女，以博我一人之產業……」移置於君主制產生前的作法，這實有刻意誤導之嫌疑。詳見朱氏〈論黃宗義政治思想的民主啓蒙性質〉，吳光主編：《黃宗義與明清思想》（上海：上海古籍出版社，2006 年 3 月），頁 63。（第七行至第十一行）

〔註 4〕社會學家多認為，大約一百五十至二百人的社會團體，會更容易形成階級制度。小的社會團體通常缺乏結構，多是依靠個人的接觸來促成社會的互動，但若協調眾多人數，就必須有階級制度。Robin Dunbar 著、洪莉譯：《哈拉與抓虱的語言——從動物互相梳理、人類閒聊解讀語言演化》（台北：遠流出版社，2002 年 11 月），頁 96。

權力作爲一種支配力量，傾向於排除其他權力的介入〔註5〕。有權力的人既然傾向於濫用權力及排除其他權力介入，〈原君〉以爲「後之人君」濫權營私，嚴重損害人民的利益，文云：

> 後之爲人君者不然，以爲天下利害之權皆出于我：我以天下之利盡歸于己，以天下之害盡歸于人，亦無不可。使天下之人，不敢自私、不敢自利，以我之大私爲天下之大公。始而慚焉，久而安焉，視天下爲莫大之產業，傳之子孫，受享無窮。〔註6〕

有權力的人既然傾向於濫用權力，在傳統中國的政治制度中對於「君權」又無任何的限制，君權濫用的極致自然就是「以天下之利盡歸于己」、「以天下之害盡歸于人」的結局。黃宗羲並進一步指出，「古者以天下爲主，君爲客。凡君之所畢世而經營者，爲天下也」之大公無私的君德。但是較符合社會學、人類學的情形則是，堯舜的禪讓、無私，雖有品德的因素在內，但當時的物質條件使其無利可圖或許也是原因之一。後世人君，隨著政治組織的複雜化及社會物質條件的成長，透過層層的組織將人民的財富攫奪於自己身邊。這當然不符合公義，但是若君權不受限制，這也是必然的結果。黃宗羲云：

> 今也以君爲主，天下爲客，凡天下之無地而得其安寧者，爲君也。……然則，爲天下之大害者，君而已矣。向使無君，人各得自私也，人各得自利也。嗚呼！豈設君之道固如是乎！〔註7〕

黃宗羲控訴後世人君非但有缺興利除害之職守，更變本加厲使自身成爲禍害的根源。人民所面臨的處境反而遠不若國家制度形成前的自然狀態。洛克《政府論（下）》曾提出一種看法，專制君主的權力若不受限，則人民的境遇反而不如自然狀態〔註8〕。黃宗羲、洛克都看到了專制君主制下的君主對人民的傷

〔註5〕燕繼榮：《政治學十五講》（北京：北京大學出版社，2004年7月），〈第七講——政治權力分析〉，頁126。

〔註6〕〔清〕黃宗羲：《明夷待訪錄》；沈善洪、吳光編：《黃宗羲全集》（杭州：浙江古籍出版社，2005年），〈原君〉，頁2。

〔註7〕〔清〕黃宗羲：《明夷待訪錄》；沈善洪、吳光編：《黃宗羲全集》（杭州：浙江古籍出版社，2005年），〈原君〉，頁2～3。

〔註8〕洛克云：專制君主也不過是人；如果設置政府是爲了補救由於人們充當自己案件的裁判者而必然產生的弊害，因而自然狀態是難以忍受的，那麼我願意知道，如果一個統御眾人的人享有充當自己案件的裁判者的自由，可以任意處置他的一切臣民，任何人不享有過問或控制那些憑個人好惡辦事的人的絲

害，但是洛克的解決方法是：將立法權交給議會，由議會制定法律，任何人（包括國君）都受法律的約束與制裁〔註9〕。黃宗羲卻只能以道德呼籲國君重視「君道」。爲了喚醒後世人君對「君道」的重視，他先指出古今人民對其君截然不同態度，古之民將其君「比之如父、擬之如天」，今之民將其君「視之如寇讎」，黃宗羲以爲古今人民之反應都是合理的（固其所也）。不合理的反倒是以君臣之義無所逃於天地之間的小儒，這類小儒認爲：夏桀、商紂雖暴虐無道，但是商湯、周武仍不應革命。黃宗羲更揭穿了「擬君如父」、「擬君如天」不過是爲了使政權鞏固，並非眞理。他說：

> 古者天下之人愛戴其君，比之如父，擬之如天，誠不爲過也；今也天下之人怨惡其君，視之如寇讎、名之爲獨夫，固其所也。而小儒規規焉以君臣之義無所逃于天地之間，至桀、紂之暴，猶謂湯武不當誅之。……孟子之言，聖人之言也。後世之君，欲以如父如天之空名，禁人之窺伺者，皆不便于其言，至廢孟子而不立〔註10〕，非導源於小儒乎？〔註11〕

〈原君〉言古之民視其君如父、如天，今之民視其君如寇如仇，都是合理的。因爲古之聖王爲民興利除弊，又不享其利；今之人君爲人興害除利，又不盡其責。由此，古之人君擁有了政權的合法性，後世人君則失去了政權的合法性。是否擁有政權的合法性，是由百姓民心之向背來展現的。一個不具合法性的政權，百姓有權革命。這個主張，迫使君主必須更小心地維持其政權的合法性。傳統專制君王常將君與父，君與天並列，使人民誤以爲君

毫自由，而不論他所做的事情是由理性、錯誤或情感支配，臣民都必須加以服從，那是什麼樣的政府，它比自然狀態究竟好多少？在自然狀態要好得多，在那裏，人們不必服從另一個人的不法意志。銘按：有些不暢，但原文如此。〔英〕洛克著、葉啓芳、瞿菊農譯：《政府論（下篇）》（北京：商務印書館，1964年2月），頁8～9。

〔註9〕〔英〕洛克著、葉啓芳、瞿菊農譯：《政府論（下篇）》（北京：商務印書館，1964年2月），頁58。

〔註10〕朱元璋看到《孟子》有誅君之論，頗爲不快。命令劉三吾將礙眼的節段刪去，而成《孟子節文》。據朱榮貴的研究，《孟子節文》所剔除的章節多與民本思想、仁政、王政、王道、天、公天下、君臣關係、規諫、桀紂等觀念有關。朱榮貴：〈從劉三吾《孟子節文》論君權的限制及知識份子之自主性〉《中國文哲研究集刊》第六期（台北：中央研究院中國文哲研究所，1995年3月），頁182。

〔註11〕〔清〕黃宗羲：《明夷待訪錄》；沈善洪、吳光編：《黃宗羲全集》（杭州：浙江古籍出版社，2005年），〈原君〉，頁3。

民之間的宰制關係是不可改變的，君對民的壓迫是天經地義的。黃宗羲揭穿了君主、小儒的齷齪把戲，也使專制君主所虛構的政權合法性面臨了嚴格的審視。這兩者，皆有助於強迫國君勤政愛民，以維持、證明其政權的合法性。但是不可諱言地，黃宗羲以政權合法性來限制君主之行為，其客觀效果實在無法保證。可以保證的是如洛克「人民以明文的法律限制特權」的辦法。〔註 12〕

比較黃宗羲與洛克對君王的主張，黃宗羲只是由道德呼籲要明乎「君之職分」，洛克則進一步提出要限制君主的特權。這是約略同時的中西思想家之思想的主要分野。黃宗羲要人君明乎君之職分而無任何法律明文限制君權，推其致也只能導出民本的主張；洛克主張法律制定人君有限制的合法權力，這才是民主。民本與民主，雖相似而實異，二者雖皆重視人民，但民本之權在君、民主之權在民。權在君則一切制度的客觀性都可能因君主之愛惡而受到破壞，最後等於毫無制度，故訂立明確的法律以限制君權絕對是必要的，惜黃宗羲忽略了這一點。

（二）臣　僚

在君主專制的制度下，君王無法單憑一己之力而治理整個國家，於是規劃各種職位以負責政治、經濟、國防、外交等，負責的人也就是所謂的「臣」。黃宗羲對於臣的起源及其所需具備的品格有詳細的說明，〈原臣〉云：

> 有人焉，視於無形、聽於無聲，以事其君，可謂之臣乎？曰：否！殺其身以事其君，可謂之臣乎？曰：否！夫視於無形、聽於無聲，資於事父也；殺其身者，無私之極則也。而猶不足以當之，則臣之道如何而後可？曰：緣天下之大，非一人之所能治，而分治之以群工。故我之出而仕也，為天下，非為君也；為萬民，非為一姓也。吾以天下萬民起見，非其道，即君以形聲強我，未之敢從也，況於

〔註 12〕在政府建立的初期，國家在人數上與家族沒有多大差別。在法律的數目上也與家族沒有多大不同；既然統治者像他們父親那樣為了他們的幸福而看護他們，政府的統治就差不多是全憑權進行的。少數既定的法律就夠用了，其餘概由統治者的裁量和審慎來應付。但是，當暗弱的君主由於過錯或為諂諛所迷惑，為他們私人的目的而不是為公共福利而利用這種權力的時候，人民就不得不以明文的法律就他們認為不利於他們的各個方面對特權加以規定。洛克著；葉啓芳、瞿菊農譯：《政府論（下篇）》（北京：商務印書館，1964 年 2 月），頁 103。

> 無形無聲乎！非其道，即立身於其朝，未之敢許也，況於殺其身乎！〔註 13〕

國君發布命令之前即能察君之意而辦君之事，以及殺身事君都不足以稱爲「臣」。爲天下、爲萬民著想，才足以稱臣。「臣」的職分乃是爲天下、爲萬民而設，於是不合理的君命不可遵從，因爲它違背了制度創立的本意〔註 14〕。黃宗羲論臣之起源及其職分，確能信服於人。但是在君權毫無節制的君主專制政體中，要從道不從君，談何容易？史上國君殘暴昏庸者居絕大多數，爲人臣者縱然能置個人死生於度外，但是能不顧家族存亡嗎？方孝孺被誅十族之例，相信足以絕大多數的臣子，順從君命。面對無限的君權，要堅守臣道似乎是不可能的。但是黃宗羲卻樂觀地認爲以君爲主的臣，只是昧於天下爲主的事實。他說：

> 世之爲臣者，昧于此義，以謂臣爲君而設者也。君分吾以天下而後治之，君授吾以人民而後牧之，視天下人民爲人君橐中之私物。……蓋天下之治亂，不在一姓之興亡，而在萬民之憂樂。是故桀紂之亡，乃所以爲治也；秦政、蒙古之興，乃所以爲亂也。……爲臣者輕視斯民之水火，即能輔君而興、從君而亡，其於臣道固未嘗不背也。〔註 15〕

傳統中國之改朝換代，往往只是最高的統治者由一姓換至另一姓，如隋之楊、換至唐之李，其間政治制度或有稍變，但君主專制則仍而不改。就百姓而言，誰當皇帝並不重要，重要的是誰能給百姓好日子。是否符合臣道，應看其是否輔明君而使百姓過好日子。能使人民安居樂業，就是爲臣的最終鵠的。追究到底，君臣雖身分有別，但是同是治理天下的夥伴，黃宗羲以「共曳木之人」來比喻君與臣的關係。他說：

〔註 13〕〔清〕黃宗羲：《明夷待訪錄》；沈善洪、吳光編：《黃宗羲全集》（杭州：浙江古籍出版社，2005 年），〈原臣〉，頁 4。

〔註 14〕盧梭云：但是政治共同體或主權者（按：可理解爲國家），其存在既然只是由於契約的神聖性，所以就絕對不可以使自己負有任何可以損害這一原始行爲的義務（按：爲解除自然狀態不利生存的現象而將部分權力給國家，由國家保護人民的人身及財產）。盧梭之意爲，國家乃因人民爲保護自身之人身及財產安全而產生的。所以國家絕不可損害人民之財產及安全，否則就違背了國家成立的目的。

〔註 15〕〔清〕黃宗羲：《明夷待訪錄》；沈善洪、吳光編：《黃宗羲全集》（杭州：浙江古籍出版社，2005 年），〈原臣〉，頁 4～5。

> 夫治天下，猶曳大木然，前者唱邪、後者唱許；君與臣，共曳木之人也。〔註16〕

又說：

> 君臣之名，從天下而有之者也。吾無天下之責，則吾在君爲路人。出而仕於君也，不以天下爲事，則君之僕妾也；以天下爲事，則君之師友也。〔註17〕

所謂「共曳木之人」、「君臣之名，從天下而有之者也」，意指爲了共同治理天下，才有君臣之職分。若不具備公職身分，則與國君僅具有一般的社會關係，而不同於具血緣關係的父子〔註18〕。基於這個緣由，既然出而仕宦，以人民之利益爲考量，爲君主治天下之師友，才不悖君臣制度創立之宗旨。

二、論制度

（一）天下之法與一家之法

黃宗羲將「法」分爲三代以上之法和三代以下之法。這裏的法，並不是指法律言，而是指制度。三代以上之所以稱爲有法，是因爲每個制度的設立都是站在人民的需要而設計的，每個制度的創設都符合大公無私的精神。三代以下，歷代歷朝的制度雖然在組織結構的設計較三代以上更爲精密，但是其設計卻是爲了皇室一人一家的利益。有法與無法之分判，並不在組織之粗疏抑或嚴密，而在於立法之法意是公、是私？黃宗羲云：

> 三代以上有法，三代以下無法。何以言之？二帝、三王知天下之不可無養也，爲之授田以耕之；知天下之不可無衣也，爲之授地以桑麻之；知天下之不可無教也，爲之學校以興之，……此三代以上之法也，因未嘗爲一己而立也。後之人主，既得天下，唯恐其祚命之不長也，子孫之不能保有也，思患於未然以爲之法。然則其所謂法者，一家之法，而非天下之法也。……三代之法，藏天下於天下者

〔註16〕〔清〕黃宗義：《明夷待訪錄》；沈善洪、吳光編：《黃宗義全集》（杭州：浙江古籍出版社，2005年），〈原臣〉，頁5。

〔註17〕〔清〕黃宗義：《明夷待訪錄》；沈善洪、吳光編：《黃宗義全集》（杭州：浙江古籍出版社，2005年），〈原臣〉，頁5。

〔註18〕《孝經》屢屢將「事父」、「事兄」、「事君」並列，如：〈廣至德章〉云：教以孝，所以敬天下之爲父者也；教以悌，所以敬天下之爲兄者也；教以臣，所以敬天下之爲人君者也。」父、兄、君並列，不免使人在認知上產生繫聯，進一步混同了「事父」、「事君」的原則。

> 也。山澤之利不必其盡取；刑賞之權不疑其旁落。貴不在朝廷也，賤不在草莽也。在後世方議其法之疏，而天下之人不見上之可欲，不見下之可惡，法愈疏而亂愈不作，所謂無法之法也。後世之法，藏天下於筐篋者也。利不欲其遺下，福必欲其斂於上；用一人焉則疑其自私，而又用一人以制其私；行一事焉則慮其可欺，而又設一事以防其欺。天下之人共知其筐篋之所在，吾亦鰓鰓然日唯筐篋之是虞，故其法不得不密。法愈密而天下之亂即生於法之中，所謂非法之法也。〔註 19〕

黃宗羲以三代以上、三代以下做爲對比，一有法、一無法，一爲天下之法、一爲一家之法。所謂的有法、無法，天下之法、一家之法，何以分判？在於創立法制的原則是爲了天下萬民的利益，抑或是爲了皇帝自身的利益。爲天下萬民，乃天下之法；爲皇帝，乃一家之法、非法之法。天下之法，藏利於民，爲民著想衣食教育，貴者不必盡歸朝廷，賤者不必屬之民間。一家之法則反是，其立法之初即是以皇帝自身的利益爲考量，於是在制定各種制度時，不得不周延防範，以防大臣之欺騙。在一家之法的官僚體系下，種種嚴密的規定導致了政府組織的僵化，於是黃宗羲提出「有治法而後有治人」的主張，他說：

> 即論者謂有治人，無治法，吾以謂有治法而後有治人。自非法之法桎梏天下人之手足，即有能治之人，終不勝其牽挽嫌疑之顧盼，有所設施亦就其分之所得，安於苟簡，而不能有度外之功名。使先王之法而在，莫不有法外之意存乎其間。其人是也，則可以無不行之意；其人非也，亦不至深刻羅網，反害天下。故曰有治法而後有治人。〔註 20〕

馬克思・韋伯提出，合理性科層制度具有幾個基本特性：(1)所有科層體制都有明顯分工，每個地位或職位都擔負了特定的責任；(2)每個地位的行爲以及地位之間的關係，都必須遵行層次分明和成文的規定；(3)不同地位之間具有層級關係，權威階層較高者可以監督下位者；(4)地位上的人所扮演的角色不應涉入個人的情感與價值；(5)個人被分派到某個地位，乃是因爲他們的技術

〔註 19〕〔清〕黃宗義：《明夷待訪錄》；沈善洪、吳光編：《黃宗羲全集》（杭州：浙江古籍出版社，2005 年），〈原法〉，頁 6～7。

〔註 20〕〔清〕黃宗義：《明夷待訪錄》；沈善洪、吳光編：《黃宗羲全集》（杭州：浙江古籍出版社，2005 年），〈原法〉，頁 7。

能力；(6)地位和職位不屬個人所有，而屬於較大的組織；(7)個人可靠工作表現尋求晉昇〔註 21〕。將馬克思・韋伯所述之科層制的特性與「即有能治之人，終不勝其牽挽嫌疑之顧盼，有所設施亦就其分之所得，安於苟簡，而不能有度外之功名。」之文對照，則知黃宗羲所詬病的正是是三代以下日益嚴密的科層制。其於〈明名臣言行錄序〉也印證了這一點。文云：

> 明之爲治，未嘗遜於漢、唐也，則明之人物，其不遜漢、唐明矣。其不及三代之英者，君亢臣卑，動以法制束縛其手足，蓋有才而不能盡也。〔註 22〕

（銘按：科層制或稱官僚制）第(1)、(2)點，每個職位特定分工及遵守成規所導致的僵固性及低效率（安於苟簡），主張法外之意，即適當的彈性原則。如此，善人合乎「法意」之法可及時施行，惡人違反「法意」之惡法亦可受到抑制，政府運作的效率可極大化。

（二）宰　相

黃宗羲認爲，宰相制度可以限制君權，何以言之？宰相身爲外廷的最高首長，通常由品學兼優之人任之。所以宰相能以古聖哲王之行，要求其君主。君主也會因宰相所具有的道統光環而有所畏懼，從而接納宰相的建議及諫言〔註 23〕。《明夷待訪錄・置相》對宰相制度之起源、君相關係之變化、罷相之

〔註 21〕Jonathan H. Turner 著、張君玫譯：《社會學：概念與應用》（台北：巨流出版社，1996 年 8 月），頁 137。

〔註 22〕〔清〕黃宗羲：《南雷詩文集》；沈善洪、吳光編：《黃宗羲全集》（杭州：浙江古籍出版社，2005 年），〈明名臣言行錄序〉，頁 53。王夫之《宋論》亦有相似的說法，文云：立法愈密，姦佞之術愈巧。太宗顛倒其大臣之權術，又奚能取必於闇主？徒以掣體國之才臣，使不能畢效其所長。〔清〕王夫之：《宋論》（長沙：嶽麓書社出版，1996 年 2 月），頁 71。

〔註 23〕〈置相〉：「使宰相不罷，自得以古聖哲王之行摩切其主，其主亦有所畏而不敢不從也。」黃宗羲對於「君主遵從宰相建議」，有不切實際的樂觀。要保證君主遵從宰相建議，一定要有幾個條件配合。首先，宰相人選，君主不能插手：如果君主能左右人選，君主昏庸宰相也必然無能；其次，競爭宰相之位，必須有公平、透明的途徑：以能力、學養、資歷等作爲任用之資格，如此才足以服眾及處理繁冗之國政，並獲得國君尊敬；再者，君權與相權必須明確界定，否則必然無法解決濫用君權的問題。這三個要件僅是筆者就思慮所及，略陳一二。但是黃宗羲所設計的宰相制度，對於上述三要件無一論及。如何保證國君能接納宰相之建議，實在令人疑惑。筆者按：王夫之曾云：宰相之非其人，有自來矣。上之所優禮而信從者，必其所喜也。下之詭遇而獲上之寵任者，必上之所歆者也。上喜察察之明，則苛煩者相矣。上喜呴呴之恩，

後果、宰相制之設計都有清楚的說明，茲分析如下：

中國的丞相制度首創於戰國之秦，至唐而大備。其間職稱屢有變易，但是相權不斷削弱則是大致的趨勢。明代，朱元璋以胡惟庸反爲藉口，廢除了丞相制，並且不許嗣君復立丞相、也不許臣下請求復立丞相〔註 24〕。廢除了丞相，國家政務並不會因而減少，最後仍需有其他官職來承接；在明代，承接丞相之官職爲內閣。黃宗羲於〈置相〉開頭就言：「有明之無善治，自高皇帝罷丞相始也」，直接將政治之良窳與丞相之存廢劃上等號。政治之清明與否既然與丞相制度有關，接下來就必須說明丞相制之起源及丞相之職責，與天子之關係。黃宗羲認爲，丞相制度產生於天下太大、事太雜，君王無法一人處理政務，於是丞相等於君的分身，幫助君王治理天下。所謂：「天下不能一人而治，則設官以治之」、「是官者，分身之君也」就是在說明丞相之起源及職責。既然君之產生乃因人民興利除害的需要，丞相又是爲了協助國君而設置的，所以國君、丞相及其他官職都源於人民的需要，從而設計的政治制度。君主與臣僚之間，只有職位高下、權責輕重的區別，君臣間的地位絕不是天淵之隔，不可逾越的。黃宗羲云：

> 孟子曰：「天子一位，公一位，侯一位，伯一位，子男同一位，凡五等。……」蓋自外而言之，天子之去公，猶公、侯、伯、子、男之遞相去；自內而言之，君之去卿，猶卿、大夫、士之遞相去。非獨至於天子遂截然無等級也。昔者伊尹、周公之攝政，以宰相而攝天子，亦不殊於大夫之攝卿，士之攝大夫耳。後世君驕臣諂，天子之位始不列於卿、大夫、士之間，……不幸國無君長，委之母后，爲宰相者方避嫌而處，寧使其決裂敗壞，貽笑千古。無乃視天子之位過高所致乎？〔註 25〕

丞相制度尚存之時，雖然相權屢遭君權所壓制，但是丞相所代表的外廷在形式上仍享有與君王分庭抗禮的榮耀。「臣拜、君必答拜」、「丞相進，天子御座

則柔茸者相矣……。可印證上述第一點。參見〔清〕王夫之：《宋論》（長沙：嶽麓書社出版，1996 年 2 月），頁 122。

〔註 24〕朕罷丞相，設府、部、都察院分理庶政，事權歸於朝廷。嗣君不許復立丞相。臣下敢以請者置重典。〔清〕張廷玉：《明史》（北京：中華書局，1997 年 11 月，二十四史縮印本），卷三〈本紀三〉，頁 52～52。（洪武二十八年）

〔註 25〕〔清〕黃宗羲：《明夷待訪錄》；沈善洪、吳光編：《黃宗羲全集》（杭州：浙江古籍出版社，2005 年），〈置相〉，頁 8。

爲起」，都是例證。但是自朱元璋廢除丞相之後，皇帝總攬大權，就連在形式上能夠分庭抗禮的人都沒有，這種情形引發了君王的心理變化，「遂謂百官之設，所以事我；能事我者，我賢之，不能事我者，我否之。」將官員視爲奴才。君主生於深宮內院之內，長於婦人宦官之手，其尊貴無與倫比，要培養出一個具有能力仁德的君主是不容易的。爲了補救君主才德的不足，丞相更顯得不可缺。黃宗羲云：

> 古者不傳子而傳賢，其視天子之位，去留猶夫宰相也。其後天子傳子，宰相不傳子。天子之子不皆賢，尚賴宰相傳賢足相補救，則天子尚不失傳賢之意。宰相既罷，天子之子一不賢，更無與爲賢者矣。〔註26〕

古代君位傳賢不傳子，後世演變爲君位世襲制，這使得不適任的國君比比皆是。但是倘若擇賢而任的丞相制度不廢，縱使國君不賢，尚有丞相爲之主持，國家、政治不致陷入毀滅的局面。有人質疑，明太祖雖廢丞相，但是後的內閣制度不就相當於丞相嗎？黃宗羲對於這一種看法並不認同，他說：

> 或謂後之入閣辦事，無宰相之名而有宰相之實也。曰：不然。入閣辦事者，職在批答，猶開府之書記也。其事既輕，而批答之意又必自內授之而後擬之，可謂有其實乎？吾以謂有宰相之實者，今之宮奴也。……故使宮奴有宰相之實者，則罷丞相之過也。〔註27〕

在黃宗羲看來，內閣只相當於皇帝的秘書，並無決定大政的權力。反而擁有以往丞相大權的是——宦官。鑑於丞相之權旁落於宦官之手，黃宗羲主張恢復丞相一職，他設想著：

> 宰相一人，參知政事無常員。每日便殿議政，天子南面，宰相、六卿、諫官東西面以次坐。其執事皆用士人。凡章奏進呈，六科給事中主之，給事中以白宰相，宰相以白天子，同議可否。天子批紅。天子不能盡，則宰相批之。下六部施行。〔註28〕

黃宗羲所設想的大政決策過程是這樣的，宰相一人，副宰相數人，每天在便

〔註26〕〔清〕黃宗羲：《明夷待訪錄》；沈善洪、吳光編：《黃宗羲全集》（杭州：浙江古籍出版社，2005年），〈置相〉，頁8。

〔註27〕〔清〕黃宗羲：《明夷待訪錄》；沈善洪、吳光編：《黃宗羲全集》（杭州：浙江古籍出版社，2005年），〈置相〉，頁9。

〔註28〕〔清〕黃宗羲：《明夷待訪錄》；沈善洪、吳光編：《黃宗羲全集》（杭州：浙江古籍出版社，2005年），〈置相〉，頁9。

殿議政。天子、宰相、六卿、諫官等重要官員共同議政。若有章奏，先由六科給事中交給宰相，再由宰相進呈天子，共同決定大政。天子若不能一一對章奏下指示（批紅），則由宰相決定並發爲政令，不必再呈報天子。如果這個制度得以實行，首先，代表著所有的政策都經過大臣的商議，政策的合法性較高；其次，便殿議政必然耗費天子大量的時間，相對的也就限縮了批紅的數量，換言之絕大多數的政策是由宰相及同僚所決定的。最後，執事皆用士人可將宦官干政的機會降低。純就制度來講，這個設計是相當不錯的。但是不可否認的是，若君主仍擁有憑個人意志的生殺大權，就不能寄望宰相、大臣能以人民之立場擬定政策。只有限縮君權，使宰相之批紅有法律效力，才能使制度有得到保障。但是話說回來，黃宗羲《明夷待訪錄》本是爲後起之聖王而撰作的，所以筆者之設想或許在黃宗羲眼中根本不是問題。

（三）學　校

在黃宗羲的構想中，三代以上的學校非特爲養士之所，亦爲治理天下不可或缺的機構。亦即學校除了具有官員的儲備所的功能外，同時也是輿論及社會公義的守護者，學校所肯認的社會價值及政策，比政府系統更受人民信賴，於是政府不敢專恣自是，而處處以學校之意見爲施政之參考。他說：

> 學校，所以養士也。然古之聖王，其意不僅此也，必使治天下之具，皆出於學校，而後設學校之意始備。……天子之所是未必是，天子之所非未必非，天子亦遂不敢自爲非是，而公其非是於學校。〔註29〕

在此，古代的學校同時具備了人才養成、國是決策的功能，但是三代以下的學校呢？黃宗羲云：

> 三代以下，天下之是非一出於朝廷。天子榮之，則群趨以爲是；天子辱之，則群擿以爲非。簿書、期會，錢穀、戎獄，一切委之俗吏，……而其所謂學校者，科舉囂爭，富貴熏心。〔註30〕

三代以下，君權日益高漲，學校爲朝廷所收編、控管，被納入了正式體制之中。於是學校議政的功能萎縮了，只剩下了儲備人才的功能。學校的議政功

〔註29〕〔清〕黃宗羲：《明夷待訪錄》；沈善洪、吳光編：《黃宗羲全集》（杭州：浙江古籍出版社，2005年），〈學校〉，頁10。

〔註30〕〔清〕黃宗羲：《明夷待訪錄》；沈善洪、吳光編：《黃宗羲全集》（杭州：浙江古籍出版社，2005年），〈學校〉，頁10。

能既然委地不收，於是民間的書院承擔起原屬學校的議政功能。黃宗羲云：

> 於是學校變而爲書院，有所非也，則朝廷必以爲是而榮之；有所是也，則朝廷必以爲非而辱之。僞學之禁，書院之毀，必欲以朝廷之權與之爭勝。〔註 31〕

學校議政功能的失卻，當然與政府掌握了資源有關，資源受制於政府，自然也無法抨擊政府之失政了。但是政府之政策，總得仰賴制度外的知識分子不時針砭、建議，才不致悖離民意太遠。書院所是，朝廷所非；書院所非，朝廷所是，黃宗羲在寫下上述的文字時，浮現在心中的，或許就是一幕幕東林黨和和奄黨之間的爭鬥、父親之死、及東林書院之被毀的影像吧。學校（理想之學校）既然是人才養成及社會輿論及國政咨詢的機構，所以學官不應由政府選派而應由地方請知名學者來主持。他說：

> 郡縣學官，毋得出自選除。郡縣公議，請名儒主之。……其人稍有干於清議，則諸生得共起而易之曰：「是不可以爲吾師也。」其下有《五經》師，兵法、曆算、醫、射各有師，皆聽學官自擇。〔註 32〕

學官學養要好，品行亦要高尚，一旦品行不爲輿論所容，則應撤其學官之位。但是學官之權限也大，五經、兵法、曆算、醫、射各種領域之師的人選，都由學官來決定。郡縣之下，尙有廣大的鄉村地區。在傳統中國，這是一塊政府權力所不能有效管理的地區，在此區域多是由地方仕紳來維持社會的秩序，教育資源也相對貧乏。爲了彌補貧弱的教育資源，黃宗羲注意到了明末大量的生員階級。他說：

> 民間童子十人以上，則以諸生之老而不仕者充爲蒙師。故郡邑無無師之士，而士之學行成者，非主六曹之事，則主州教之務，亦無不用之人。〔註 33〕

大量的生員終其一生皆無仕宦之望，但是卻投入了一生的歲月。黃宗羲以老而不仕者之諸生爲鄉村之蒙師，一則可使初等教育更普及，同時也能解決大量的失業人口，可說是一舉兩得。地方有蒙學，中央則有太學。黃宗羲認爲

〔註 31〕〔清〕黃宗羲：《明夷待訪錄》；沈善洪、吳光編：《黃宗羲全集》（杭州：浙江古籍出版社，2005 年），〈學校〉，頁 11。

〔註 32〕〔清〕黃宗羲：《明夷待訪錄》；沈善洪、吳光編：《黃宗羲全集》（杭州：浙江古籍出版社，2005 年），〈學校〉，頁 11。

〔註 33〕〔清〕黃宗羲：《明夷待訪錄》；沈善洪、吳光編：《黃宗羲全集》（杭州：浙江古籍出版社，2005 年），〈學校〉，頁 11～12。

太學祭酒有糾舉國政之責，他說：

> 太學祭酒，推擇當世大儒，其重與宰相相等，或宰相退處爲之。每朔日，天子臨幸太學，宰相、六卿、諫議皆從之。祭酒南面講學，天子亦就弟子之列，政有缺失，祭酒直言無諱。〔註 34〕

太學相當於今之國立大學，任職於中的太學祭酒，應以品學兼優的之當世大儒或退休宰相任之。每月月初，太學祭酒南面講學，天子及高級官員則虛心受教，若國政有缺失，太學祭酒亦可直言其失不必避諱。黃宗羲對於太學祭酒的職位可說極爲尊重，但是其人選的產生不知具體的設計爲何？由「推擇」二字看來，似乎由共議產生，果眞如此，則弊病較少。若由天子決定人選，太學祭酒會不會成爲專制君王合理化其暴政的工具，則頗有疑問。天子素質之優劣即決定了百姓的憂樂，所以黃宗羲也注意到儲君的教育問題，年至十五大臣之子就學於太學，使知民之情僞並習於勞苦，他說：

> 天子之子，年至十五則與大臣之子就學於太學，使知民之情僞，且使之稍習於勞苦，毋得閉置宮中。〔註 35〕

上述引文似乎是極低的要求，但是我們只要稍微知道明光宗朱常洛因失神宗之寵，教育斷斷續續，後又因沈迷酒色而死；明熹宗識字不多，愛好工藝，國政爲魏忠賢所把持的歷史事實，就不能認爲這種要求失之過低。中央太學祭酒講學時，國君就弟子列；地方學官講學時，郡縣官亦就弟子列，他說：

> 郡縣朔望，大會一邑之縉紳士子。學官講學，郡縣官就弟子列。……郡縣官政事缺失，小則糾繩，大則伐鼓號於眾。〔註 36〕

崇禎十一年八月，復社發表了《南京防亂公揭》，以防止奄黨的阮大鋮東山再起，黃宗羲也參加了這次的活動。小野和子認爲發表《南京防亂公揭》意味著在野的生員們組織集團主動參與了政治。通過這樣在野的政治運動，生員層政治意識急速高昂，也產出了對組織起來集團之力的確信〔註 37〕。黃宗羲於〈劉瑞當先生墓誌銘〉曾回憶崇禎時期復社在文學及政治的影響力，

〔註 34〕〔清〕黃宗羲：《明夷待訪錄》；沈善洪、吳光編：《黃宗羲全集》（杭州：浙江古籍出版社，2005 年），〈學校〉，頁 12。

〔註 35〕〔清〕黃宗羲：《明夷待訪錄》；沈善洪、吳光編：《黃宗羲全集》（杭州：浙江古籍出版社，2005 年），〈學校〉，頁 12。

〔註 36〕〔清〕黃宗羲：《明夷待訪錄》；沈善洪、吳光編：《黃宗羲全集》（杭州：浙江古籍出版社，2005 年），〈學校〉，頁 12。

〔註 37〕〔日〕小野和子：《明季黨社考》（上海：上海古籍出版社，2006 年 1 月），頁 296。

其云：

> 崇禎間，吳中倡爲復社，以網羅天下之士，高才宿學多出其間，主之者張受先、張天如。……皆喜容接後進，標榜聲價，人士奔走，輻輳其門。……其間模楷之人，文章足以追古作，議論足以衛名教，裁量人物，譏刺得失，執政聞而意忌之，以爲東林之似續也。〔註38〕

上述引文的郡縣學官每月二次接受地方知識分子的考覈，施政有缺失就受到公評，進而受到輿論的制裁，這和南都防亂公揭的方法是有些類似的。

（四）科舉取士

魏晉南北朝的九品中正制，大權握於中正官之手，最後形成了「上品無寒門，下品無世族」的社會現象。隋朝創立了科舉制度，將政治資源開放給社會各階層，使地方精英能夠憑藉自身的努力，獲得在朝廷爲官的機會。這一制度實施後，傳統世家大族若無俊秀子弟登第以承繼家族的政治資源，家族的勢力就會趨於衰弱。同時，登第之民間秀異份子及其家族，將取而代之而爲新的世家大族。亦即，科舉制使社會流動更加快速，促成社會公義之實現〔註39〕。由上之分析，科舉制度應廣受歡迎才是，然而科舉制度卻屢遭訾議。科舉制度之所以屢遭訾議，並非制度本身不好，而在於考試的內容無法使眞正的精英脫穎而出。黃宗羲曾感嘆國家面臨存亡之際，知識分子毫無救亡圖存之策，〈贈編修弁玉吳君墓誌銘〉云：

> 儒者之學，經緯天地。而後世乃以語錄爲究竟，僅附答問一二條於伊、洛門下，便廁儒者之列，假其名以欺世。治財賦者則目爲聚斂，開閫扞邊者則目爲粗材，讀書作文者則目爲玩物喪志，留心政事者則目爲俗吏，……一旦有大夫之憂，當報國之日，則蒙然張口，如坐雲霧。〔註40〕

〔註38〕〔清〕黃宗羲：《南雷詩文集》；沈善洪、吳光編：《黃宗羲全集》（杭州：浙江古籍出版社，2005年），〈劉瑞當先生墓誌銘〉，頁335～336。

〔註39〕社會學將「社會流動」定義爲：人在社會結構空間中從一個地位向另一個地位的移動。社會移動依其流動模式又可分爲——開放式流動（不受限地流動）、封閉式流動（階層內的流動）、混合式的流動（某階層不開放流動（如皇帝），其餘則自由流動（如透過科舉作官）。王思斌：《社會學教程（第二版）》（北京：北京大學出版社，2005年6月），頁153～155。

〔註40〕〔清〕黃宗羲：《南雷詩文集》；沈善洪、吳光編：《黃宗羲全集》（杭州：浙江古籍出版社，2005年），〈贈編修弁玉吳君墓誌銘〉，頁433。

黃宗羲於〈蔣萬爲墓誌銘〉云：

> 今日科舉之法，所以破壞天下之人才，唯恐不力。經、史，才之藪澤也，片語不許攙入，限以一先生之言，非是則爲離經畔道，而古今之書，無所用之。言之合於道者，一言不爲不足，千言不爲有餘，限之以七義，徒欲以荒速困之，不使其才得見也。二場三場，置之高閣，去取止在頭場：頭場之六義，亦皆衍文，去取定於首義。〔註 41〕

明朝科舉考試共考三場。初場《四書》義三道（原注：依朱注），經義四道（原注：大率用程朱）。二場論一道，判五道，詔、誥、表內科一道。三場經、史時務策五道。不過，主司閱卷多以初場之卷爲準，而不深求其二、三場，因此學者便把精力全部集中於《四書》義、經義的部分〔註 42〕。尤有甚者，有些士子投機取巧，只讀一些八股範文卻不研讀原典，竟也能中式。《萬曆野獲編》云：

> 科場帖括，蹈襲成風，即前輩名家垂世者，亦間有藍本。然未聞全場勦刻文，登高第者。惟近科乙未會試第二名，以尚書出鄒泗太史之門，其卷爲房師所賞，薦爲榜首。終爲易房陶石簣太史所壓，取會元去，鄒大以爲恨。比出闈，則知眾譁然，有言前場七藝，盡錄坊刻，自破題自結題，不易一字。〔註 43〕

《儒林外史》亦云：

> 魯編修因無公子，就把女兒當作兒子。五六歲上請先生開蒙，讀的是四書、五經；十二歲就講書、讀文章，先把一部王守溪的稿子讀的滾瓜爛熟。教他做「破題」、「破承」、「起講」、「題比」、「中比」成篇。……這小姐資性又高，記心又好；到這時，王、唐、瞿、薛（原注：王鏊、唐順之、瞿景淳、薛應旂，都是明朝的八股文名家），以及諸大家之文，歷科程墨，各省宗師考卷，肚裏記得三千餘篇。〔註 44〕

〔註 41〕〔清〕黃宗羲：《南雷詩文集》；沈善洪、吳光編：《黃宗羲全集》（杭州：浙江古籍出版社，2005 年），〈蔣萬爲墓誌銘〉，頁 493。

〔註 42〕錢穆：《國史大綱（下冊）》（台北：台灣商務印書館，1996 年 11 月），頁 696。

〔註 43〕〔明〕沈德符：《萬曆野獲編（中）》（北京：中華書局，1959 年 2 月），卷十六〈錄舊文〉，頁 424。

〔註 44〕〔清〕吳敬梓：《儒林外史》（台北：聯經出版公司，1991 年 11 月），十一回

由《萬曆野獲編》、《儒林外史》之引文，不難看出明朝之八股取士之法使投機份子有機可乘。於是黃宗羲主張恢復墨義古法，來杜絕投機現象。他說：

> 余謂當復墨義古法，使爲經義者，全寫《注疏》、《大全》、漢宋諸儒之說，一一條具於前，而後申以己意，亦不必墨守一先生之言，由前則空疏者絀，由後則愚蔽者絀，亦變浮薄之一術也。〔註45〕

又說：

> 今第一場經義，第二場論、表、判，第三場策五道。經義當依朱子之法，通貫經文，條陳眾說，而斷以己意，不必如今日分段、破題、對偶敷衍之體。論以觀其識見，表以觀其綺靡，判當設爲甲乙，以觀其剖決。策觀其通今致用，所陳利害，其要如何，無取德性言語，勦從套括。嗟乎！舉子苟能通此，是亦足矣。〔註46〕

《明夷待訪錄·取士上》之全寫注疏、大全、漢宋諸儒之說，即《破邪論·科舉》之通貫經文，條陳眾說，主要考覈應試者是否博覽熟誦。如果資質不佳，投機取巧將在此關被淘汰。博覽熟誦只是做學問的初步，最重要的是能申以己意、斷以己意——即融會貫通諸家之精華，並知諸家之說的利弊。十年寒窗，多少個淒冷寒夜，伴隨著孤單身影，所圖的無非是金榜題名，光耀門楣。明中葉以後，參加科舉考試的士子增加，但是錄取名額並未隨之增加，導致了大量的落第士人滯留民間。黃宗羲云：

> 古之取士也寬，其用士也嚴；今之取士也嚴，其用士也寬。古之鄉舉里選，士之有賢能者，不患於不知。降而唐宋，其爲科目不一，士不得與於此，尚可轉而從事於彼，是其取士之寬也。……唐之士，及第者未便解褐，入仕吏部，又復試之。韓退之三試於吏部無成，則十年猶布衣也。宋雖登第入仕，然亦止是簿尉令錄，榜首纔得丞判，是其用之之嚴也。寬於取則無枉才，嚴於用則少倖進。今也不然，其所以程士者，止有科舉之一途，雖使古豪傑之士，若屈原、司馬遷……舍是亦無由而進取之，不謂嚴乎哉？一日苟得，上之列於侍從，下亦寘之郡縣，即其黜落而爲鄉貢者，終身不復取解，授

〈魯小姐制義難新郎楊司訓相府薦賢士〉，頁105。

〔註45〕〔清〕黃宗羲：《明夷待訪錄》；沈善洪、吳光編：《黃宗羲全集》（杭州：浙江古籍出版社，2005年），〈取士上〉，頁15。

〔註46〕〔清〕黃宗羲：《破邪論》；沈善洪、吳光編：《黃宗羲全集》（杭州：浙江古籍出版社，2005年），〈科舉〉，頁205。

之以官，用之又何其寬也！嚴於取，則豪傑之老死邱（丘）壑者多矣；寬於用，此在位者多不得其人也。〔註 47〕

黃宗羲認爲若士子進入中央的途徑不限於科舉一途（寬於取），在野之英才易於進入朝廷；進入朝廷的士子固然具備了一定的文化素養，但不表示也有行政的能力。於是在正式授與官職之前，必先考覈其政治才能，若不具政治才幹，則仍不能爲官，此即嚴於用。寬於取，使士子有更多的從政機會；嚴於用，使百姓有更多活下去的機會。反過來，嚴於取，士子老死民間；寬於用，官職不得其人。黃宗羲又云：

究竟功名、氣節、人物不及漢唐遠甚，徒使庸妄之輩充塞天下。豈天之不生才哉？則取之之法非也。吾故寬取士之法，有科舉、有薦舉、有太學、有任子、有郡邑佐、有辟召、有絕學、有上書，而用之之嚴，附見焉。〔註 48〕

科舉之法的考試內容，包括了《易》、《詩》、《書》、《三禮》、《大戴禮記》、《三傳》、《四書》等經學知識；周敦頤、程顥、程頤、張載、朱熹、陸九淵等理學知識；《孫子兵法》、《吳子兵法》等軍事知識；荀子、董仲舒、揚雄、文中子、管仲、韓非、老子、莊子所著的重要子書；《左傳》、《國語》、《史記》、《漢書》、《後漢書》、《三國志》、《晉書》、《南史》、《北史》、《舊唐書》、《新唐書》、《五代史》、《宋史》、《明實錄》等史書。以上諸書之類別，分屬經類、史類、子類三大類。黃宗羲不但對科舉考試的科目要求繁多，並且經學類要求答卷之時要先條舉注疏及後儒之說，而後申以己意。筆者以爲，若眞按照黃宗羲所設計的科舉考試之法，應考者當極爲稀少。因爲科目實在太多，要求實在太苛，能達到這種程度的士子，能有幾人？實在令人懷疑。其他諸法如：薦舉，是地方官舉鄉賢一人於朝廷而試驗其政治才能；太學，則是由太學生中擇優爲官之法；任子，是使官員子弟在地方、中央學校受教育的措施；郡縣佐則是選拔地方優秀吏員入中央的方法；辟召則是官員推薦手下吏員給中央的辦法；絕學則是使精通曆算、樂律、火器、水利等特殊學問的人有到中央爲官的管道。黃宗羲所設計的取士之法的確是有助於擁有實際政治能力及其自然科學知識的人在朝爲官，但是各種途徑的難易程度差異太大必然會造成

〔註 47〕〔清〕黃宗羲：《明夷待訪錄》；沈善洪、吳光編：《黃宗羲全集》（杭州：浙江古籍出版社，2005 年），〈取士下〉，頁 16。

〔註 48〕〔清〕黃宗羲：《明夷待訪錄》；沈善洪、吳光編：《黃宗羲全集》（杭州：浙江古籍出版社，2005 年），〈取士下〉，頁 17。

由某些途徑出身的不爲他人所重的現象。

第二節　經濟領域

黃宗羲在經濟領域方面，他關心的主要有三個方面：一是稅率及田制，一是貨幣的選擇及流通，三是由誰來執行賦稅徵收這一個工作。在稅率上，他以爲 10% 的稅率太高；在田制上，他以爲井田可復。在貨幣問題方面，他主張以銅幣及紙鈔來代替流通量不足白銀。在稅收執行者方面，他以爲只要以差役及士人來執行稅收，就可杜絕胥吏之病。其理論之可行與否，將於下文討論。

一、稅率與田制

黃宗羲認爲，三代的井田制度雖然十而稅一，但因土地皆國有，所以與漢之十五而稅一或三十而稅一相比，人民所承受的稅賦並未較高。後世不察，以爲十一而稅，是古今通則，卻不深究公田與私田之別，致使民不聊生。《明夷待訪錄・田制一》云：

> 井田既壞，漢初十五而稅一，文景三十而稅一，……蓋坐地廣大，不能縷分區別，總其大勢，使瘠土之民不至於甚困而已。……夫三十而稅一，下下之稅也。當三代之盛，賦有九等，不能盡出於下下，漢獨能爲三代之所不能爲者。豈漢之德過於三代歟？古者井田養民，其田皆上之田也。自秦而後，民所自有之田也。上即不能養民，使民自養，又從而賦之，雖三十而稅一，較之於古，亦未嘗爲輕也。〔註 49〕

三代之十而稅一、漢朝十五而稅一或三十而稅一的賦稅原則是：「不困瘠土之民」。公田百姓可承受十而稅一的賦稅、私田可承受十五至三十而稅一的賦稅，超過了這個稅率，就太重了。漢以後的各朝，不明白公田、私田稅率的差別，一味地以爲十而稅一是通則，《明夷待訪錄・田制一》云：

> 至於後世，不能深原其本末，以爲什一而稅，古之法也。……必欲合於古法。九州之田不授於上，而賦以什一，則是以上上爲則也。以上上爲則，而民焉有不困者乎？〔註 50〕

〔註 49〕〔清〕黃宗羲：《明夷待訪錄》；沈善洪、吳光編：《黃宗羲全集》（杭州：浙江古籍出版社，2005 年），〈田制一〉，頁 23。

〔註 50〕〔清〕黃宗羲：《明夷待訪錄》；沈善洪、吳光編：《黃宗羲全集》（杭州：浙

10% 的稅率（土地稅），在人民土地私有的情形下，是極高的。人民會因這種稅率而生活困苦。尤有甚者，10% 的稅率只是國家太平時期的稅率，國家有戰爭或其他支出時，百姓所承擔的稅負又遠高於此。《明夷待訪錄・田制一》云：

> 而兵興之世，又不能守其什一者，其賦之於民，不任田而任用，以一時之用制天下之賦，後王因之。後王既衰，又以其時之用制天下之賦，而後王又因之。……今天下之財賦出於江南，江南之賦至錢氏而重，宋未嘗改；至張士誠而又重，有明亦未嘗改。故一畝之賦，自三斗起科至於七斗；七斗之外，尚有官耗、私增，計共一歲之穫，不過一石，盡輸於官然且不足。乃其所以至此者，因循亂世苟且之術也。〔註 51〕

戰爭時加稅，似乎無可厚非，但是最主要的問題在於：負責國家稅收的稅吏並非國家正式的編制人員，收稅時又有折色、火耗諸多名目，這使得胥吏有上下其手的機會。雖然中央政府只加 5% 稅收，但老百姓實際卻有可能多納了 10%。政府加稅的部分，政府所得甚少而百姓失血甚多，一大部分的錢進入了私人口袋。此外，爲了應付各種緊急狀況的加稅，狀況解除後，稅賦卻仍而不改，於是稅賦最後超過了人民所能承擔的極限。在傳統中國的農業社中，田賦的稅率固然是一個重要的問題，土地兼併所引發的貧富不均也同樣是一個重要的課題。稅率和土地兼併的問題，若不能好好處理，直接的後果就是最底層的農民無法生存。至於解決土地兼併的方法，傳統的解決方法不外乎是提倡井田制或者均田制，黃宗羲主張恢復井田制，他說：

> 余蓋於衛所之屯田，而知所以復井田者，亦不外於是矣。世儒於屯田則言可行，於井田則言不可行，是不知二五之爲十矣。〔註 52〕

黃宗羲以爲屯田和井田的道理相同，屯田既可行於明初，則井田制並非絕不可行。他說：

> 每軍撥田五十畝，古之百畝也，非即周時一夫授百畝乎？五十畝科正糧十二石，聽本軍支用，餘糧十二石，給本衛官軍俸糧，是實徵

江古籍出版社，2005 年），〈田制一〉，頁 23。

〔註 51〕〔清〕黃宗羲：《明夷待訪錄》；沈善洪、吳光編：《黃宗羲全集》（杭州：浙江古籍出版社，2005 年），〈田制一〉，頁 23～24。

〔註 52〕〔清〕黃宗羲：《明夷待訪錄》；沈善洪、吳光編：《黃宗羲全集》（杭州：浙江古籍出版社，2005 年），〈田制二〉，頁 25。

> 十二石也。每畝二斗四升，亦即周之鄉遂用貢法也。天下屯田見額六十四萬四千二百四十三頃，以萬曆六年實在田土七百一萬三千九百七十六頃二十八畝律之，屯田居其十分之一也，授田之法未行者，特九分耳。由一以推之九，似亦未爲難行。況田有官民，官田者，非民所得而自有者。州縣之內，官田又居其十分之三。以實在田土均之，人戶一千六十二萬一千四百三十六，每戶授田五十畝，尚餘田一萬七千三十二萬五千八百二十八畝，以聽富民之所占，則天下之田自無不足，又何必限田、均田之紛紛，而徒爲困苦富民之事乎！故吾於屯田之行，而知井田之必可復也。〔註 53〕

在黃宗羲看來，屯田制占全國可耕地的十分之一，此十分之一的土地既然曾經成功地施行屯田制，其餘的十分之九的土地當然也可以成功施行。由理論層次看來，梨洲的看法似乎持之有故、言之成理，但是如果我們知道萬曆初年的土地測量恐有誇大之實及人口的數量遠超過梨洲原先的估計，就不敢太樂觀了〔註 54〕。其次，土地之地力差距甚大，每戶所受之五十畝其產量能均乎？若不能，如何能使百姓樂於遵從？再者，縱使地力均等，人之勤惰強弱亦不相當，有人僅可耕三十畝，有人則可耕七十畝，一戶五十畝的分配方法，是否能使地盡其力？最後，依梨洲之設計分配土地後所餘之土地極其有限，如何應付人口的增加？這些都是顯而易見的問題。難怪張舜徽要說：大抵顧氏論治，大張「法古用夏」之幟，與黃宗羲必欲復封建井田，同爲食古不化之過也。學者讀其書，自當知其所短。〔註 55〕

二、以銅幣及紙鈔代替白銀

（一）白銀不足之害

明代實施一條鞭法後，傜役併入田賦，稅制改爲以徵收貨幣（銅錢、白

〔註 53〕〔清〕黃宗羲：《明夷待訪錄》；沈善洪、吳光編：《黃宗羲全集》（杭州：浙江古籍出版社，2005 年），〈田制二〉，頁 25～26。

〔註 54〕據黃仁宇的說法，1600 年中國的人口數約爲一億五千萬左右。梨洲井田制其人口預估爲 10,621,436 戶，若一戶五口人計，也不過是 53,107,180 人；以六口計，63,728,616 人；以八口計，84,971,488 人。不論是五口計、六口計、八口計，其人數皆遠遜於今日學者所預估的明末人口之數量，所以授土之法必不可行。

〔註 55〕張舜徽：《清人筆記條辨》（武漢：華中師範大學出版社，2004 年 3 月），頁 4。

銀）爲主。這種做法使得沒有土地的就免除了徭役，人身得以自由。但同時也使得地主階層失去了廉價的勞動力，於是轉而將土地出租給佃農。這使得租佃制度在明清極爲盛行。在明清的租佃制中，以分益制及定額制最爲普遍，這兩種制度所要求的田租大約是土地產值的一半〔註 56〕。由於定額制是不論收成好壞，田租都要照原先議定的數額交納，所以佃農生存處境極爲艱困。其實不但是佃農難以維生，小農的生存處境也好不了多少，一旦面臨天災人禍，小自耕農及佃農都是受災最嚴重的。即使在無天災人禍的太平之世，他們也往往因納稅無銀而無以自存。黃宗羲呼籲「欲天下安富，必廢金銀」，並斷言唐以前交廣以外的地區，上而賦稅、下而市易，都不用金銀爲貨幣，宋朝才有人以金銀爲貨幣，但未通行。到了元朝，金銀才成爲流通的貨幣。明初，雖曾禁金銀交易，但是允許百姓以金銀換鈔於官，但是由於鈔（紙幣）不斷貶值，得不到人民的信賴；明中葉後，賦稅市易，銀乃單行。白銀成爲貨幣，使黃宗羲極爲緊張，他說：

> 故至今日，而賦稅市易，銀乃單行，以爲天下之大害。蓋銀與鈔爲表裏，銀之力絀，鈔以舒之。……今鈔既不行，錢僅爲小市之用，不入賦稅，使百務併于一途，則銀力竭。……今礦所封閉，間一開採，又使宮奴專之，以入大內與民間無與，則銀力竭。二百餘年，天下金銀綱運至于燕京，如水赴壑。承平之時，猶有商賈官吏返其十分之二三，多故以來，在燕京者既盡泄之邊外，而富商大賈、達官猾吏，自北而南又能以其資力盡斂天下之金銀而去。此其理尚有往而復返者乎？〔註 57〕

黃宗羲認爲，銀和鈔是相輔相成的，都是賦稅市易所不可缺。後因鈔法不行，白銀成爲最主要的流通貨幣，也使得白銀不敷使用，即所謂的銀力竭。銀力之竭原因固然與納稅、交易廣泛使用等需求量大有關，但是也與銀子被宦官運入皇宮使流通的銀數減少有關。納稅、宦官運銀入宮，數量極爲龐大；相

〔註 56〕明代也是分益制度（銘按：收穫之農作物，田主佃農對半均分）與定額制度並存的時期，也就是定額制度逐漸取代分益制的過渡時期。定額租制是由分益制演變而成的，通常是以常年產量的一半來作爲租額。「定額租制」又稱爲「硬租」或「硬交不讓」，也就是不論收成好壞，田租都要照原先議定的數額交納。趙岡、陳鍾毅：《中國經濟制度史論》（台北：聯經出版公司，1986 年 3 月），頁 179～186。

〔註 57〕〔清〕黃宗羲：《明夷待訪錄》；沈善洪、吳光編：《黃宗羲全集》（杭州：浙江古籍出版社，2005 年），〈財計一〉，頁 37～38。

反的，由宮中所流出的銀子卻極爲有限。這種不均等的雙向交流：民間→皇宮（數量大）；皇宮→民間（數量少），長久以後便會造成白銀在民間的流通量變少。銀子的購買力因而上升，這不但促使富商大賈藏銀，同時也導致物價下跌〔註 58〕。黃宗羲觀察到了這個現象，他說：

> 夫銀力已竭，而稅賦如故也，市易如故也。皇皇求銀，將於何所？故田土之價，不當異時之十一，豈其壤瘠與？曰：否，不能爲賦稅也。百貨之價，亦不當異時之十一，豈其物阜與？曰：否，市易無資也。〔註 59〕

稅賦以銀，但銀的數量不足。銀在此反而成爲奇貨可居的貨物，納稅者爲了完成納稅的任務，不得不以更多的穀物、或其他物資來交換白銀以便納稅。黃仁宇論述十六世紀明代的財政時也觀察到同樣的現象。他說：在明朝滅亡前的七十二年間，海外輸入中國的銀元至少在一億元以上。……但是似乎存在這樣一個事實，在十六世紀晚期流通中銀的數量並不很多。有證據表明，當稅收折銀以後，收割後的農產品價格有急速下降的趨向。……價格變動在任何情況下都可以發生，但是變化的劇烈程度表明不充足的貨幣供給可能是一個關鍵因素。〔註 60〕

（二）以銅錢紙鈔代白銀

對於貨幣供給不足的現象，黃宗羲不去質疑明朝政府時禁時弛的海外貿易政策，反而想要將業已商業化的社會退縮致單純的農業社會，他說：

> 吾以爲非廢金銀不可，廢金銀其利有七。粟帛之屬，小民力能自致，則家易足，一也；鑄錢以通有無，鑄者不息，貨無匱竭，二也；不藏金銀，無甚貧甚富之家也，三也；輕齎不便，民難去其鄉，四也；官吏贓私難覆，五也；盜賊胠篋，負重易跡，六也；錢

〔註 58〕貨幣供給不但會與利率和所得有關，更與物價高低緊密地結合在一起。若市場上的商品數量不變，則當貨幣供給增加時，會造成過多的貨幣追逐同樣數量的商品，其結果會導致物價上升；相反，若貨幣供給減少，則出現較少的貨幣追求同樣數量的商品，其結果易出現物價下跌。高希均、林祖嘉合著：《經濟學的世界（下）》（北京：生活・讀書・新知三聯出版社，1999 年 12 月），頁 665。

〔註 59〕〔清〕黃宗羲：《明夷待訪錄》；沈善洪、吳光編：《黃宗羲全集》（杭州：浙江古籍出版社，2005 年），〈財計一〉，頁 38。

〔註 60〕黃仁宇：《十六世紀明代中國之財政與稅收》（台北：聯經出版公司，2001 年 1 月），頁 92。

鈔路通，七也。〔註 61〕

黃宗羲以爲，廢金銀（主要是白銀）有七利：第一，以粟帛納稅，老百姓可免於納稅時農產品價跌之苦；第二，銅錢可取而代之；第三、縮短貧富差距；第四，民安於土；第五，貪污現形；第六，治安變好；第七，錢鈔通行。黃宗羲所言的七利有許多是不可行的。明初成化、弘治年間，民間社會存在一種自下而上的白銀貨幣化趨勢，作爲寶鈔最強勁對立物的白銀，最後逐漸佔據了合法主幣的地位〔註 62〕。何以白銀能貨幣化？這是因爲地理大發現後，中西貿易頻仍，由美洲及日本輸入了大量白銀。白銀既達到相當的數量，又具有稀少性及耐久性的特點，自然被人們視爲貨幣使用。一條鞭法納稅用銀，只不過是順應白銀貨幣化的潮流罷了。我們試想，若納稅納實物，中央政府必然積聚了極大量的穀物、布帛，這些農產品在二、三年後必然無法食用，國家的稅收不就化爲烏有了嗎？一旦國家有緊急用途，將如之何？其次，廢銀固然可使財富不易蓄積，進而縮小貧富差距，但是這也必然會傷害商業活動，因爲銅錢的幣值太小，不利進行數額較大的交易行爲。再次，民去其鄉可能是因爲家鄉人口眾多土地稀少，不離鄉難以生存。輕齎不便，不是正好逼他們去死嗎？最後，貪污或許會減少、治安或許會變好，但是商業活動必然不振、景氣必然蕭條，廢銀之得失，應再細思。黃宗羲既然主張廢銀，當然必須提出替代的方案，他的替代方案爲：以銅錢、紙幣代替白銀。他說：

〔註 61〕〔清〕黃宗羲：《明夷待訪錄》；沈善洪、吳光編：《黃宗羲全集》（杭州：浙江古籍出版社，2005 年），〈財計一〉，頁 38。

〔註 62〕萬明以所見明代徽州地區（主要是祁門、休寧、歙縣）土地買賣交易契約四百二十七件中的通貨使用情況，編制成表，並沿著民間與官方的兩條線索進行考察，通過具體分析，說明明初至成、弘年間，民間社會存在一種自下而上的白銀貨幣化趨勢，作爲寶鈔最強勁對立物的白銀，最終不以統治者意志爲轉移，逐漸佔據了合法主幣的地位。白銀貨幣化的進程，是由自下而上的趨勢轉而爲自上而下全面鋪開的，轉折標誌不在正統初，而是在成、弘以後；主要是民間趨勢促動的結果，而不是國家法令推行的結果。《明史·食貨志》高度概括了正統初年以後的白銀貨幣化過程，以致出現了誤導，應予澄清。參見萬明：《明代白銀貨幣化的初步考察》，《中國經濟史研究》2003 年第二期。此文在 2001 年 4 月慶祝香港大學創校九十周年"明清史國際研討會"論文基礎上修改成文，根據安徽省博物館編：《明清徽州社會經濟資料叢編》第一集（中國社會科學出版社 1988 年版），中國社會科學院歷史所徽州文契整理組：《明清徽州社會經濟資料叢編》第二集（中國社會科學出版社 1990 年版）。

> 錢幣所以爲利也，唯無一時之利，而有久遠之利。以三四錢之費，得十錢之息；以尺寸之楮，當金錢之用，此一時之利也。使封域之内，常有千萬財用流轉無窮，此久遠之利也。後之治天下者，常顧此而失彼，所以阻壞其始議也。有明欲行錢法而不能行者，一曰：惜銅愛工。錢既惡薄，私錢繁興；二曰：折二折三，當五當十，制度不常；三曰：銅禁不嚴，分造器皿；四曰：年號異文。此四害者，昔之所同。五曰：行用金銀，貨不歸一；六曰：賞賚賦稅，上行於下，下不行於上。昔之害錢者四，今之害錢者六，故今日之錢，不過資小小貿易，公私之利源，皆無賴焉。是行錢與不行錢等也。誠廢金銀，使貨物之衡盡歸于錢，京省各設專官，鼓鑄有銅之山，官爲開採，民間之器皿、寺觀之像設，悉行燒毀入局。千錢以重六斤四兩爲率，每錢重一錢，制作精工，樣式畫一，亦不必冠以年號。斂田土、賦粟帛外，凡鹽酒征榷，一切以錢爲稅。如此而患不行，吾不信也。〔註63〕

黃宗羲認爲要使錢、鈔流通，不能圖一時之利，而要重久遠之利。他進而指出明朝之錢法不行的原因在於，錢幣惡薄、制度常改、銅源短缺、改幣頻仍（換年號），這四個原因常使民眾蒙受極大的損失，所以銅幣無法取得百姓的信任。黃宗羲所提的對治之法爲：禁止以金銀爲貨幣，大量鑄錢。爲使銅源充足，禁止民間以銅爲器皿、佛像。並且每錢重一錢，製工講究，以免民眾因幣質不佳而蒙受損失或銅值高於一錢而毀幣圖利。此外，一旦發行銅幣，便以銅錢納稅及與政府交易，這幾個管道同時進行，銅錢必然能成爲通行的貨幣。銅錢之外，黃宗羲也分析了明代紙幣不通行的原因，他說：

> 有明欲行鈔法而不能行者，崇禎間桐城諸臣蔣臣言鈔法可行。……上特設内寶鈔局，晝夜督造，募商發賣，無肯應者。大學士蔣德璟言：「以一金易一紙，愚者不爲。」〔註64〕

我們對紙幣的信心是建構在別人對這些紙幣的信心上的〔註65〕。所以當政府

〔註63〕〔清〕黃宗羲：《明夷待訪錄》；沈善洪、吳光編：《黃宗羲全集》（杭州：浙江古籍出版社，2005年），〈財計二〉，頁38～39。

〔註64〕〔清〕黃宗羲：《明夷待訪錄》；沈善洪、吳光編：《黃宗羲全集》（杭州：浙江古籍出版社，2005年），〈財計二〉，頁39。

〔註65〕在印度，如果盧比紙幣被揉成一團、髒污不堪，大多數從事交易的人都不願意接受。……而且損毀的盧比在各家銀行都能換成新鈔。……當理性的人們

漫無節制地發行紙鈔，想以紙鈔易白銀，任何人都可以預測紙鈔必然會貶值，最後成爲廢紙一張，進而失去了對紙幣的信心，這是明朝鈔法不行的主要原因。接著黃宗羲追遡紙幣的起源及宋朝成功發行、使用紙幣的原因，他說：

> 按鈔起于唐之飛錢，猶今民間之會票也。至宋而始官制行之，然宋之所以得行者，每造一界，備本錢三十六萬緡，而又佐之以鹽酒等項。蓋民間欲得鈔，則以錢入庫，欲得錢則以鈔入庫，欲得鹽酒則以鈔入諸務，故鈔之在手與見錢無異。其必限之以界者，一則官之本錢當使與所造之鈔相準，非界則增造無異；一則每界造鈔若干，下界收鈔若干，詐僞易辨，非界則收造無數。宋之稱提鈔法如此，即元之所以得行者，隨路設立官庫，貿易金銀平準鈔法。有明寶鈔庫，不過倒收舊鈔，凡稱提之法，俱置不講，何怪乎其終不行也。毅宗言利之臣，不詳其行壞之始末，徒見尺楮張紙，居然可當金銀。但講造之之法，不講行之之法。官本無錢，民何以信？故其時言可行者，猶見彈而求炙也。然誠使停積錢緡，五年爲界，斂舊鈔而焚之，官民使用。在關即以之抵商税，在場即以之易鹽引，亦何患其不行？且誠廢金銀，則穀帛錢緡不便行遠，而裹括尺寸之鈔，隨時可以變易，在仕宦商賈，又不得不行。〔註 66〕

宋朝之所以能使民間信用紙鈔，最主要的原因在於發行若干紙鈔就有同等數額的準備金，所以民眾能信任政府；其次，鈔、錢可隨時互易，又可購買鹽酒，紙鈔的功能與錢無異。再者，發鈔之數量及回收的數量相準，民間僞鈔易於辨識剔除。明朝鈔法不行的原因，在於只知一味回收舊鈔，既無準備金，又不知發行了多少，回收了多少，民間僞鈔無法辨別，民眾損失無法免除。黃宗羲主張採用宋朝的做法，以獲得人民的信任。

三、以差役士人代胥吏

明代地方正式的行政人員嚴重不足，即使最大的縣也不會超過三十個有

認爲別人可能不會接受，縱然是合法貨幣，也會拒絕收受。這古怪的現象更印證了：我們對紙幣的信心是建構在別人對這些紙幣的信心上。查爾斯・惠倫著、胡瑋珊譯：《聰明學經濟的十二堂課》（台北：先覺出版社，2003 年 11 月），頁 204。

〔註 66〕〔清〕黃宗羲：《明夷待訪錄》；沈善洪、吳光編：《黃宗羲全集》（杭州：浙江古籍出版社，2005 年），〈財計二〉，頁 39～40。

薪俸的位置，這些有限的人手要負責所有的地方行政事務，包括稅收、審判、治安、交通、教育、公共工程和社會賑濟等〔註 67〕。於是，在正式的政府人員之外，不得不任用體制之外的人員來執行政務，胥吏就是因應這種需求而產生的。胥吏營私舞弊的現象，經常出現於明末的各種文獻之中。黃宗羲也注意到了胥吏對社會所造成的危害，他說：

> 古之胥吏者一，今之胥吏者二。古者府吏胥徒，所以守簿書，定期會也；其奔走服役，則以鄉户充之。自王安石改差役爲顧（雇）役，而奔走服役者，亦化爲胥吏矣。故欲除奔走服役吏胥之害，則復差役；欲除簿書期會吏胥之害，則用士人。〔註 68〕

《虞諧志・糧胥傳第三》云：錢糧之有由單，定賦額也；徵糧之有比簿，稽完欠也〔註 69〕。黃宗羲所云「守簿書，定期會也」之簿書，即用以稽覈是否完稅之登記簿，而期會則是納稅之日期，這一類工作屬於文書的工作。另有一類人，負責下鄉催繳的任務，即所謂的「奔走服役者」。尙湖漁夫曾描述胥吏簿書做弊的情形，他說：吳中財賦甲天下，加派名目不一，而常熟胥吏，因緣爲奸，尤劇於他縣。每歲由單不發，浮徵加派無從究詰，亦不可勝數。而比簿張李互換，完欠虛開糧書。藏匿泛供，奸戶私相知會，互爲隱占，莫究其根。而良民已完復納，已納復徵，有囚執赴比號泣于道者。或問之，曰：噫！完者再矣。曰：完者三矣〔註 70〕。「比簿張李互換，完欠虛開糧書」將已納稅者及未納稅者的名單互換，自然會造成已稅納者必須再度繳稅的結果，有人二納、有人三納，最後卻以欠稅的罪被囚。對於簿書作弊的現象，黃宗羲認爲只要用士人代替原先無賴的胥吏，就可免除弊端。筆者以爲，用士人或許弊端會減輕些。但是「利之所在」，單憑道德觀念的約束力是否就能防止弊端的產生，則有待商榷。黃宗羲進一步分析吏胥敢於作弊害民的原

〔註 67〕黃仁宇：《十六世紀明代中國之財政與稅收》（台北：聯經出版公司，2001 年 1 月），頁 214。

〔註 68〕〔清〕黃宗羲：《明夷待訪錄》；沈善洪、吳光編：《黃宗羲全集》（杭州：浙江古籍出版社，2005 年），〈胥吏〉，頁 41～42。

〔註 69〕〔明〕尚湖漁夫：《虞諧志・糧胥傳第三》，轉引自謝國楨選編、牛建強校勘：《明代社會經濟史料選編（下）》（福州：福建人民出版社，2004 年 5 月），頁 248。

〔註 70〕〔明〕尚湖漁夫：《虞諧志・糧胥傳第三》，轉引自謝國楨選編、牛建強校勘：《明代社會經濟史料選編（下）》（福州：福建人民出版社，2004 年 5 月），頁 248。

因，他說：

> 蓋吏胥之敢于爲害者，其故有三：其一，恃官司之力，鄉民不敢致難；差役者，則知我之今歲致難於彼者，不能保彼之來歲不致難於我也。其二，一爲官府之人，一爲田野之人，既非同類，自不相顧；差役者，則儕輩爾汝，無所畏忌。其三，久在官府，則根株窟穴牢不可破；差役者，伎俩生疏，不敢弄法。是故坊里長同勾當於官府，而鄉之於坊里長，不以爲其害者，則差與僱之分也。〔註71〕

人們結成社會群體，不外乎血緣、地緣、業緣三個緣由。明代官制，任地方官員有回避制，即不可擔任故鄉之縣令，這種制度足以割斷地方官和任所的血緣及地緣關係。一個地方官初至一個人生地不熟的地區，所能依賴的就是和他有業緣關係的胥吏。由於這樣的制度背景，使地方官極度依賴胥吏的幫助，這也造就了胥吏敢於施虐，恃官司之力、官府之人、根株窟穴宰不可破，都可視爲縣官依賴，胥吏的必然結果。胥吏既然危害不淺，黃宗羲主張以差役取代胥吏來防止弊端。原因是：人人皆可能任差役，故不可能惡意刁難；其次，差役與繳稅者同爲民，故無須畏忌；再者，差役爲臨時性任務，擔任者不知如何作弊。筆者以爲，以差役取代胥吏，利弊各半。何以言之？首先，以差役代胥吏固然有黃宗羲所舉之諸優點，但是收稅任務繁重，欲收齊稅收恐怕曠日費時，任役者能承受嗎？其次，差役者的身分爲民，如何面對勢家大族的抗稅不納？再者，有人欠稅當由誰來負責補足？這些都是很大的問題。在第二章第四節「正額不足與加派之害」中，筆者曾在黃仁宇的稅收不足對納稅人不利論點的基礎上，指出若要國家、人民兩獲其利，中央應該將稅收人員納入正式的編制之中，嚴格控制稅收過程，使國家能得到最大的增稅效益。這一種作法，短期間或許要投入相當經費，但是就長期利益而言，使收稅人員在法律的規範下運作，既可避免稅收遭受侵吞，人民的負擔也會減輕。前文黃宗羲曾提及簿書期會的工作要由士人擔任，至此他又就擔任吏職的管道、出身來說明何以今之吏胥掌簿書會弊端叢生，並進一步要求儒者改變錢穀非所當知的觀念，使才有所用。他說：

> 蓋胥吏之害天下，不可枚舉，而大要有四：其一，今之吏胥，以徒隸爲之，所謂皇皇求利者，而當可以爲利之處，則亦何所不至，創

〔註71〕〔清〕黃宗羲：《明夷待訪錄》；沈善洪、吳光編：《黃宗羲全集》（杭州：浙江古籍出版社，2005年），〈胥吏〉，頁42。

> 爲文網以濟其私，凡今之所設施之科條，皆出於吏。是以天下有吏之法，無朝廷之法。其二，天下之吏，既爲無賴子所據，而佐貳又爲吏之出身，士人目爲異途，羞與爲伍。承平之世，士人衆多，出仕之途既狹，遂使有才者老死邱（丘）壑。非如孔孟之時，委吏、乘田、抱關、擊柝之皆士人也。其三，各衙門之佐貳，不自其長辟召，一一銓之吏部。即其姓名且不能徧，況其人之賢不肖乎！……其四，京師權要之吏，頂首皆數千金，父傳之子，兄傳之弟。其一人麗於法，後而繼一人焉，則其子若弟也，不然則其傳衣鉢者也。是以今天下無封建之國，有封建之吏。誠使吏胥皆用士人，則一切反是，而害可除矣。〔註72〕

又說：

> 夫儒者，類以錢穀非所當知，徒以文字華藻，給口耳之求。顧郡邑之大利大害，一聽胥吏爲之區畫。胥吏慣於古今，既不能知變通之道，既知之，而又利其上下迷謬，可以施乾沒之智。〔註73〕

或許，以士人爲吏，首先要改變士人的學術視野，除了四書五經之外，對於經濟學也要相當關注及重視，這才具備了擔任吏的基本條件。其次，朝廷應使官與吏出身管道可互相流通，這才可扭轉社會大衆對吏的觀感，進而吸引更多的優秀人才投身於吏。

第三節　軍事領域

黃宗羲曾檢討明朝所施行的衛所兵制、募兵制及大將屯兵之制的利害，他認爲若能按人口取兵、以戶數養兵，將可免除三種兵制之弊。他也要求士人知曉軍事，武人能明禮義，並要求士人改變軍事是勇武者之事的觀念。至於邊境，黃宗羲以唐代之方鎭爲例，主張讓邊境能夠自治。

一、明朝兵制之缺失及替代方案

明朝自萬曆以後，戰爭民變相繼而來。於是軍人的召募、軍餉的籌措、

〔註72〕〔清〕黃宗羲：《明夷待訪錄》；沈善洪、吳光編：《黃宗義全集》（杭州：浙江古籍出版社，2005年），〈胥吏〉，頁43。

〔註73〕〔清〕黃宗羲：《南雷詩文集》；沈善洪、吳光編：《黃宗義全集》（杭州：浙江古籍出版社，2005年），〈瘦菴徐君墓誌銘〉，頁459。

軍隊的調度及監督等問題，日益受到重視。黃宗羲首先論述有明兵制之沿革及各種兵制之弊病：

> 有明之兵制，蓋亦三變矣：衛所之兵，變而為召募，至崇禎、弘光間，又變而為大將之屯兵。〔註 74〕

明朝的兵制由衛所兵制演變為募兵制又再變為大將之屯兵制，這三種兵制的缺點如下：

> 衛所之弊也，官軍三百十三萬八千三百，皆仰食於民，除西北邊兵三十萬外，其所以禦寇定亂者，不得不別設兵以養之。兵分於農，然且不可，乃又使軍分於兵，是一天下之民養兩天下之兵也。召募之弊也，如東事之起，安家、行糧、馬匹、甲杖，費數百萬金，得兵十餘萬而不當三萬之選，天下已騷動矣。大將屯兵之弊也，擁眾自衛，與敵為市，搶殺不可問，宣召不能行，率我所養之兵反而攻我者，即其人也。有明之所以亡，其不在斯三者乎？〔註 75〕

黃宗羲以為衛所兵制隳壞後使得：西北的邊軍、禦寇定亂用途的兵，都仰食於民。人民不但要負擔與自身安危相關的禦寇定亂之兵的開銷，同時也要負擔遠在邊疆的守兵之用度，這可以說是一天下之民養兩天下之兵。至於召募之弊在於：安家、行糧、馬匹、甲杖等費用，已達數百萬金之數，所得之兵雖有十餘萬卻比不上三萬的軍力，所耗費的成本高、效用卻低。大將屯兵之弊端在於：在擁兵自衛之餘，卻與敵方有貿易往來，不聽朝廷的命令、殺邊民以冒軍功。衛所兵制之失主要在於屯田無以自給、軍籍不實及逃兵眾多。我們在看晚明學者的著作時往往會有一個印象，即衛所制在明初是極其成功的，軍紀嚴整又能自給自足。但是黃仁宇卻指出，明朝初年屯田自給是被過度誇大的。他說：

> 一位學者（孫承澤）經過計算，認為 1400 年左右，四川一省的屯田面積有 65,954,526 畝，而按屯軍數量進行折算，每人要耕 4,500 畝土地。在其他同時代的著述中也很容易發現這種自相矛盾的說法。洪武皇帝自己就曾說過南直隸的兩個指揮領軍屯種二十年了，還不能實現屯食自給。通過《實錄》的記載可以看出十四世紀末、十五

〔註 74〕〔清〕黃宗羲：《明夷待訪錄》；沈善洪、吳光編：《黃宗羲全集》（杭州：浙江古籍出版社，2005 年），〈兵制一〉，頁 29。

〔註 75〕〔清〕黃宗羲：《明夷待訪錄》；沈善洪、吳光編：《黃宗羲全集》（杭州：浙江古籍出版社，2005 年），〈兵制一〉，頁 29～30。

世紀初軍事衛所的糧食供應主要還是依靠民運。〔註 76〕

除了軍屯不足自給的問題外，衛所兵制的兵源也是一個嚴重的問題。明代衛所兵制的兵源有：從征、歸附、謫發、垜集等來源，其軍皆世籍〔註 77〕。垜集占最大的組成部分，成祖即位，重定垜集軍更代法。原本規定是三丁以上，垜正軍一，別有貼戶，正軍死，貼戶丁補。至是，令正軍、貼戶更代〔註 78〕。富峪衛百錢興奏言：「祖本涿鹿衛軍，死，父繼，以功授百戶。臣已襲父職，而本衛猶以臣祖爲逃軍，屢行勾取。」〔註 79〕這是軍籍管理不實之例。再來是補員比率低、死亡問題，由於依照定例，補伍皆發極邊，而南北人互易。大學士楊士奇謂風土異宜，瀕於夭折，請從所宜發戍〔註 80〕。范濟曾言勾軍名單不實及補員比率過低之弊，文云：

> 其四曰，民病莫甚於勾軍。衛所差官至六七員，百户差軍旗亦二三人，皆有力交結及畏避征調之徒，重賄得遣。既至州縣，擅作威福，迫脅里甲，恣爲姦私。無丁之家，誅求不已；有丁之户，詐稱死亡。託故留滯，久而不還。及還，則以所得財物，徧賄官吏，朦朧具覆。究其所取之丁，十不得一，欲軍無缺伍難矣。自今軍士有故，令各衛報都督府及兵部，府、部諜布政、按察司，令府州縣準籍貫姓名，勾取送衛，則差人騷擾之弊自絕。〔註 81〕

衛所兵制除了上述的諸問題外，《明史・兵制四》徐貞明還提到了勾軍的成本問題。他說：「勾軍東南，資裝出於户丁，解送出於里遞，每軍不下百金。大困東南之民，究無補於軍政。宜視班匠例，免其解補，而重徵班銀，以資召募。」〔註 82〕由衛所兵制轉變爲召募制或許是因爲上述諸問題都不易解決，

〔註 76〕黄仁宇：《十六世紀明代中國之財政與稅收》（台北：聯經出版公司，2001 年 1 月），頁 71～72。

〔註 77〕《明史》，卷九十〈兵二〉，頁 2193；卷九十二〈兵四〉，頁 2255。

〔註 78〕〔清〕張廷玉：《明史》（北京：中華書局，1997 年 11 月，二十四史縮印本），卷九十二〈兵四〉，頁 2256。

〔註 79〕〔清〕張廷玉：《明史》（北京：中華書局，1997 年 11 月，二十四史縮印本），卷九十二〈兵四〉，頁 2256。

〔註 80〕〔清〕張廷玉：《明史》（北京：中華書局，1997 年 11 月，二十四史縮印本），卷九十二〈兵四〉，頁 2256。

〔註 81〕〔清〕張廷玉：《明史》（北京：中華書局，1997 年 11 月，二十四史縮印本），卷一六四〈范濟〉，頁 4445。

〔註 82〕〔清〕張廷玉：《明史》（北京：中華書局，1997 年 11 月，二十四史縮印本），卷九十二〈兵四・清理兵伍〉，頁 2257。

維持的成本太高所致。黃宗羲以爲召募兵制的缺點在於：費了數百萬金之財來爲十餘萬兵安家、行糧、馬匹、甲杖，成本太高。但是這個成本與衛所兵制相較，可能還較低些。募兵制眞正的缺點在於，缺乏足夠的軍事訓練及逃亡問題。（王）家彥言：「臣愚以今日策防海，莫若復舊制，勤訓練。練則衛所軍皆勁卒，不練雖添設召募兵，猶驅市人而戰之，糜餉擾民無益，賊終不能盡。」時以爲名言〔註 83〕。《明史》載有何棟如爲天啓皇帝赴浙江募兵的經過及結果。文云：

> 會遼陽陷。時議募兵，（何）棟如自請行。遂齎帑金赴浙江，得六千七百人。甫至而廣寧復陷，又自請出關視形勢。乃進太僕少卿，充軍前贊畫。棟如志銳而才疎。初在浙，不能無浮費。所募兵畏出關，多逃亡。〔註 84〕

施行募兵制，一定要在平時無戰事之事便爲之，經過相當的訓練及教育，才能成爲有用的軍力，否則倉卒之間募得之兵，當其面臨敵強我弱之局面，實在很難要求他們有作戰力及忠誠度。黃宗羲以爲，大將屯兵之弊端在於：在擁兵自衛之餘，卻與敵方有貿易往來，不聽朝廷的命令、殺邊民以冒軍功。梨洲所言大將屯兵之弊，令人想起了爲袁崇煥所斬的毛文龍。《明史》形容毛文龍云：

> 顧文龍所居東江，形勢雖足牽制，其人本無大略，往輒敗衄，而歲糜餉無算；且惟務廣招商賈，販易禁物，名濟朝鮮，實闌出塞，無事則鬻參販布爲業，有事亦罕得其用。工科給事中潘士聞劾文龍糜餉殺降，尚寶卿董茂忠請撤文龍，治兵關、寧。〔註 85〕

既然衛所兵制、募兵制及大將屯兵制都有其弊，黃宗羲不得不設想一個新的兵制。他說：

> 余以爲天下之兵當取之於口，而天下爲兵之養當取之於戶。其取之口也，教練之時五十而出二，調發之時五十而出一。其取之戶也，調發之兵十戶而養一，教練之兵則無資於養。如以萬曆六年戶口數

〔註 83〕〔清〕張廷玉：《明史》（北京：中華書局，1997 年 11 月，二十四史縮印本），卷二六五，頁 6847。

〔註 84〕〔清〕張廷玉：《明史》（北京：中華書局，1997 年 11 月，二十四史縮印本），卷二三七，頁 6176。

〔註 85〕〔清〕張廷玉：《明史》（北京：中華書局，1997 年 11 月，二十四史縮印本），卷二五九，頁 6715。

> 言之，人口六千六十九萬二千八百五十六，則得兵一百二十一萬三千八百五十七人矣，人户一千六十二萬一千四百三十六，則可養兵一百六萬二千一百四十三人矣。夫五十口而出一人，則其役不爲重；一十户而養一人，則其費不爲難；而天下之兵滿一百二十餘萬，亦不爲少矣。〔註 86〕

黃宗羲主張兵源由全國人口中的百分之四（銘按：由户口數及人口數來看，知萬曆六年每個家庭平均約 5.7 個人（包括女生））中抽調訓練，出任務調發百分之二的人口應之（銘按：若戰爭皆爲男丁，則抽調訓練應占男性人口百分之八、出任務時以訓練人口之半應之）；至於軍事費用，黃宗羲以爲出任務時以十戶養一兵，不但可滿足軍費所需人民也可承受。但是以萬曆六年爲基準，此設計可得兵 1,213,857 人，卻只可養兵 1,062,143 人，仍短缺了 151,714 人的經費，以百分比計約爲百分之十二的兵員經費。依上所述，以口取兵，以戶養兵，在經費上必然缺乏穩定度，是否可施之長久，不無疑問。明朝本定都南京，後因燕王篡位才遷都北京。這一遷都，使東南各省苦於糧運。職是之故，黃宗羲有意將首都定於南京，以南京 10,502,651 人，以百分之二的人口入衛，可得 210,500 人。這大約二十萬的士兵可以分爲二組，一組十萬人守郡邑、另一組十萬人衛皇宮。第二年互調，第三年則與教練之兵共同訓練，第四歸家就近訓練，此爲一個循環。由二十歲入伍五十歲出伍，這三十年間只循環了七次，人民負擔不至過重，國家又可省養兵之費，是國富兵強的好措施。〔註 87〕

二、士人應曉軍事

黃宗羲於〈贈編修弁玉吳君墓誌銘〉一文指出儒者治學應有經天緯地的

〔註 86〕〔清〕黃宗羲：《明夷待訪錄》；沈善洪、吳光編：《黃宗羲全集》（杭州：浙江古籍出版社，2005 年），〈兵制一〉，頁 31。

〔註 87〕王畿之內，以二十萬人更番入衛，然亦不過千里，假如都金陵，其入衛者但盡金陵所屬之郡邑，而他省不與焉。金陵人口一千五十萬二千六百五十一，則得其勝兵二十一萬五百，以十萬各守郡邑，以十萬入衛，次年則以守郡邑者入衛，以入衛者歸守郡邑，又次年則調發其同事教練之兵。其已調發者則住糧歸家，但聽教練而已。夫五十口而出一人，而又四年方一行役，以一人計之，二十歲而入伍，五十歲而出伍，始終三十年，止歷七踐更耳，而又不出千里之遠，則爲兵者其任亦不爲過勞。國家無養兵之費則國富，隊伍無老弱之卒則兵強。〔清〕黃宗羲：《明夷待訪錄》；沈善洪、吳光編：《黃宗羲全集》（杭州：浙江古籍出版社，2005 年），〈兵制一〉，頁 31～32。

宏偉目標，對於財賦、軍事、政事皆應留心，才足以解決國家所面臨的難題。他首先指出萬曆後期以來接踵不斷的外患、內亂，使得武臣的地位急遽提升。有人認爲重視武臣即是重武的具體表現，但黃宗羲卻不以爲然，他說：

> 國家當承平之時，武人至大帥者，干謁文臣，即其品級懸絕，亦必戎服，左握刀、右屬弓矢，帕首袴鞾，趨入庭拜，其門狀自稱走狗，退而與其僕隸齒。兵興以後，有言於天子者曰：「今日不重武臣，故武功不立。」於是毅宗皇帝專任大帥，不使文臣節制。不二三年，武臣擁眾，與賊相望，同事虜略（銘按：略當爲掠）。李賊（銘按：李自成）入京師，三輔至於青、齊諸鎮，櫛比而營，天子封公侯結其歡心，終莫肯以一矢入援。嗚呼，毅宗重武之效如此！〔註 88〕

利瑪竇云：（明朝）無論是官是兵，也不論官階和地位，都像小學生一樣受到大臣鞭打，這實在荒唐可笑〔註 89〕。利氏以爲武官受鞭打，不受重視是可笑的，黃宗羲則認爲武臣與僕隸齒並無任何不妥。甚至認爲明朝後期因爲戰事吃緊而給予武臣太大的權力是一種失策。眞正的重武是以文人爲將，負責運籌帷幄，他說：

> 然則武固不當重與？曰：毅宗輕武而不重武者也。武之所重者將；湯之伐桀，伊尹爲將；武之入商，太公爲將；晉作六軍，其爲將者，皆六卿之選也。有明雖失其制，總兵皆用武人，然必聽節制於督撫或經略。則是督撫、經略，將也，總兵，偏裨也。總兵有將之名而無將之實，然且不可，況竟與之以實乎？〔註 90〕

黃宗羲舉商湯、武王、晉皆以當時精英知識分子爲將領。明朝雖然總兵用武人，但督撫或經略仍是掌於文人手中，所以雖與古制不合，但仍失之不遠。若將實權賦予總兵，就大違古制了。黃宗羲更進而言之，安國家、全社稷等關乎識見謀略的，是君子之事。他說：

〔註 88〕〔清〕黃宗羲：《明夷待訪錄》；沈善洪、吳光編：《黃宗羲全集》（杭州：浙江古籍出版社，2005 年），〈兵制二〉，頁 32。

〔註 89〕利瑪竇、金尼閣著，何高濟、王遵仲、李申譯，何兆武校：《利瑪竇中國札記》（北京：中華書局，1983 年 3 月），頁 96。

〔註 90〕〔清〕黃宗羲：《明夷待訪錄》；沈善洪、吳光編：《黃宗羲全集》（杭州：浙江古籍出版社，2005 年），〈兵制二〉，頁 33。

夫安國家、全社稷，君子之事也；供指使，用氣力，小人之事也。國家社稷之事，孰有大於將？使小人而優爲之，又何貴乎君子？今以天下之大託之於小人，爲重武耶？爲輕武耶？〔註 91〕

兩軍交戰，勝負之間也就決定了國家社稷的存亡，而勝負之幾又繫乎將領的謀略、識見，所以將必由文人擔任。以不學無術，徒有血氣之勇的武人爲將，不是重視軍事的表現。也有人質疑，將最可貴的品質不是勇猛不畏死嗎？黃宗羲則不以爲然，他說：

將則壯健輕死善擊刺者，非所貴與？曰：壯健輕死善擊刺之在人，猶嬕緻犀利之在器甲也。……器甲之精緻犀利，用之者人也；人之壯健輕死善擊刺者，用之者將也。〔註 92〕

黃宗羲以爲，將之可貴不在勇猛不畏死，勇猛不畏死是對兵的要求，將的可貴在於妥善調度區處這些不畏死的士卒。既然將之謀略識見惟士人能勝任，何以明朝仍用武人爲將？這是因爲兵學仍是一門專門的學問，明之士人以爲軍事是武人之事而毫不關心及制度設計不良所致。在制度方面，黃宗羲云：

唐宋以來，文武分爲兩途。然其職官，內而樞密、外而閫帥州軍，猶文武參用。惟有明截然不相出入，文臣之督撫，雖與軍事而專任節制，與兵士離而不屬。是故涖軍者不得計餉，計餉者不得蒞軍；節制者不得操兵，操兵者不得節制。方自犬牙交制，使其勢不可爲叛。夫天下有不可叛之人，未嘗有不可叛之法。杜牧所謂「聖賢才能多聞博識之士」，此不可叛之人也。豪豬健狗之徒，不識義理、喜虜掠、輕去就，緩則受吾節制，指顧簿書之間；急則擁兵自重，節制之人自然隨之上下。試觀崇禎時，督撫曾有不爲大帥驅使者乎？此時法未嘗不在，未見其不可叛也。〔註 93〕

唐宋雖然文武分途，但是職官仍是文武參用。明朝則將文官、武官徹底分離，涖軍、計餉、節制、操兵，各有專司。這種制度的好處是不易產生軍事叛變，但是卻易造成效率不彰。於是，當戰況緊急時，爲求效率極大化，事

〔註 91〕〔清〕黃宗羲：《明夷待訪錄》；沈善洪、吳光編：《黃宗羲全集》（杭州：浙江古籍出版社，2005 年），〈兵制二〉，頁 33。

〔註 92〕〔清〕黃宗羲：《明夷待訪錄》；沈善洪、吳光編：《黃宗羲全集》（杭州：浙江古籍出版社，2005 年），〈兵制二〉，頁 33～34。

〔註 93〕〔清〕黃宗羲：《明夷待訪錄》；沈善洪、吳光編：《黃宗羲全集》（杭州：浙江古籍出版社，2005 年），〈兵制三〉，頁 34。

權必然要歸一。武將有調兵之權，事權自然也落於其手。在此情形下，職司監督之文臣也不得不聽命於武將。黃宗羲似將這種現象視為弊端，但筆者卻以為這一種現象是必然的。文臣雖有監督之權，但調兵權畢竟掌於武臣之手，面對敵軍壓境及瞬息萬變的戰況，「將在外，君命有所不受」，更何況只是區區的督撫。再就文臣的心理來看，與其干預決策承擔敗戰風險，孰若讓武臣獨自承擔勝敗之責任。黃宗羲認為，儒者不能為將是因為兩個錯誤的觀念所致。一是以為軍事乃孔武有力者之事，一是以為軍事與陰謀之事相等。於是他要儒生習曉兵書戰策，將兵學納入學術視野，武將能改粗暴之習，達到文武合一。〔註 94〕

三、方鎮自治

傳統的中國，交通極不便利，地處邊陲的區域往往也就是政教所不能及的區域。在這些邊陲區域，對於傳統的帝國而言，其實際的功能往往只有軍事的功能。黃宗羲認清了這一事情，於是主張「方鎮」。他說：

> 今封建之事遠矣，因時乘勢，則方鎮可復也。……然則唐之所以亡，由方鎮之弱，非由方鎮之強也。是故封建之弊，強弱吞併，天子之政教有所不加；郡縣之弊，疆場之害苦無已時。欲去兩者之弊，使其並行不悖，則沿邊之方鎮乎？宜將遼東、薊州、宣府、大同、榆林、寧夏、甘肅、固原、延綏，俱設方鎮。外則雲貴，亦依此例，分割附近州縣屬之。務令其錢糧、兵馬，內足自立、外足捍患；田賦商稅，聽其徵收，以充戰守之用；一切政教張弛，不從中制；屬下官員，亦聽其自行辟召，然後名聞。每年一貢，三年一朝，終其世兵民輯睦，疆場寧謐者，許以嗣世。凡此則有五利：今各邊有總督，有巡撫，有總兵，有本兵，有事復設經略，事權不一，能者壞於牽制，不能者易於推委。……統帥專一，獨任其咎，則思慮自周，戰守自固，以各為長子孫之計，一也；國家有一警急，嘗竭天下之

〔註 94〕自儒生久不為將，其視用兵也，一以為尚力之事，常屬之豪健之流；一以為陰謀之事，常屬之傾危之士。夫稱戈比干立矛者，士卒之事而非將帥之事也。……使文武合為一途，為儒生者知兵書戰策非我分外，習之而知其無過高之論；為武夫者知親上愛民為用武之本，不以粗暴為能，是則皆不可叛之人也〔清〕黃宗羲：《明夷待訪錄》；沈善洪、吳光編：《黃宗羲全集》（杭州：浙江古籍出版社，2005 年），〈兵制三〉，頁 35。

> 財，不足供一方之用，今一方之財，自供一方，二也；邊鎮之主兵，常不如客兵，故常以調發致亂。……今一方之兵，自供一方，三也；治兵措餉，皆出朝廷，常以一方而動四方，既各有專地，兵食不出於外，即一方不寧，他方晏如，四也；外有強兵，中朝自然顧忌，山有虎豹，藜藿不採，五也。〔註95〕

方鎮也稱藩鎮，有軍事自治區域的性質。明代屯田兵制隳壞後，一變而成爲募兵制。募兵制的軍糧及薪資乃是依靠長程輸運補給的，所以運輸成本極爲高昂。換言之，供養兵員的代價太大。爲了節省成本，黃宗羲認爲既然邊陲地區本是政教所不及之處，不妨讓這些地區自治，以換取軍事的防衛。所謂田賦商稅，聽其徵收，一切政教張弛，不從中制，屬下官員，亦聽其自行辟召，就是自治的意思。這一種自治的方式有幾個好處：其一、事權一，思慮周，戰守固；其二、一方財供一方用；其三、一方兵供一方用；其四、一方不寧，他方晏如；其五、中央政府知所節制。黃宗羲的設計的確能有效解決軍餉運輸成本過高的問題，但是每一個方鎮必然得有繁盛的人口及足以供養這些人口的地力、水源，這在中國的邊疆地區，恐怕也是一個問題。

〔註95〕〔清〕黃宗羲：《明夷待訪錄》；沈善洪、吳光編：《黃宗羲全集》（杭州：浙江古籍出版社，2005年），〈方鎮〉，頁21～22。